Johannes Klaus (Hg.)

THE TRAVEL EPISODES

Band III

Johannes Klaus (Hg.)

THE TRAVEL EPISODES

Neue Reisegeschichten
von allen Enden der Welt

Mit einem Vorwort
von Gesa Neitzel

Mit 24 Seiten Farbbildteil,
31 Schwarz-Weiß-Fotos
und zwei Karten

MALIK NATIONAL GEOGRAPHIC

Mehr Bäume. Weniger CO_2.
www.cpibooks.de/klimaneutral

Mehr über unsere Autoren und Bücher:
www.malik.de

Originalausgabe
ISBN 978-3-492-40487-7
Dezember 2017

Umschlaggestaltung: Johannes Klaus
Umschlagfotos: Johannes Klaus
Autorenfoto: Marianna Hillmer
Karten: Johannes Klaus
Satz: Fotosatz Amann, Memmingen
Litho: Lorenz & Zeller, Inning a. A.
Druck und Bindung: CPI books GmbH, Leck
Printed in Germany

Für alle Entdecker.

Nördliche Hemisphäre

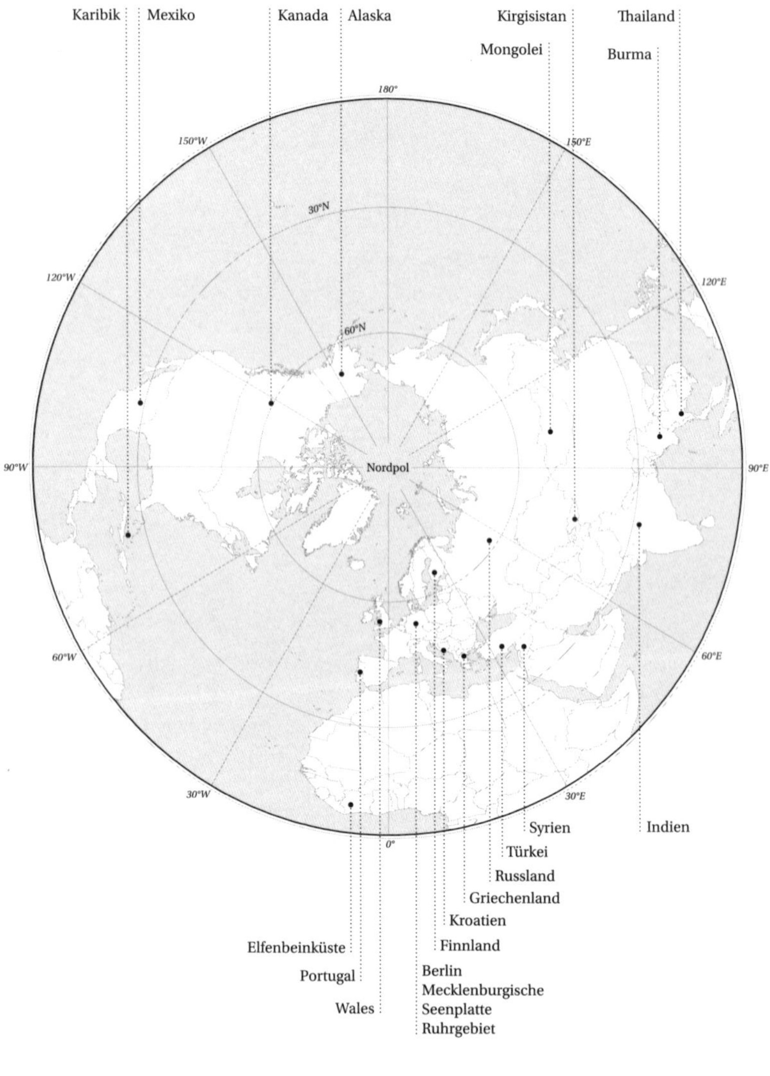

Südliche Hemisphäre

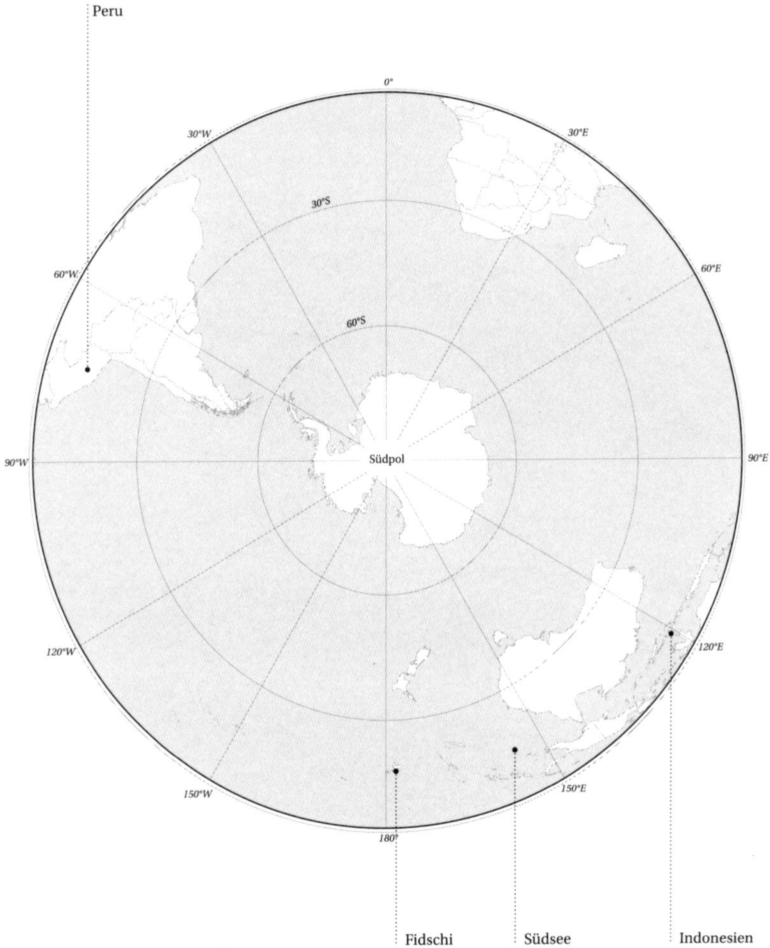

Teil I

DAS GLÜCK DES FREMDSEINS

Südsee – Russland – Karibik – Ruhrgebiet
Syrien – Fidschi – Indonesien – Mongolei

Teil II

AUS ANGST WIRD MUT

Kirgisistan – Wales – Indien – Türkei – Kroatien
Mecklenburgische Seenplatte – Portugal – Elfenbeinküste – Berlin

Teil III

ALLEIN IST NICHT EINSAM

Kanada – Finnland – Griechenland – Peru
Mexiko – Alaska – Thailand – Myanmar – Welt

Vorwort

Von Gesa Neitzel

Wir gehören einer Generation an, die Selbstfindung (oder Selbstsuche – je nachdem, wen man fragt) zum erklärten Lebensziel gemacht hat. Das eigene Innenleben nach außen zu tragen, ist für uns »Millennials« eine so selbstverständliche Beschäftigung geworden wie das Atmen.

Wir klagen über unsere ständige Erreichbarkeit und die Schnelllebigkeit unserer schönen neuen Welt – und können doch gleichzeitig kein Abendessen mehr miteinander verbringen, ohne mindestens dreimal unser Smartphone auf Neuigkeiten zu überprüfen oder – noch schlimmer – den Teller aus jedem möglichen Winkel zu fotografieren. Das Paradox unseres eigenen Seins ist uns dabei gar nicht mehr bewusst. Wir leben es schließlich tagtäglich.

Aber nun mal ehrlich: Dieses Gemecker über den Ist-Zustand kann doch auch keiner mehr hören. Tatsächlich möchte ich heute nämlich ein ganz anderes Bild malen.

Ich sehe Hoffnung!

Hoffnung, dass wir diese Show am Ende gut über die Bühne bringen werden; dass unsere Generation aufgrund weltweiter Vernetzung herausragende Dinge erreichen wird; Grenzen, kulturelle Unterschiede und eingerostete Glaubenssätze überwinden und ein frisches Bewusstsein schaffen kann. Klar, dass wir zunächst mal mit all unseren neuen Möglichkeiten selbst zurechtkommen müssen, bevor wir über den Tellerrand hinausschauen können. Aber das sei uns doch bitte auch gestattet.

Reisen zu fremden Orten kann uns dabei helfen, Horizonte zu erweitern, Grenzen zu überschreiten, Fragen zu stellen, Antworten zu finden, Menschen zu begegnen, Vorurteile aus der Welt zu schaffen, Leidenschaften zu erforschen, Fehler zu machen, an sich selbst zu wachsen.

»I wish I had never gone traveling – said no one. Ever.«

Egal, wie schön oder scheußlich eine Reise ist; egal, wie lang oder wie kurz wir verschwinden; egal, wie nah wir bleiben oder wie weit wir gehen – irgendetwas nehmen wir von unterwegs immer mit. Dabei dient die Reise an sich oftmals nur als Mittel zum Zweck. Wir wollen raus aus dem Alltag, weg, was erleben! Erst später, wenn der Rucksack, zerfetzt und abgenutzt, im Keller verstaut wurde, stellen wir fest, dass die Nebenprodukte des Reisens – das Verstehen fremder Kulturen, neue Sprachkenntnisse, neue Leidenschaften und Freundschaften, der Sinn für die einfachen Dinge des Lebens – auf einmal wichtiger werden, als jede Selbstfindung es jemals hätte sein können.

Denn wenn ich eines in den Gesichtern dieser, unserer reisenden Generation sehe, dann ist es Durst. Hunger. Der Drang danach, etwas in dieser Welt zu bewegen.

Es wird uns oft vorgeworfen, wir seien nur noch auf unser eigenes Wohl bedacht und hätten jeden Sinn für Gemeinschaft verloren. Dass wir alle einpacken können, weil unsere Generation nichts weiter als Egoisten und Selbstdarsteller hervorgebracht hat? – Nee, komm jetzt.

Ich glaube, das Gegenteil bahnt sich gerade an.

In diesem Buch geht es nicht um Selbstdarstellung. Es geht um Begegnungen. Um Freundschaften. Es geht um die Autoren selbst, die sich in der Fremde zurecht- und vielleicht auch ein bisschen selbstfinden müssen. Vor allem aber um Menschen. Um uns Menschen, die wir – trotz unserer Unterschiede – doch alle ähnlich ticken.

Und ich glaube fest daran, dass wir, wenn unser Durst nach der Fremde erst mal gestillt ist, wenn uns die eigene Selbstfindung als Motivation für das Reisen schlichtweg ungenügend wird und alle Selfies geschossen sind, dass wir dann am anderen Ufer patschnass, vom Gegenwind gepeitscht und mit einem Seesack voller Erfahrungen ankommen und unseren Blick endlich auf das richten werden, was nicht nur uns selbst, sondern diesem unbeschreiblich großen Ganzen dient, das wir in den Jahren *unterwegs* mit all seinen Facetten kennenlernen durften.

Johannes Klaus sammelt in den *Travel Episodes* – und auch über die Kanten dieses Buches hinaus – Geschichten von jungen und von erfahrenen Autoren, die vor allem eines verbindet: der Glaube daran, dass man sich selbst nirgends näherkommt als auf Reisen. Er hat ein Gespür für besondere Geschichten und ist von einer Bescheidenheit, die so ganz im Gegensatz zu der selbstdarstellerischen Tendenz von uns »Millennials« steht... Ich erinnere mich noch genau an unseren ersten

E-Mail-Kontakt. Ich saß irgendwo auf Bali bei einer Luftfeuchtigkeit von gefühlten 90 Prozent und mit einer verkrusteten Wunde am Hinterkopf, die ich mir beim Surfen zugezogen hatte, und ich war so verloren wie ich es als alleinreisende Backpackerin damals nur sein konnte. Ich wusste nicht wohin mit mir. An diesem Tag folgte ich spontan seinem Aufruf für neue Reise-Autoren.

Lieber Johannes, ich habe dir das so nie gesagt, aber dass du mich damals in deinen Schreibpool aufnahmst, hat mir die Welt bedeutet – warst du doch der erste Fremde, der meine Geschichten für gut befand. Und dank deiner E-Mail fand meine eigene Geschichte über die Jahre mehr und mehr Buchstaben, Wörter und Kapitel. Es braucht Menschen wie dich, die Menschen wie mir eine Plattform geben. Nicht zuletzt deshalb, um den Glauben an sich selbst ein klein wenig zu stärken. Ich bin sicher, dass es vielen der jungen Autoren in diesem Buch da ganz ähnlich geht. Und dafür möchte ich dir Danke sagen.

In 26 dieser Geschichten dürft ihr, liebe Leser, nun eintauchen. Mögen sie euch an ferne Orte entführen. Mögen sie euch Lebensweisen näherbringen, die ihr so nie für möglich gehalten hättet. Mögen sie euch inspirieren und zum Staunen bringen. Und Mut machen, euch selbst und die Welt kennenzulernen.

Vorwort

Von Johannes Klaus

Dieses Grün! Ein Leuchten, fast albern, als hätte sich Mutter Natur in einem übermütigen Moment ein Späßchen erlaubt. Grüner als grün sozusagen. Nichts ist vergleichbar mit der Farbe eines jungen Reisfelds.

Das kleine Örtchen Batad auf der philippinischen Insel Luzon ist umgeben von hohen Bergen und nur über einen schmalen Trampelpfad erreichbar. Im Gegensatz zu uns beiden sind es die Menschen hier gewohnt, Waren bergauf, bergab zu tragen, und als wir schweißtriefend das Dorf erreichen, hat uns so mancher Mann mit einem ausgewachsenen Baumstamm auf dem Rücken munter plaudernd überholt.

Es ist herrlich. Kein Motorenlärm unterbricht das Zirpen der Grillen, mal kräht ein Hahn. Ein Hund bellt, das ist sein Job. Wir sitzen, genießen den Blick über die majestätischen Reisterrassen und quatschen.

Krusty, Le Chiffre, der Schwede: mein Freund Alex hat viele Namen. Und doch ist er unverwechselbar. Sollte man denken!

Budva, Montenegro. Ich kaufe einen Wurstzipfel, ein anderer Mann Tomaten. Die Verkäuferin verwechselt uns, wir lachen – und werden beste Freunde. Noch oft werden wir gemeinsam reisen, viele Lieder singen, manchen Übernachtbus überleben und fantastische Abenteuer erleben. Das Grün philippinischer Reisfelder bewundern. Doch was das Schönste ist: das Lachen begleitet uns – egal, wo wir sind.

Als ich ein paar Monate zuvor meine große Reise begann, stieg ich in Mannheim in den Zug nach Wien, ich war allein. Es regnete, ich fühlte mich nicht gerade wohl: Den Job hatte ich gekündigt, und nun wollte ich so lange die Welt bereisen, wie meine Ersparnisse reichten, ohne genauen Plan – und trotz aller Vorfreude hatte ich vor diesem Abenteuer gehörigen Respekt.

Ein gutes Jahr später komme ich zurück in die Heimat, kein anderer Mensch, doch in vielen Punkten gewandelt. Ich habe ohne festen Reisepartner viele Länder erkunden dürfen und den Luxus genossen, mich dabei selbst besser zu verstehen. Ich habe mich gezwungen, meine Schüchternheit, mit der ich mich mein Leben lang plage, abzulegen, Kontakte zu knüpfen, mich zu öffnen. Ich merkte, dass ich Zeit allein brauchte, aber auch auf andere Menschen angewiesen war. In den Reise-Flow kommen, das dauert eine Weile. Dann ergeben sich – ganz natürlich – die unvoreingenommenen Begegnungen mit Fremden, die mich nicht in den Kontext meines alten Lebens daheim einordnen, sondern nur das sehen, was mich in diesem Augenblick ausmacht.

Je länger und öfter ich unterwegs bin, desto unwichtiger werden Sehenswürdigkeiten. Das Salz in der Suppe und das Sahnehäubchen auf der Erdbeertorte einer Reise sind die Menschen, denen ich begegne - manchmal sind es lose Bekanntschaften, manchmal werden es neue Freunde.

Menschen in der Fremde, in ihrer Heimat kennenzulernen, ist ein einmaliges Erlebnis und bietet Einblicke in ganz andere Lebenskonzepte, die mich das hinterfragen lassen, was ich in Deutschland als selbstverständlich hingenommen hatte. Selbstlose Herzlichkeit, fast unvernünftige Gastfreundschaft zu erleben, ist berührend - und manchmal fast beschämend.

Kontakte mit anderen Reisenden bringen, in seltsam schneller Vertrautheit, den nötigen Austausch (man hat so viel gemeinsam, ob man nun aus Kanada, Frankreich, Schweden oder Neuseeland kommt) und jede Menge gute Laune. Und hin und wieder ist eine Bekanntschaft der Beginn einer wunderbaren Freundschaft, die eine Reise überdauert, wie mit Alex. Eine tolle Erfahrung.

In diesem Band erzählen die Autoren von ihren eigenen, besonderen Begegnungen - fröhlichen und furchterregenden, inspirierenden und irritierenden. Wortlose Gespräche mit zentralasiatischen Nomaden, die entwaffnende Ehrlichkeit eines deutschen Kreuzfahrt-Reisenden oder einige Wochen mit einem griechischen Aussteiger - alle guten Geschichten haben Menschen im Mittelpunkt. Und erzählen dabei mehr über ferne Länder, fremde Kulturen und das Reisen, als es bloße Fakten je vollbringen könnten.

Gute Reise!

TEIL I

DAS GLÜCK DES FREMDSEINS

Südsee

AUF DER RÜCKSEITE DES GLOBUS

Ich befinde mich auf maximaler Distanz zu meiner Heimat und zu allem Bekannten, und damit müsste ich jetzt eigentlich verdammt nah am Gegenpol sein: dem Unbekannten. Dem Exotischen. Dem maximal Fremden. Aber was ist das überhaupt, das Fremde?

Von Daniel Rössler

Wenn du nach Fidschi fliegst, dann ahnst du, dass du dich nach und nach an den Rand der Welt bewegst. Dorthin, wo alles hinter dir liegt und vor dir nur noch ein paar Inseln und der nächste Sonnenaufgang. Dorthin, wo die Zeit aufhört. Oder wo sie beginnt. Je nachdem, wie du es sehen willst. Ich persönlich sehe das eher entspannt, meine Meinung zu Fragen der Datumsgrenze ist nicht sehr ausgeprägt. Ich weiß, dass man dort als Erster den Tagesanbruch erleben, Silvester feiern und den Countdown zu einem neuen Jahrtausend runterzählen kann, aber wie oft kommt so was schon vor? Nicht oft genug jedenfalls, um sich deshalb gleich eine eigene Meinung bilden zu müssen, und schon gar nicht, um sich deswegen zu streiten.

Mein Sitznachbar sieht das ein wenig anders. »Wir waren die Ersten!« sagt Salesi und schnaubt durch die Nase. »In Fidschi geht die Sonne weltweit als Erstes auf, und deshalb gab es bei uns auch den ersten Sonnenaufgang des Millenniums.« Ich erinnere mich vage an diesen seltsamen Streit. »War das nicht in Kiribati?« Schnauben. »Oder Tonga?« Lautes Schnauben. Ich entschließe mich, den Mund zu halten, mir fallen ohnehin keine weiteren pazifischen Zwergstaaten ein.

> Der Kampf um den ersten Sonnenaufgang war jedenfalls schmutzig.

Zeitzonen wurden verschoben, neue Sommerzeiten eingeführt, Tourismusprospekte gedruckt. Ein Kampf mit allen Mitteln. Der Sonne war das aber ziemlich egal, die scherte sich nicht um Hochglanzbroschüren und geografische Gutachten und ging am 1. Januar auf wie immer. Salesi scheint es mittlerweile auch egal zu sein. Die Stewardess hat das Essen gebracht und ein Bier, beides lässt er sich hörbar schmecken und schnaubt nicht mehr.

Ich schaue aus dem Fenster und weiß nicht, worüber ich mich mehr wundern soll: Über Grenzen und den Ärger, den sie selbst dort verursachen, wo man sie nicht sehen kann? Über die Geschwindigkeit, mit der Salesi gerade sein zweites Bier austrinkt? Oder über die endlosen Wassermassen, die unter uns liegen wie eine flüssige Wüste? Seit Stunden blicke ich nach draußen und hoffe jedes Mal, etwas zu erblicken, das nicht blau ist und Pazifik heißt. Aber da ist nichts anderes, seit einem halben Tag nicht.

Alles blau, alles Pazifik, so weit das Auge reicht.

Ich weiß, ich weiß – wenn man in eine Gegend reist, die unmissverständliche und vor Feuchtigkeit triefende Namen wie »Ozeanien« oder »Südsee« trägt, sollte man ein bisschen Wasser schon aushalten können. Versuche ich ja auch. Aber 714 Millionen Kubikkilometer sind eben ziemlich viel. Ich komme aus einem alpinen Binnenstaat, die größte zusammenhängende Wassermasse in meiner näheren Umgebung ist ein öffentliches Schwimmbad mit 1,80 Meter Beckentiefe und Badeschluss um 17 Uhr. Und jetzt befinde ich mich über einem Ort, der flüssig ist und nichts als flüssig, in dem Wasser regiert und Land im besten Fall geduldet ist. Einem Ort, der auf den meisten Weltkarten ganz rechts oben und auf einigen gar nicht mehr eingezeichnet ist. Einem Ort, der auf so ziemlich jedem Globus in so ziemlich jedem Kinderzimmer dieser Erde auf seiner abgewandten Rückseite liegt. Dort, wo man nur durch Zufall hintippt und danach Staub am Finger hat.

Die Stewardessen tragen weiße Blumen im Haar und die Männer große Bäuche vor sich her, das sind die einzigen Exotika, die bisher auffallen. Aber der Innenraum eines Flugzeuges eignet sich auch nicht besonders für ethnologische Beobachtungen. Flugzeug-Innenräume sind kulturelle Vakuumkammern, sie sehen immer gleich aus, egal, ob man über die sibirische Steppe fliegt oder über den Südpazifik. Aber im Moment bin ich ganz froh darüber: über den Pazifischen Ozean zu fliegen und nicht über die russische Tundra, froh über die nette Stewardess mit der schönen weißen Blume im Haar und einem kalten *Fiji*

Bitter in der Hand. Ich trinke mein Bier und lächle beseelt auf das Meer, das sich im abendlichen Licht langsam rosarot färbt.

Eine Woge der Zufriedenheit strömt durch meinen Körper, und ich ahne in diesem Moment nicht mal ansatzweise, dass ich in wenigen Wochen in einer russischen Propellermaschine über genau diesem Meer um mein Leben zittern werde. Es wird nicht rosarot sein, sondern schwarz wie der Schlund der Hölle, und es wird kein Bier geben und keine Stewardess mit Blume im Haar. Aber das weiß ich jetzt alles noch nicht, und deshalb bestelle ich ein zweites Bier und freue mich. Ich fliege nach Fidschi, an das Ende der Welt. Oder in ihre Mitte, je nachdem, wie man es sehen will.

Fidschi

Wieso im Paradies geputscht wird. Warum es dort nach Curry riecht. Und wie ich aus Höflichkeit Drogen nehme.

»Wir sind die Mitte, ganz klar« sagt Vishal und dreht die Musikanlage seines Taxis immer lauter. Indischer Pop dröhnt aus den Boxen, die wackeligen Seitenfenster vibrieren mit dem Bass. Es ist früher Abend in Suva, wir sind zuerst am Meer entlanggefahren und bewegen uns jetzt im Schritttempo durch die engen Straßen der Hauptstadt. Draußen leuchten Reklameschilder und die bunten Hemden der Passanten, drinnen die Ziffern des Taxameters. Eigentlich sollte ich zu Fuß gehen – das Zentrum von Suva ist klein, mein Hotel nur wenige Minuten vom Flughafen entfernt, der Rucksack leicht –, aber Vishals Musik ist einfach zu gut. Der Schmalz des Hindu-Pop trieft auch hier, inmitten des Pazifiks, und er liefert den passenden Soundtrack für dieses Land und diese Stadt. Suva ist ein Schmelztiegel, und es fühlt sich urban an, wie ein Zentrum. Vielleicht nicht unbedingt wie das Zentrum der Welt, dafür ist es mit seinen 160 000 Einwohnern dann doch etwas zu klein, aber zumindest wie das Zentrum des Südpazifiks, und definitiv wie das Zentrum des Landes. Hier ballt sich das politische und kulturelle Leben, hier werden die Geschicke der Nation geleitet und ihrer zwei großen Haupt- und unzähligen Nebeninseln. Und hier fährt Vishal mit dem Taxi. Seit zehn Jahren schon, aber einfach ist das nicht. »Ich fahre jede Nacht, außer am Sonntag, und am Ende des Monats hab ich trotzdem nie genug Geld.«

Im Taxi riecht es nach Curry, seine Frau kocht es jeden Tag für ihn, und er isst es, während er auf die nächsten Fahrgäste wartet.

In Fidschi wird viel Taxi gefahren, weil die Fidschianer nicht gerne zu Fuß gehen, und es wird viel Curry gegessen, weil fast die Hälfte von ihnen indische Wurzeln hat. »Mein Ururgroßvater ist damals von Indien nach Fidschi gezogen«, erzählt Vishal, irgendwann vor oder nach 1900, so genau weiß er das nicht mehr. Zigtausend andere Inder haben dasselbe gemacht, denn auf Fidschi brauchte man dringend Plantagenarbeiter, und die britische Kolonialregierung hat Vishals Urahnen und all die anderen einfach von einer Kolonie in die andere katapultiert. Die meisten sind geblieben, aber sie sind schon lange keine Plantagenarbeiter mehr – und auch keine Inder. »Wir sind Indo-Fidschianer. Und das hier ist unsere Heimat!« Er schnalzt mit der Zunge und knipst eine bunte Lichterkette an, die vorne auf dem Armaturenbrett ausgebreitet ist. Suva sieht bei Nacht ein bisschen aus wie Vishals Armaturenbrett: bunt und freundlich leuchtend.

Aber es kann auch genauso schnell dunkel werden, wenn jemand den falschen Schalter drückt.

Denkt man an Fidschi, dann denkt man zu allererst ans Paradies. An weiße Strände, türkises Wasser, an Palmen und Kokosnüsse mit Strohhalmen drin. Das ist auch alles da – mein Gott, und wie es da ist! –, aber zur gleichen Zeit gilt Fidschi offiziell immer noch als Entwicklungsland. Die Wirtschaft schwächelt, die sozialen Spannungen zwischen fidschianischen Ureinwohnern, den *iTaukei*, und den Indo-Fidschianern schwelen vor sich hin, und die politische Lage ist labil. Vier Mal wurde innerhalb von 20 Jahren geputscht, das macht eine gestürzte Regierung alle fünf Jahre. Kein schlechter Schnitt, aber eine denkbar schlechte Basis für eine funktionierende Demokratie. Beim vorletzten Coup wurden der Premierminister und seine Mitarbeiter sogar 55 Tage lang in Geiselhaft gehalten, im Parlamentsgebäude, mitten in der Stadt.

Ich hoffe, dass ihnen damals irgendwer Curry vorbeigebracht hat. Wäre es nämlich das Curry von Vishals Frau gewesen, dann hätte den Gefangenen die Geiselhaft wahrscheinlich gar nicht so viel ausgemacht, und der schmerzliche Machtverlust wäre ratzfatz vergessen gewesen. Anders kann ich es mir jedenfalls nicht vorstellen, als mir Vishal von seinem *Murgh Makani* zu kosten gibt. Ich nehme einen ersten Bissen, einen zweiten, und spätestens beim dritten danke ich dem Ururgroßvater dieses Taxifahrers dafür, dass er Indien verlassen und dieses wundervolle Essen nach Fidschi gebracht hat.

Am nächsten Morgen laufe ich durch die Stadt, und stelle fest: Fidschianer sind ausgesprochen freundliche Menschen. *»Bula!«*, ruft die Rezeptionistin, als ich mein Hotel verlasse. *»Bula!«*, ruft der Straßenkehrer, der den Gehweg sauber macht. *»Bula!«*, ruft der Schuhputzer im Park. *»Bula!«* der Polizist an der großen Straßenkreuzung. *»Bula!«*, ruft jeder zweite Passant, und spätestens gegen Mittag bin ich des fidschianischen Dauer-Hallos etwas überdrüssig. Ich glaube, ich muss essen, ich bin erschöpft und zu hungrig für diese Freundlichkeit. Ich schleppe mich durch Straßen und *»Bula«*-Salven, und als ich endlich am Markt ankomme, bessert sich meine Stimmung innerhalb von Minuten. Auch die Marktfrauen schleudern *»Bulas«* durch die Gegend wie Chinesen Tischtennisbälle, aber sie haben eben nicht nur Worte anzubieten, sondern auch volle Tische: Die biegen sich, unter Fischen und Hummern, unter Kochbananen und Yamswurzeln, unter Papayas und Wassermelonen, unter Dingen, die ich nicht kenne und die ich trotzdem esse und von denen ich jetzt weiß, dass es Seegurken waren. Am Abend ist mir ein bisschen schlecht. Aber ich habe Suva gekostet, und es hat geschmeckt. Außerdem habe ich auf dem Markt noch etwas gefunden, von dem ich schon viel gehört und das ich ausgesprochen dringend gebraucht habe: Eine *Kava*-Wurzel. Eine Droge, ohne die hier gar nichts geht. Und meine Eintrittskarte in das ländliche, traditionelle Fidschi.

Wer ein fidschianisches Dorf besucht, kommt nicht mit leeren Händen und geht nicht mit leerem Bauch.

Hände und Bauch müssen voll sein mit *Kava*, ansonsten hat man etwas falsch gemacht. Es ist weit nach Mitternacht, als ich zum zwölften Mal eine Schüssel mit brauner Flüssigkeit gereicht bekomme. Ich glaube, ich habe heute ausnahmsweise alles richtig gemacht. Ich kann aber nicht ganz ausschließen, dass die zwei Liter Drogen in meinem Körper vielleicht ein wenig auf mein Urteilsvermögen wirken. Denn mein Urteil ist im Moment ein ziemlich gutes, und zwar über so ziemlich alles: Ich finde, dass die morgendliche Busfahrt von Suva nach ... ähh ... an ... diesen Ort, an dem ich zwei Stunden später ausgestiegen bin, ausgesprochen schön war. Ich finde, dass der Typ, der mir im Bus eine Wanderkarte gezeichnet hat, ein Geschenk des Himmels war und künstlerisch talentiert. Ich finde, dass der Trek durch das fidschianische Hinterland reizvoll, die Landschaft umwerfend und jedes einzelne Dorf entlang des Weges faszinierend war.

Und ich finde, dass es eine verdammt gute Idee war, den Rucksack zuvor mit ausreichend *Kava*-Wurzeln vollzustopfen. Denn sonst säße ich jetzt nicht hier, hätte nicht Einlass in dieses Dorf erhalten, würde nicht auf eine riesige Holzschüssel und zehn freundliche Gesichter blicken. Oder sind es nur fünf? Meine Zunge ist schwer und fühlt sich taub an. Ich befinde mich definitiv in berauschtem Zustand. Aber es war verdammt kompliziert, so weit zu kommen. Wer sich in einem fidschianischen Dorf einen Rausch antrinken will, der muss eine Menge Regeln einhalten:

Regel 1: Betritt das Dorf erst, nachdem du dem Häuptling ein Gastgeschenk gebracht und seine Erlaubnis erhalten hast.

Regel 2: Bring als Gastgeschenk *Kava*. Eine andere Offerte als die Pfefferwurzel - entweder im Ganzen oder zu Pulver zerrieben - wird nicht akzeptiert.

Regel 3: Bereite dich darauf vor, dieses Gastgeschenk, zu einer braunen Flüssigkeit verarbeitet, in großen Mengen und in großer Runde gemeinsam mit deinen Gastgebern zu konsumieren.

Regel 4: Übergib dich nicht, wenn du das Zeremonialgetränk zum ersten Mal riechst.

Regel 5: Folge strikt dem Protokoll. Der Zeremonienmeister schöpft das Getränk aus der Tanoa-Schüssel in der Mitte des Kreises, reicht die Schale dem Ranghöchsten in der Gruppe, danach dem Zweitranghöchsten und so weiter.

Regel 5b (nur für Soziologen oder Gruppentherapeuten oder andere Nerds): Erkenne an dieser ersten Runde, wer im Dorf das Sagen hat, und erkenne, wo du selbst in diesem Gefüge stehst. Wenn du die Schale als Allerletzter erhältst, akzeptiere, dass du als Nerd erkannt wurdest.

Regel 6: Übergib dich nicht, wenn du den ersten Schluck der braunen Flüssigkeit trinkst. Übergib dich auch nicht beim zweiten.

Regel 7: Klatsche dreimal in die Hände, wenn eine Schale geleert wurde.

Regel 8: Bereite dich auf eine lange Nacht vor.

Meine Nacht ist lang, aber ich habe mich bisher nicht übergeben, und ich habe geklatscht wie meine Oma beim *Musikantenstadl*. Zu Beginn nur aus Höflichkeit, nach der ersten Runde aber - nachdem das Ritual befolgt, die Hierarchie abgesteckt und der erste Brechreiz überwunden war - immer mehr aus purer Freude. Freude daran, eine neue, unverfängliche Droge kennengelernt zu haben. Freude, für das Trinken beklatscht zu werden. Und Freude an diesen liebenswerten

Menschen, die mich in ihr Dorf und in diesen Kreis aufgenommen haben. Draußen wiegen sich die Silhouetten der Kokosnusspalmen im Wind, dahinter leuchten die Sterne, und hier drinnen leuchten und lachen wir. Ich bin weit weg von zu Hause, weiter weg als jemals zuvor, und wahrscheinlich so weit weg, dass es weiter weg gar nicht mehr geht. Aber ich sitze hier trotzdem nicht bei Fremden. Links sitzt Isaac, rechts sitzt Kosi, und in der Mitte sitzt Livai und reicht mir gerade mit einem Lachen meine dreizehnte Schale *Kava*. Ich fühle mich nicht fremd. Ich fühle mich geborgen.

Salomonen

Warum es auf den Salomon-Inseln keine Ampel gibt. Wie ich dort einen Tag mit John F. Kennedy verbrachte. Und wieso wir alle im selben Lastwagen sitzen.

Ich muss gestehen: Es gab eine Zeit, da wusste ich nicht, dass es die Salomonen gibt. Und diese Zeit ist noch gar nicht so lange her. Das ist natürlich peinlich, ich weiß, aber der Inselstaat ist ja auch wirklich ausgesprochen klein. Und abgelegen. Und still. Das soll keine Ausrede sein. Es ist eine Liebeserklärung.

Ich bin noch nicht mal aus dem Flugzeug gestiegen und bin diesem Ort schon verfallen. Diesem Flecken Erde, nein, diesen unendlich vielen Fleckchen Erde, die da inmitten des pazifischen Nirgendwos verloren aus dem Wasser ragen. Und die, wenn man genau hinschaut, manchmal sogar schon untergegangen sind. *»Shortly we'll be arriving at Honiara Airport«*, krächzt es durch den Lautsprecher. Ich schnalle mich an und habe das Gefühl, gerade noch rechtzeitig gekommen zu sein.

So dringlich scheint die Lage dann aber doch nicht. Zumindest nicht am Flughafen, dort bewegt sich alles langsam und ohne Hast: der Ventilator an der hölzernen Decke der Ankunftshalle, das quietschende Gepäckband, der vor sich hin summende Zollbeamte. Ich spüre, dass dieses Land nicht unmittelbar gefährdet ist, denn mit solch zeitlupenartiger Geschwindigkeit bewegt sich nur, wer sich absolut sicher ist, dass es ein Morgen gibt. Dass am nächsten Tag die Welt noch steht und die Insel nicht im Meer versunken ist. Und dass man die Dinge deshalb nicht überstürzen muss, sondern mit aller Ruhe, mit Bedacht und Gemächlichkeit angehen kann.

»Sicherheit durch Gemächlichkeit« –
der Gedanke gefällt mir.

Während ich mich sicher und gemächlich fühle und mit Ruhe und Bedacht auf meinen Rucksack warte, den das quietschende Gepäckband bisher noch nicht zutage gefördert hat, und dabei leicht schwitze, weil sich der Ventilator so langsam dreht, dass man seine Rotorblätter einzeln erkennen kann, schaue ich nach draußen. Tropische Mittagshitze flirrt vom Asphalt der Landebahn, es ist ruhig, nichts bewegt sich. Nicht die weißgrüne Boeing, die verrostet und ihrer Turbinen entledigt am Rand des Flugfeldes lehnt. Nicht das Feuerwehrauto, das ohne Reifen gegenüber im Gras liegt und aus dessen Inneren ein Busch wächst.

Mein Gefühl von Sicherheit schwindet. Zu viel Gemächlichkeit ist wahrscheinlich auch nicht gut, denke ich mir, während ich wieder auf das Gepäckband starre und schwitzend warte.

Irgendwann aber kommt mein Gepäck und irgendwann auch der Hotelbus, der mich und zwei australische Anzugträger in die Stadt bringt. Der jüngere der beiden hat einen sehr roten Kopf, und ich bin mir nicht ganz sicher, ob es wegen der eng gebundenen Krawatte ist oder weil er so laut mit seinem Kollegen redet, dass jeder im Bus mithören kann. »Ich war schon mal hier, damals, wegen dem AN-Deal.«

»Ich weiß. Und, wie war es?«

»Ganz okay. Aber es gibt im ganzen Land keine Ampel, stell dir das mal vor.«

»Wahnsinn.«

»Und das Beste ist: Es gab mal eine, in den Neunzigerjahren. Bevor sie die aufgestellt haben, haben sie die Bevölkerung monatelang vorbereitet: Rot heißt stehen bleiben, Grün heißt fahren. Mit Plakaten und Radiospots und allem Drum und Dran.«

»Und dann?«

»Und dann, als das Ding endlich aufgestellt war und rot geleuchtet hat, sind alle stehen geblieben. Überall!«

»Wie, überall?«

»Überall, Mann! Sie sind einfach überall stehen geblieben. Fußgänger, Autofahrer, egal, wo sie gerade unterwegs waren, sie sind einfach stehen geblieben. Nicht nur vor der Ampel, sondern auch 200 Meter weiter weg oder am Gehsteig oder was weiß ich wo.«

»Haha, abgefahren!«

»Danach haben sie die Ampel wieder abmontiert.« Der Ältere lacht jetzt noch lauter, und der Jüngere rückt sich seine Krawatte zurecht und grinst. Ob die Geschichte wohl stimmt? Ich suche das Gesicht des Busfahrers im Rückspiegel, doch der konzentriert sich auf die Straße und lässt keine Reaktion erkennen. Während der ganzen Fahrt hoffe ich, doch irgendwo eine Ampel zu sehen oder vor einer stehen bleiben zu müssen, nur, um mich dann laut räuspern, gewichtig den Kopf schütteln oder irgendeinen Witz machen zu können, der mit Ampeln und roten Köpfen zu tun hat und den ich mir erst noch zu Ende überlegen muss. Aber so weit kommt es leider nicht, denn es gibt tatsächlich keine einzige Ampel in der Hauptstadt dieses Landes.

Und um ehrlich zu sein, auch sonst nicht besonders viel. Es gibt einen Markt, ein paar Straßen. Insgesamt verfügt Honiara über den Charme eines kosovarischen Umspannwerks. Ich weiß, das klingt gemein, und ich fühle bei diesem Satz einen Krawattenknoten an meinem Hals, aber schon zwei Tage nach meiner Ankunft bin ich wieder weg. Habe ich meine Liebeserklärung zu früh ausgesprochen?

Nein, aber wahrscheinlich ist es so wie in jeder Beziehung: Man muss den anderen akzeptieren, wie er ist. In seiner Gesamtheit. Mit all seinen Mängeln. Es mag keine Ampeln geben auf den Salomonen, und die Hauptstadt wird es niemals zum UNESCO-Weltkulturerbe schaffen. Es mag Handyempfang nur geben, wenn man viel Glück hat und noch dazu gutes Wetter. Es mag ein Ort sein, an dem Telefonnummern nur fünf Ziffern haben. Aber wen kümmert das?

Wer zur Hölle braucht eine Ampel, wenn es um einen herum 900 Inseln gibt?

Ich bin seit zwei Wochen in Ozeanien unterwegs, und ich schwöre: Ich habe in dieser Zeit nicht ein einziges Mal eine Ampel vermisst. Ich habe an das Meer gedacht; an sein glasklares Wasser, an seine Korallen und Fische, die jeden Tauchgang zu einer psychedelischen Grenzerfahrung machen, an die unendlichen Schattierungen von Blau. Ich habe an den Wald gedacht; an seine dichte Vegetation, an die Geräusche, die aus seinem Inneren tönen wie aus einem riesigen, verwachsenen Subwoofer, an mächtige Baumriesen und Lianen, an die unendlichen Schattierungen von Grün. Und ich habe an Menschen gedacht; an ehrliche Augen und warmes Lachen, an die unendlichen Schattierungen von Herzlichkeit. Ich habe an vieles gedacht, aber eine Ampel war nicht dabei.

Vielleicht liegt das daran, dass Fortbewegungsmittel mit Rädern hier eher ein Nischendasein führen. Wer von A nach B will, der macht das mit dem Flugzeug oder mit dem Boot, denn zwischen A und B liegt mit ziemlicher Sicherheit keine Straße. Zwischen A und B liegt Dschungel oder Wasser oder beides zugleich.

Es ist Freitagabend, und die letztwöchige Reise durch die Provinz Malaita steckt mir noch in allen Knochen. Stundenlange Bootsfahrten durch strömenden Regen, Fußmärsche durch dichten Wald, Flüge mit handgeschriebenen Tickets und handbekurbelten Tankfüllungen. Der östliche Teil des Landes ist rau und touristisch unerschlossen, seine Erkundung eine logistische Herausforderung. Wer sie annimmt, wird belohnt, aber hat sich danach auch ein paar Tage Entspannung verdient. Ein paar Tage am anderen Ende des Landes zum Beispiel, auf den postkarten-idyllischen Inseln der Western Province. Ein paar Tage am Strand, im Wasser, vorm Bier, weit weg von allen Fragen, die mit A und B und ihrer Überbrückung zu tun haben. Doch mir gegenüber sitzt Paul, und Paul sagt Sätze wie: »Da musst du unbedingt hin!« und »Transport ist kein Problem.« Ich traue Paul, denn Paul ist ein lustiger Salomoner, und er hat mir gerade ein Bier spendiert. Außerdem ist er gewissermaßen vom Fach: Transport, aber vertikal. Paul ist Lifttechniker. Ich weiß nicht, ob ich schon erwähnt habe, dass es auf den Salomonen insgesamt zwei Lifte gibt. Und dass sich beide im selben Gebäude befinden. Ich glaube, ich brauche nicht hinzuzufügen, dass Paul über relativ viel freie Zeit verfügt. Und über Ideen, wie ich die meine möglichst stress- und sinnvoll nutzen könnte. »Also, wenn du schon mal den ganzen Weg hierher gemacht hast, dann musst du die Kennedy-Insel sehen. Die ist ganz nah von hier. Und ich kenne jemanden, der dich morgen gratis dorthin mitnehmen kann.« Also doch wieder die Sache mit dem A und dem B. A ist diesmal Gizo, die zweitgrößte Stadt im Westen des Landes und der Ort, an dem ich und Paul gerade Bier trinken. B ist eine Insel, die nur 30 Minuten entfernt liegt und auf der angeblich mal ein amerikanischer Präsident gestrandet sein soll. Ich finde, dass sich das nach einem ziemlich interessanten B anhört und verwerfe meinen Plan, für ein paar Tage auf sämtliche Bs zu verzichten.

Also sitze ich am nächsten Morgen am nassen Deck eines kleinen Fischerbootes, spüre den salzigen Fahrtwind im Gesicht und rufe Pauls Freund Fragen zu seiner Familie, zur Fischerei und zur Politik zu. Als wir die Insel erreicht haben, weiß ich, dass sein ältester Sohn Probleme im Rechnen hat, dass derzeit Thunfisch-Saison ist und die gesamte Regierung ein korrupter Haufen. Aber wie ich jemals wieder von dieser Insel wegkommen soll, das weiß ich nicht. Und darüber denke ich im Moment auch nicht nach. Ich stehe knöcheltief im lauwarmen Wasser des Südpazifiks, vor mir liegt eine winzige korallenumsäumte Insel, und auf ihr stehen ein paar Palmen und ein Schild. John F. Kennedy war tatsächlich hier. Im Jahr 1943, als er noch nicht amerikanischer Präsident war, sondern Kommandant der US-Marine und mitten im Pazifikkrieg. Die Japaner hatten sein Schiff abgeschossen, und der 26-jährige Kennedy schwamm um sein Leben und auf diese Insel. Ich spüre so was wie Ehrfurcht, während ich am Strand entlang gehe und mir vorstelle, dass auf demselben Boden, unter denselben Palmen dieses winzigen Eilandes der Mann herumwandelte, der später das mächtigste Land der Erde regieren sollte.

Es ist kurz vor Mittag, und ich habe das Gefühl, mit einem amerikanischen Präsidenten allein auf einer Insel zu sein.

Ein erhabenes Gefühl. Gegen 13 Uhr habe ich mich an den Gedanken gewöhnt, gegen 14 Uhr beginne ich mich mit ihm zu langweilen. John und ich haben uns nicht mehr besonders viel zu sagen. Schade eigentlich. Um 15 Uhr frage ich mich zum ersten Mal, wie ich wieder zurück in mein Hotel komme, und um 16 Uhr mache ich mir ernstlich Sorgen.

Von den Fischerbooten, von denen Paul geredet hat, ist keine Spur zu sehen, und von Touristen sowieso nicht. Man könnte meinen, dass Kennedy hier so was wie eine Attraktion ist, aber um die Anziehungskraft amerikanischer Präsidenten ist es dieser Tage wohl nicht so gut bestellt, und um den salomonesischen Tourismus anscheinend auch nicht. Ich sitze im Sand, starre in die Ferne und hoffe: zuerst auf eine Mitfahrgelegenheit, später auf Hilfe, schließlich auf Rettung. Die Sonne wird langsam schwächer, aber sie macht sich auf meinem Kopf bemerkbar. Und zusehends auch darin: »John, wie bist du damals eigentlich zurückgekommen?«

»Ich saß verzweifelt am Strand und hatte die Hoffnung schon aufgegeben, da kamen plötzlich zwei Fischer vorbei. Der eine hieß Eroni und der andere Biuku, und sie haben mir das Leben gerettet.«

»Das nenne ich Glück, John. Ich wette, du warst den beiden ziemlich dankbar?«

»Das kannst du laut sagen, Dan. Ich darf doch Dan sagen?« Ich nicke, und ich merke, dass ich mich in den Schatten setzten sollte.

»Diese Jungs haben mir den Arsch gerettet. Ihnen war egal, dass ich eine andere Hautfarbe hatte als sie, dass ich eine Sprache sprach, die sie nicht verstanden. Sie haben mir einfach den Arsch gerettet.« Ich glaube, ich mag diesen Kerl. »Und, John, was ist dann passiert?«

»Na ja, ich wurde Präsident der Vereinigten Staaten von Amerika. Und zur Angelobungsparty hab ich die beiden ins Weiße Haus eingeladen.« Sehr sympathisch, der Mann, aber muss man ihm denn jedes Wort aus der Nase ziehen? »Und dann, John?«.

»Sie durften nicht kommen, die Politiker der Salomonen ließen sie nicht. Weil sie kein Englisch konnten. Sie meinten, die beiden würden sich und ihr Land blamieren.«

Ich höre ein leises Motorengeräusch in der Ferne. Sollte das tatsächlich ein Boot sein? Ich laufe an den Strand und schwenke meine Arme, und wirklich: Ein Boot kommt auf mich zugefahren, und zehn Minuten später springe ich erleichtert hinein. Es sind zwei Fischer, und sie sprechen Englisch. Leider steht bei mir in naher Zukunft keine Angelobungsparty an, in ferner Zukunft wohl auch nicht. Als die beiden mich kurz nach Einbruch der Dunkelheit in Gizo absetzen, sehen sie aber, dass ich dankbar bin. Sie haben mir den Arsch gerettet. Nicht wegen einem Weltkrieg, sondern wegen selbst verschuldeter Dummheit. Ich fühle mich ein bisschen doof, als ich an diesem Abend im Hotelbett liege. Aber hey – ich habe einen Tag mit John F. Kennedy verbracht. Und ich glaube, wir haben uns ganz gut verstanden.

Man denkt ja gemeinhin gern, dass man aus Fehlern lernt und klüger wird. Bei mir ist das im Moment leider überhaupt nicht so. Meine Lernkurve ist flach wie eine Salomonen-Insel. Anstatt dem A-B-Dilemma fortan aus dem Weg zu gehen, sitze ich am nächsten Tag in einem Bus. Mangelnde Lernbereitschaft? Fehlender Intellekt? Sucht?

Ich weiß es nicht. Aber ich weiß, dass das Ding, das hier als Bus bezeichnet wird, in Wirklichkeit die Ladefläche eines Lkws ist. Dass es hart und eng ist. Dass es keine Stoßdämpfer hat. Und dass es verdammt viel Spaß macht, damit unterwegs zu sein. Wir fahren durch den Nachmittag und durch kleine Dörfer, immer am Meer entlang von Gizo nach Saeraghi, und bei jedem Schlagloch hebt sich die gesamte Ladung: 20 Passagiere, zehn Säcke voller Reis und Kochbananen, zwei Kisten mit Fisch, ein Huhn. Das Huhn gackert, die Kinder lachen, die Frauen teilen Früchte und die Männer Zigaretten. Selbst gebrannter Kokosnussschnaps und Geschichten machen die Runde, und ich glaube, ich könnte ewig so weiterfahren.

Gegenüber von mir sitzen fünf Frauen, eine von ihnen hält ein Baby im Arm. Die Frauen rufen sich Dinge zu und schütteln sich vor Gelächter, aber bei jedem Schlagloch halten sie für einen erschrockenen Moment inne und schauen besorgt auf das Kind. Doch das ist hart im Nehmen und hält der Straße jedes Mal ein strahlendes Lachen entgegen, und die Mutter drückt ihm dann einen Kuss auf die Wange, und die anderen Frauen lachen erleichtert.

Ich schaue in diese Gesichter, in denen sich Freude spiegelt und Sorge und immer Freundlichkeit, und ich frage mich, wie man eigentlich Angst haben kann vor anderen Menschen. Vor den Fremden.

Und wer ist das überhaupt: der Fremde?

Ist das jemand, der eine andere Sprache spricht? Der eine andere Hautfarbe hat? Der ein anderes Rasiergel verwendet? Und warum fürchten wir uns davor?

Ich halte meinen Kopf in den Fahrtwind, eine der Frauen lacht mir zu und macht dann das Gleiche. Sie hat keine Angst vor dem Fremden, und das ist gut für mich, denn der Fremde bin ich. Ich bin weiß, ich trage komische Kleidung und spreche wie ein Idiot, aber das stört hier niemanden. An diesem Nachmittag, auf dieser Straße, dieser Insel irgendwo inmitten des Pazifiks sind wir alle gleich. Wir sind Menschen, die sich über den Fahrtwind freuen, über die geteilten Früchte und über ein kleines lachendes Kind. Wir sitzen alle im selben Boot. Oder auf derselben Lkw-Ladefläche.

Papua-Neuguinea

Wie man Haie mit bloßen Händen erlegt. Wie ich mit Muschelgeld zahle. Und wer hier eigentlich wild ist.

Ich hege mittlerweile ernstliche Zweifel an der Existenz des Fremden. Aber sollte es so was tatsächlich geben, dann müsste es in Papua-Neuguinea zu finden sein. In einem Land, das zu den letzten unerforschten Gebieten dieser Erde zählt, zu den letzten weißen Flecken einer ansonsten durchkartografierten, durchmessenen und durchkapitalisierten Welt. In einem Land, das so unzugänglich und zerklüftet ist, dass sich dort 800 verschiedene Ethnien mit ebenso vielen Sprachen in die Gegenwart gerettet haben. In einem Land, das kulturell divers ist wie kein zweites und das wahrscheinlich genau deshalb von Außenstehenden immer und immer wieder als »wild« bezeichnet wird. Zwischen seinen abgelegenen Außeninseln und unwegsamen Hochlandgebirgen werden Bräuche und Riten praktiziert, die es sonst nur noch in feuchten Träumen von Ethnologen gibt. Ich muss gestehen, dass ich davon auch schon geträumt habe. Zum ersten Mal als Kind: Im Fernseher waren Kannibalen mit Ringen in der Nase zu sehen und weiße Forscher mit Strümpfen bis zu den Knien, beides war verstörend und faszinierend zugleich. Dann als Student: Im Hörsaal sprach ein weißer Forscher über Kannibalen im Dschungel von Neuguinea, aber ich sah weder Kniestrümpfe noch Nasenringe und beendete mein Völkerkunde-Studium so schnell, wie ich es begonnen hatte. Und dann jetzt: Ich stehe mitten im Hochland von Papua-Neuguinea, um mich herum wird getanzt und gesungen, die Nasenringe sind da und die Kniestrümpfe auch, alles ist da, viel mehr, als ich fassen kann, und es ist laut und heiß, und ich bin verschwitzt und erschöpft und müde und unendlich dankbar, dass ich nicht in einem klimatisierten Hörsaal sitze oder auf einer Couch vor einem Fernseher, sondern hier bin, inmitten meines Traumes, im pochenden Herzen dieses verstörenden und faszinierenden Landes.

Es ist zehn Uhr morgens, ich bin in Goroka, und ich bin betrunken.

Normalerweise bin ich um zehn Uhr morgens nicht betrunken. Und normalerweise ist Goroka auch kein pochendes Herz, sondern eine verschlafene Kleinstadt. Aber einmal im Jahr findet hier das größte indigene Festival der Welt statt, und dann strömen über 100 Stämme aus dem ganzen Land hierher und verwandeln das Städtchen in einen Ort der Ekstase. Sie kommen auf rostigen Lastwagen oder zu Fuß, manche brauchen Tage und andere die Ersparnisse eines halben Jahres dazu, aber sie kommen trotzdem, und sie bringen ihre Tänze und Gesänge und Kostüme mit und eine Energie, die Goroka an diesem Morgen zum Pochen bringt. Meinen Kopf auch. Ich stehe am Rand einer Grasfläche, die umzäunt ist und nicht größer als ein Fußballfeld, und kann nicht glauben, wie viel Kultur auf ein Stückchen Rasen passt. Und wie wenig ich davon verstehe. Lehmbeschmierte Männer bewegen sich in Zeitlupe auf mich zu, mit schweren Tonmasken am Kopf und gespannten Bögen in der Hand. Jemand sagt mir, dass es die *Mudmen* aus dem Asaro-Tal sind, und ich bin froh, dass ich ihnen hier begegne und nicht in ihrem Tal. Links von ihnen wiegen 20 pechschwarz geschminkte nackte Burschen eine überdimensionale Schlange über ihren Köpfen, die *South Simbu Wild Snake*, und rechts tanzen und singen die weißrot bemalten *Peanut Group Mamas*. Ihr Gesang ist schön, aber er geht unter in Schreien, Rufen, Sprechchören. Hier brodelt es.

Und in meinem Becher brodelt es auch. Ich weiß nicht, wie es dazu kommen konnte, aber ich stehe an einem der exotischsten Plätze dieser Erde und halte ein Glas Wein in der Hand. Genau genommen ist es mein drittes, und genau genommen ist die Flüssigkeit in meinem Glas wahrscheinlich gar kein Wein. Es schmeckt zumindest nicht danach, und es sieht auch nicht danach aus. »Doch, doch, das ist Wein« sagt der Typ, der mir gegenüber in einem hölzernen Verkaufsstand steht und anscheinend drei Dinge glaubt: Erstens, dass man einfach irgendetwas vergären lassen und dann als Wein bezeichnen kann; zweitens, dass die Goroka-Schau ein guter Ort ist, um diesen Saft zu vermarkten; und drittens, dass ein trinkender Weißer die beste Werbung dafür ist. Ich habe in allen drei Fällen meine Zweifel. »Ingwer, bitte schön« sagt er und schiebt einen weiteren Becher in meine Richtung. »Nein danke, der Wein schmeckt total scheiße«, sollte ich eigentlich sagen, aber ich will nicht unhöflich sein.

Vor mir schiebt sich eine Gruppe von Männern vorbei, die meterhohe Kopfbedeckungen aus Perlen und Blumen tragen, und hinter ihnen steht ein kleiner Junge mit einem Federkleid und Flügeln am Rücken. Ich trinke meinen Ingwer-Wein und habe keinen Schimmer, was hier vor sich geht. Ich weiß nicht, was das alles um mich herum bedeutet, aber ich weiß, dass ich verdammt froh bin, kein Ethnologe zu sein. Dann müsste ich diese kulturelle Explosion hier nämlich wissenschaftlich analysieren. Und all die anderen Dinge, die ich in diesem unglaublichen Land bisher erlebt habe, auch. Ich müsste sie zu elendslangen, staubtrockenen Abhandlungen verarbeiten und mich dann noch mit anderen darüber streiten, ob das auf Seite 37ff beschriebene Ritual tatsächlich strukturfunktionalistisch oder nicht doch eher syntaktisch-kulturrelativistisch oder weiß der Geier wie interpretiert werden muss. Nee danke, das sollen andere machen. Ich schreibe für *Travel Episodes*, und deshalb kann ich jetzt getrost mein Glas Wurzel-Wein trinken und einfach nur schauen. Und nebenbei über meine Erlebnisse der letzten Wochen nachdenken. Ohne Fußnoten. Ohne Zitation. Aber mit einer Gänsehaut am Unterarm.

Über die Tage mit dem letzten Haijäger von Messi zum Beispiel. Messi ist ein kleines Dorf auf der Außeninsel Neuirland, weit draußen in den Gewässern vor Papua-Neuguinea, und ich habe lange gebraucht, um dorthin zu kommen. Der Ort ist abgeschieden und schwer zu bereisen, und wahrscheinlich hat sich dort genau deshalb die jahrhundertealte Tradition des *Shark Calling* erhalten:

Männer paddeln mit Kanus auf das offene Meer, locken mit ihrem Gesang Haie an und erschlagen sie dann mit der bloßen Hand.

Das Handwerk ist gefährlich und wird nicht mehr von vielen beherrscht. Der alte Tarok ist einer von ihnen. »Den Kampf gegen den Hai besteht nur, wer die Regeln beachtet«, sagt er zu mir, während wir vor seinem Haus sitzen und Schildkrötensuppe essen. Kein Sex, kein Schweinefleisch, keine Berührung mit Exkrementen 24 Stunden vor dem Kampf, und die Nacht davor muss in einer rituellen Hütte direkt am Wasser zugebracht werden. Nach drei Tagen im Dorf habe ich verstanden, dass das *Shark Calling* keine barbarische Fangmethode ist, sondern ein kompliziertes Ritual. Nach drei Stunden auf dem offenen Meer habe ich verstanden, dass ich damit eigentlich nichts zu tun haben will.

Ich saß in einem kleinen Auslegerkanu, und ich fühlte mich wie ein Fisch an Land, nur eben umgekehrt, Mensch im Haifischbecken. Mein Boot schien mir zu klein, sein Bug viel zu niedrig, der Wellengang viel zu hoch. Ich hatte alle Regeln beachtet, hatte den Tag davor weder eine Schweinshaxe berührt noch eine Frau, und die Nacht im *Hausboi* neben einem Lagerfeuer verbracht. Aber vorbereitet fühlte ich mich in keinster Weise. Nicht auf das Wasser, nicht auf einen Knorpelfisch, und schon gar nicht auf einen Kampf. Das Meer schäumte, Tarok sang, ich wimmerte, und die Haie haben wahrscheinlich gelacht. Kurz: Ich habe an diesem Vormittag keinen Hai erschlagen. Hätte ich auch nur eine Flosse gesehen, wäre ich vor Schreck wahrscheinlich aus dem Boot gefallen.

Gut, dass ich jetzt im Hochland bin. In Sicherheit und Meilen entfernt von der nächsten Haifischflosse. Das Einzige, was mir hier wirklich gefährlich werden könnte, ist diese Flüssigkeit in meinem Becher.

Wir sind mittlerweile bei einer Geschmacksrichtung angelangt, die man selbst beim besten Willen nicht mehr mit Wein in Verbindung bringen kann. Auf der Plastikflasche ist das Bild einer trockenen Wurzel zu sehen. Ich nippe am Glas, es riecht säuerlich. Wahrscheinlich kein guter Jahrgang. Aber kann eine Wurzel eigentlich einen Jahrgang haben? Egal, ein Glas noch und eine Erinnerung, und dann wird gezahlt.

Mit *Kina*, so heißt das Geld in Papua-Neuguinea. Ich habe viel gezahlt damit in den letzten Wochen, aber einmal habe ich eine andere Währung verwendet. Eine Währung, die hart ist, wirklich hart: Das Muschelgeld der *Tolai*. Ich bin in den Norden der Insel Neubritannien gereist, dorthin, wo die 100 000 Angehörigen dieses Stammes leben und ihr traditionelles Zahlungsmittel in die Moderne gerettet haben. Ich habe einen Geldschein über einen Tresen gereicht, und man hat mir eine 20 Meter lange Kette mit kleinen, zurechtgeschliffenen Muscheln zurückgegeben.

Tabu heißt dieses Geld, und man kann tatsächlich zahlen damit. Der Stamm der *Tolai* verwendet es seit Jahrhunderten als Tauschmittel, richtet damit Hochzeiten und Begräbnisse aus, kompensiert Straffälligkeiten und festigt Beziehungen zwischen Clans und Dörfern. Ich habe während meiner Woche auf Neubritannien nicht geheiratet und auch keine Straftat begangen, aber ich habe mit Muscheln meine Kokosnüsse bezahlt und auch mein Mittagessen. Mittlerweile ist *Tabu* sogar als offizielle Zweitwährung akzeptiert, man kann es auf eine Bank tragen oder seine Einkommensteuer damit begleichen. Es gibt sie wirklich, die Muschel in Zeiten des Kapitalismus, und es ist die schönste Währung, die ich je in meinen Händen gehalten habe.

Was ich jetzt in meinen Händen halte, ist weniger schön. Und man bekommt nichts dafür außer ordentliches Kopfweh. »Das war mein letztes Glas«, bremse ich den Typen, der mir schon wieder Wein nachschenken will. Ich halte meine Hand über den Becher, er schaut traurig. »Für heute«, sage ich. Für mein restliches Leben, meine ich. Diese alkoholisierten Wurzeln sind mir ordentlich in die Birne geschossen. Liegt es nur an ihnen, oder ist das Treiben hier tatsächlich nochmal heftiger geworden? Das Feld ist jetzt voll mit Menschen, jemand scheint die Absperrung geöffnet und alle Zaungäste hereingelassen zu haben. Das ist gut, es wuselt jetzt und lärmt noch mehr als zuvor. Eine kulturelle Orgie aus Farben, Geschrei und Schweiß, mit Schlamm am Boden und Testosteron in der Luft. Die Sprechchöre sind laut und dicht, und überall singen, wiegen, tanzen Menschen sich in Rage. Ich verstehe ihren Inhalt nicht, aber ich spüre: Diese Tänze wurden nicht erfunden, um sich Freunde zu machen. Sie wurden erfunden, um Feinde zu töten.

Zum Glück wurde in den Fünfzigerjahren aber auch die *Goroka-Show* erfunden, und damit eine Möglichkeit, verfeindete Stämme zusammenzubringen und zu befrieden. Seitdem treffen hier einmal im Jahr Menschen aufeinander, die sich davor nicht getroffen haben, und kam es doch zu einem Treffen, war die Hälfte danach tot. Heute kommen die Menschen hierher, um sich und ihre Kultur zu feiern, und am Ende gehen beide Hälften gesund und munter wieder heim.

Ich starre auf Speere und Äxte, auf Kriegsbemalungen und Masken, und ich muss plötzlich an mein Zuhause und die Politik dort denken. An Wahlkampfposter mit Fratzen drauf, an Worte, die spitz sind wie Speere und dabei stumpf wie eine Steinaxt, an Geschrei, an hasserfüllte Augen, an Stammtische, an denen geschnaubt wird und gefaucht, an Menschen, die verletzen wollen und sicherlich nicht tanzen. Es ist ein irrsinniges Spiel, das seit Jahrtausenden und an jedem Ort dieser Erde gespielt wird: wir gegen die anderen. Wir gegen die, die anders aussehen, die anderswo leben, die anders reden, die nicht so sind wie wir und mit denen deshalb irgendetwas falsch sein muss. Die bekämpft werden müssen, weil ihre Hautfarbe zu dunkel ist oder zu hell, oder weil sie in einem Tempel beten und nicht in einer Kirche, oder weil sie auf der anderen Seite des Flusses leben und rote Federn tragen anstatt grüne. Dieses Spiel hat idiotische Regeln, und sie werden ständig neu erfunden. Clan gegen Clan, Stamm gegen Stamm, Land gegen Land oder Religion oder Kultur, irgendein Gegner findet sich immer.

Alle müssen mitspielen, aber niemand kann gewinnen.

Vielleicht sollte man es so machen wie hier in Goroka. Alle Kämpfer dieser Welt treffen sich einmal im Jahr auf einem großen Fußballfeld. Sie ziehen sich hübsch an, mit ihren Trachten oder Kutten oder Uniformen, und sie zeigen, wer sie sind und was sie können. Sie tun niemandem weh dabei. Sie singen und sie tanzen. Und wer nicht mitmacht, muss am Rand stehen und Wurzelwein trinken.

Aus dem Blauen heraus

Irgendwo über dem Pazifik, an Bord einer Zwölfsitzer-Propellermaschine. »Ausgang« steht auf Deutsch neben einer rostigen Luke.

Irgendetwas Russisches steht daneben. Ich rekonstruiere, wie dieses uralte Ding hierhergekommen sein mag, und mir läuft es kalt den Rücken dabei hinunter: Irgendwann mal muss es in Deutschland im Einsatz gewesen sein, in einer Zeit, in der es dort noch eine Mauer gab und man mit Kassetten Musik hörte, und als es dann zu alt und schrottreif für Europa war, hat man es nach Russland gebracht, und irgendwann war es dann selbst für russische Verhältnisse nicht mehr trag- oder fliegbar, oder wie immer man in der Fachsprache zu diesem Zustand sagt, in dem man nicht mehr für die Sicherheit der Passagiere garantieren kann, und dann muss es irgendein zwielichtiger Import-Export-Agent für eine Kiste Bier gekauft und in ein Land gebracht haben, in dem einfach alles für den Flugverkehr zugelassen wird außer ein Stein, und jetzt fliegt es von einer Pazifik-Insel zur nächsten, so lange, bis es einfach aufhören wird zu fliegen. Ich schwitze.

Der Himmel ist finster, das Meer ist es auch, und das Flugzeug wackelt jetzt so stark, dass man sich gegen den Vordersitz stemmen muss. Ich beuge mich nach vorn, den Kopf zwischen den Ellbogen, und ich denke darüber nach, warum ich eigentlich reise. Wieso muss ich immer weg, immer wieder in die Ferne? Warum kann ich nicht einfach zu Hause bleiben, so wie die anderen auch, und samstags mit einem geleasten Toyota zu Ikea fahren statt mit einer gottverdammten Cessna ans Ende der Welt? Was glaube ich denn, hier zu finden?

Ich suche das Fremde, aber ich finde es nicht. Vor mir sitzt ein kleines Mädchen und weint, und es weint genauso, wie jedes andere Kind dieser Welt in dieser Situation auch weinen würde. Es hat Angst. Wir alle haben Angst, und wir sind uns so ähnlich dabei. Ich muss an die Frauen auf dem Lastwagen denken und das Baby in ihrer Mitte, an Tarok im Kanu, den Taxifahrer mit dem Curry und den Lifttechniker ohne Lift, ich muss sogar an die beiden Anzugträger im Hotelbus denken, und ich spüre: Das Fremde ist eine einzige Illusion. Wir sind alle gleich. Wir lieben, wir essen, wir pissen, wir lachen und wir weinen, und ob die Träne eine dunkle Wange hinunterkullert oder eine rosarote, macht keinen Unterschied. Es sei denn, wir bestehen darauf. Das Flugzeug sackt mit einem Ruck nach unten, 100 Meter vielleicht und zehn Schreie.

Um mich herum verängstigte Gesichter, unter mir der mächtige Pazifik, in mir eine Erkenntnis.

Ich kann es mir aussuchen. Ich kann auf das Meer schauen und dort Wasser sehen, das 30 000 Inseln voneinander trennt. Oder ich sehe das Wasser, das sie alle miteinander verbindet. Und genau so kann ich auf die Menschen schauen. Ich kann mir aussuchen, ob um mich herum Fremde sitzen oder nicht. Ob zwischen uns das Trennende liegt oder das Verbindende. Ich habe die Wahl. Wir alle haben die Wahl. Und wenn wir richtig wählen, dann brauchen wir keine Angst mehr vor dem Fremden zu haben. Denn das Fremde, das gibt es dann nicht.

Russland

COUCHSURFING IN RUSSLAND

Ich hatte noch nie im Leben Heimweh. Warum auch? Es ist einfach zu spannend, wer hinter der nächsten Haustür wartet. Frei nach Forrest Gump: Couchsurfing ist wie eine Pralinenschachtel. Man weiß nie, was man bekommt.

Von Stephan Orth

Marina und Julija haben mich an einem der seltsamsten Flughäfen der Welt abgeholt. Seltsam nicht deshalb, weil es ein unglaublich nebliger Tag war, an dem die Abendsonne orangefarben durch gelblichen Staub schimmerte. Auch die fünf riesigen ausrangierten Tupolew-Flugzeuge, monströse Relikte der Sowjetzeit, sind nicht der Grund, aus dem ich diese Landung niemals vergessen werde.

Der Grund ist das riesige Loch im Boden, direkt neben dem Flughafen. Ein gigantischer Krater, 500 Meter tief und 1200 Meter breit, der wirkt wie ein grauer staubiger Eingang zur Hölle. Sobald ich mein Gepäck vom Band genommen habe, bringen mich Marina und Julija zu einem Lada Priora, dessen Fahrer sich als Igor vorstellt, er ist Minenbau-Student, und schon brausen wir mit 70 km/h über Staubpisten zu dem Krater.

Die Luft riecht nach Schwefel und verbranntem Holz, die Abendsonne hängt tief am Himmel und taucht den staubigen Dunst ringsum in rötliches Licht.

Sonnenuntergangsromantik auf Apokalyptisch. Ein paar Metallstufen führen auf eine Aussichtsplattform, die auf einen Amphibienbagger aus Sowjetzeiten montiert wurde. An ihrem Geländer hängen Liebesschlösser mit den Namen von Hochzeitspaaren. Julija und Sascha. Schenja und Sweta. Wjatscheslaw und Maria. Der Bund fürs Leben, besiegelt am Abgrund, ein Treueschwur an der absurdesten Touristenattraktion des Planeten. Wo zum Teufel bin ich? Der Reiseführer antwortet: nichts.

> Dem *Lonely Planet* ist Mirny ein bisschen *zu* lonely.

Und meine Antwort? Genau da, wo ich hinwollte. Mit meinen Gastgebern, die ich über die Webseite *Couchsurfing.com* kennengelernt habe, an einem Ort, der atemberaubend ungewöhnlich, aber noch weit davon entfernt ist, vom Massentourismus entdeckt zu werden.

Für zehn Wochen reise ich für mein Buchprojekt »Couchsurfing in Russland« quer durch Russland, um solche Orte zu finden.

Ich habe genug Schönheit auf Reisen gesehen, um nun bereit für das andere Extrem zu sein. Nicht die Hässlichkeit einer mittelgroßen Kakerlake auf dem Küchenboden oder eines kaputten Autoreifens im Straßengraben. Peanuts. Ich meine Anti-Ästhetik von einem Ausmaß, dass einem die Sinne schwinden. Reisen als Horrorfilm oder Thriller, David Fincher statt Rosamunde Pilcher, Hässlichkeit mit Wow-Effekt, Hässlichkeit mit Geschichte.

Nur die Normalnull ist langweilig, interessant wird es an den Extrempunkten der Ästhetikskala. Alles eine Frage der Wahrnehmung, nach welchen Kriterien man ein Reiseziel auswählt.

»Willkommen am Arschloch der Welt«, sagt Marina, dann machen wir ein paar Selfies über dem Abgrund.

Auch wenn der lokale Spitzname etwas anderes impliziert, stehen wir vor einer Meisterleistung der Ingenieurskunst. Jahrzehntelange Arbeit, ausgefuchste Statik. Die zweitgrößte Anlage ihrer Art, weltweit. Und einen versteckten Schatz gibt es auch. Jahrzehntelang wurden aus der offenen Mine von Mirny Diamanten ausgebuddelt, ein paar Gramm Edelstein pro Tonne Erdreich. Glitzernde Reichtümer, verborgen irgendwo im Morast.

Schrägwände aus grauem Erdreich führen nach unten, ein paar rostige Rohre sind noch von den Förderanlagen übrig. Am gegenüberliegenden Kraterrand wirken die achtstöckigen Wohnblocks der Kleinstadt, die nur wegen der Diamantenfunde hochgezogen wurde, wie eine Legolandschaft.

Wegen solcher Orte mache ich das. Ich bin auf einer Reise quer durch Russland und versuche, das Land über die Einheimischen kennenzulernen. Ich wohne bei ihnen zu Hause, teile mit ihnen den Alltag, lasse mir ihre Welt zeigen. Und fühle mich dabei sehr willkommen, in einem Land, das derzeit nicht viel positive Presse bekommt. Ich fühle mich willkommen am Arschloch der Welt.

Alltag ist normalerweise das Gegenteil von Urlaub. Für mich nicht, mein Urlaub findet im Alltag der anderen statt.

Ich besuche mit Gastgebern ihre Stammkneipe, gucke mir Fotos ihrer letzten Reise an, erfahre etwas über ihren stressigen Tag im Büro oder die Trennung des besten Freundes. Innerhalb von zwei oder drei Tagen ler-ne ich ein Stück der Lebensgeschichte eines vorher Fremden kennen. Für einen Kaffee in der Wohnung von Pariser Studenten würde ich den Eiffelturm links liegen lassen, ein Kochabend mit einer Hippiefamilie kann erlebnisreicher sein als fünf Gänge beim Sternekoch.

Und während sich andere für den Adrenalinkick am Bungee-Seil von einer Brücke stürzen, kann ich mir im ÖPNV-Bus auf düsteren Vorstadtstraßen ausmalen, ob ich wohl diesmal an einen Ritualmörder geraten bin, der mich mit polierter Axt und bereits eingelassenem Säurebad empfängt. So Leute tummeln sich ja in diesem Internet, wie man hört.

Natürlich ist diese Art des Tourismus erheblich anstrengender, als all-inclusive nach Hurghada zu reisen oder per Kreuzfahrtschiff durchs Mittelmeer zu tuckern. Dafür geht es hier nicht um ein käufliches Produkt, nicht um eine Reise als Konsumgut, bei der man sich nachher fragt, ob man »für sein Geld« auch entsprechend viel Spaß, Fotomotive, Sonne und Entspannung bekommen hat.

Meine Begegnungen sind real, keine Inszenierung, ein gegenseitiges Geschenk von Zeit und Neugier. Und das ist mehr wert als alles andere.

Machatschkala, Dagestan – Im wilden Kaukasus

Tourismus spielt in Machatschkala keine Rolle – die meisten westlichen Länder raten von einem Besuch ab, weil die Provinz Dagestan als Terrorismus-Keimzelle gilt.

Machatschkala ist ein Ort, der auf keiner touristischen Landkarte verzeichnet ist. Mein Gastgeber heißt Renat, ist IT-Spezialist, 37 und hat seit drei Monaten den Führerschein. Er freut sich auf viel Fahrpraxis, als wir am nächsten Tag mit seinem schwarzen Lada Granta zu einer Spritztour aufbrechen.

Machatschkala ist ein Moloch, ein Chaos aus *Schawarma*-Imbissen und *Kwas*-Straßenständen, Hochzeitskleidshops und Moscheen, einem irren Neben- und Durcheinander an bunten Werbepostern. Nur ein paar Meter trennen die Tristesse grauer Sowjet-Wohnblocks von einem fröhlichen Strandspektakel am Kaspischen Meer mit Volleyballspielern, Picknickern, Badenden und muskelbepackten Ringkämpfern beim Training.

Die Stadt hat offiziell 600 000 Einwohner, aber nach inoffiziellen Schätzungen könnten es auch doppelt so viele sein, man hat da ein bisschen den Überblick verloren.

Wir halten uns Richtung Süden, erst wird die Landschaft immer grüner, dann immer bergiger. Am Straßenrand steht ein Polizeiposten. »Scheiße, bestimmt stoppen die uns«, sagt Renat. »Dann ist der Tag gelaufen. Die wollen alle Papiere, fragen nach unseren Kontakten und was wir hier wollen. Sie werden uns nichts glauben, egal, was wir antworten. Pure Schikane.« Sie stoppen uns nicht.

Renat hat grauschwarze Haare, braune Augen und einen dunklen Teint. Drei Jahre lang hat er in Langenfeld gelebt, in einem Asylbewerberheim in einer alten Militärbaracke. Damals kamen viele Flüchtlinge aus Dagestan nach Deutschland, weil die Region vom Tschetschenienkrieg betroffen war. »Ich habe mit den Zeugen Jehovas Deutsch gelernt, die waren so geduldig im Gespräch. Und mit WDR 4, *Ich hab mein Herz in Heidelberg verloren* und solchen Liedern, da sind die Sätze nicht so kompliziert.« Ein pragmatischer Mensch.

Er hat sehr positive Erinnerungen an Deutschland. An die Joggingrunde um den See, die Au-pair-Mädchen aus dem Sprachkurs, die Korrektheit der Beamten, die Freiheit fernab der Regeln der Familie. »Eltern in Dagestan versuchen, dich bis zum Tod zu kontrollieren. Sie haben Angst, ihre Kinder einfach machen zu lassen, selbst wenn sie schon 50 oder 60 sind.«

Sein Asylantrag wurde abgelehnt, den Traum vom Neuanfang in Europa hat er aufgegeben. Nun hofft er, dass die Spannungen mit Moskau sich nicht verstärken. »Derzeit ist die Situation in der Ukraine kritischer, das ist besser für uns, wir sind nicht der Haupt-Feind.« Vor fünf oder sechs Jahren sei es viel heftiger gewesen, jedes Verbrechen, an dem jemand aus dem Kaukasus beteiligt war, sei zum Politikum geworden.

Wir fahren nun auf einem Schotterweg zwischen steilen Felswänden, die sich wie überdimensionale Fischflossen aus dem Grasland erheben. Den Straßenrand schmücken unfassbar vielfältige Blumenwiesen, die Luft riecht nach Zitrusfrüchten und der Matsch nach Kuhscheiße. Ein riesiger Adler zieht seine Kreise über uns. Renat fordert dem Auto alles ab, fährt durch tiefe Schlammpfützen und im Slalom um große Steinbrocken.

Ständig rechnen wir damit, dass es hinter der nächsten Serpentinenkurve ohne Allradantrieb nicht mehr weitergeht. Doch irgendwie schaffen wir es nach Balkhar. Das Bergdorf kann mit einer spektakulären Lage am Hang punkten und mit dekorativen alten Männern mit Hut, die auf dem Hauptplatz auf einer Bank sitzen. Winzige gebückte Babuschkas kommen mit Holzkörben voller Teeblätter von den Feldern zurück. An den Steinwänden der Häuser kleben müffelnde Kuhfladen zum Trocknen, um später als Brennmaterial zu dienen. Esel,

Hühner und Katzen streunen herum, und der Muezzin ruft zum Gebet.

Ich finde das alles ganz zauberhaft, Renat ist weniger angetan. »Ich verstehe nicht, warum Menschen in der heutigen Zeit noch an so abgelegenen Orten leben«, sagt er. Auch das gehört zu den Erkenntnissen einer Couchsurfing-Reise: dass Einheimische oft das, was Reisende als romantisch und authentisch empfinden, erheblich nüchterner sehen.

Eine Woche später bringt mich ein Nachtzug nach Wolgograd, meine Gastgeber heißen Sergej, Krisia und Grischa und sind 55, 37 und drei Jahre alt. In seinem Couchsurfing-Profil zitiert Sergej einen Ausspruch seiner Mutter, der mir gut gefällt:

»Maximal ein Prozent der Menschen ist absolut toll und perfekt, und ein Prozent ist komplett schlecht. Die restlichen 98 Prozent sind eine komplizierte Mischung aus Gut und Schlecht. In deinem Leben begegnest du meistens Menschen, die weder Engel noch Teufel sind, sondern eine Kombination aus beidem. Wenn du unter Engeln leben willst, musst du die Leute um dich herum provozieren, nur ihre guten Seiten zu zeigen.«

Ich habe auf meinen Reisen eine ähnliche Erfahrung gemacht.

> Gerade in Ländern, die viel negative Presse abbekommen, erlebe ich oft mit den ganz normalen Menschen die herrlichsten Dinge, die nicht zu dem schlechten Image zu passen scheinen.

Ich finde die Statistik durchaus glaubwürdig, auch am unteren Ende: Vermutlich sind ein Prozent aller Russen absolute Volldeppen. Und ein Prozent der Österreicher, ein Prozent der Muslime, ein Prozent der Amerikaner, ein Prozent der Deutschen, ein Prozent der Christen, ein Prozent der Nigerianer, ein Prozent der Flüchtlinge, ein Prozent der Kölner, ein Prozent der Frauen, ein Prozent der Linkshänder.

Leider generiert dieses eine Prozent besonders viel Aufmerksamkeit. Und auch wenn ihr Anteil gering ist, kommt man rechnerisch bei 7,4 Milliarden Erdenbürgern auf 74 Millionen Idioten weltweit. Das reicht, um einiges kaputt zu machen.

Wolgograd – Mal kurz zu den Nachbarn

»Oh, könntest du 15 Minuten auf den Jungen aufpassen? Wir wollen die Nachbarn besuchen.«

Sergej ist eigentlich Historiker, arbeitet aber als Taxifahrer. Er hat einen Schnurrbart, viele Lachfalten und strahlt eine bodenständige Herzlichkeit aus, die ihn sofort sympathisch macht. Wäre Russland eine Kirmes, wäre er der von allen geliebte Drehorgelspieler etwas abseits vom Rummel.

Zu Hause präsentiert er gerne seinen nicht unbeträchtlichen Bauch, indem er meist nur Schwimmshorts trägt. Krisia hat auch einen Bauch, aber aus anderem Grund. »Das war nicht so geplant, ich habe doch schon zwei Kinder, Sergej und Grischa«, scherzt sie.

»Oh, könntest du 15 Minuten auf den Jungen aufpassen? Wir wollen kurz die Nachbarn besuchen.«

Klar, kann ich. Doch kaum ist die Tür zu, scheint die Abwesenheit der Mutter eine gewisse Unruhe bei Grischa auszulösen. Zunächst überprüft er, wie oft man ein Spielzeugauto auf den Boden schleudern muss, bis sämtliche Räder ab sind (Ergebnis: dreizehn Mal). Dann beginnt er, von einer Plastikspindel einzelne CD-Roms abzuziehen, um in verschiedenen Zimmern ihre Tauglichkeit als Frisbee zu testen.

Ich versuche ein Ablenkungsmanöver mit einem herumliegenden Schaumstoffball, und tatsächlich lässt er von den glitzernden Scheibchen ab. Er nimmt den Ball in den Mund und versucht in offensichtlich suizidaler Absicht, in eine große Plastiktüte zu kriechen.

Nachdem ich das unterbunden habe, begibt sich der kleine Lemming in die Küche und klettert auf das Sims des offenen Fensters. Er macht Anstalten, das dort angebrachte Sicherheitsgitter aus Holz wegzurütteln, draußen geht es vier Stockwerke in die Tiefe. 15 Minuten können eine Ewigkeit sein.

»War Grischa artig?«, fragt Krisia, als sie zurückkommt.

»Ja, ein außergewöhnliches Kind«, antworte ich.

Der Plan für den Rest des Tages ist schnell gemacht: Bier und Fisch kaufen, dann einen Film gucken. Wir lassen also in einem kleinen Shop mehrere Eineinhalb-Liter-Flaschen mit »Bavaria«-Bier füllen und kaufen warm geräucherten Milchfisch und kalt geräucherte Brachse. Russische Alkoholläden haben oft eine große Fischvitrine und riechen auch so. Zu Hause wird alles auf Zeitungspapier ausgebreitet.

Ein weiterer Übernachtungsgast klingelt an der Tür, der vollbärtige Neuseeländer David, der gerade auf Weltreise ist. Er nimmt in der Küche Platz und staunt über Danksagungen und Sinnsprüche an der Wand, die vorherige Besucher mit dem Edding hinterlassen haben. Sergej fragt mich, ob ich auch etwas schreiben könnte. »Aber auf Deutsch, bitte«, sagt er. »Aber gern«, sage ich. Ich schreibe:

»Es ist besser, ein Dummkopf zu sein, der reist, als ein weiser Mann, der zuhause bleibt.«

Ich frage ihn, warum er so gerne Gäste hat. »Ich bin ein Jäger, ein Angler, und ihr seid meine Opfer. Ihr geratet in mein Netz, und ich trinke euer Blut.«

Dann prostet er uns zu. »Auf das Angeln!« Die Opfer aus Neuseeland und Deutschland gucken ein wenig irritiert aus der Funktionswäsche. »Was ich meine«, sagt Sergej, »ist die Garantie, dass ihr interessantere Leute seid als zum Beispiel meine Nachbarn. Wenn ihr normal wärt, würdet ihr nicht hierher reisen. Prost!« Das klingt schon ein bisschen besser.

Dann packt er eine Gitarre aus und bringt mir ein paar russische Songs bei. Wir essen und trinken und singen, und je länger wir trinken und singen, desto schräger wird die musikalische Darbietung. Und irgendwann, so ungefähr zwischen dem dritten und vierten komplett danebengehauenen Ton im Gitarrensolo des Songs *Solnetschnij Djen* (»Sonniger Tag«), geht mir nur noch ein Gedanke durch den Kopf:

Jetzt bin ich wirklich angekommen in Russland.

Karibik

TRAUMSCHIFF

Ich will ausprobieren, ob ich ein normaler Urlauber sein kann. Der sich in die Sonne legt, all-inclusive isst und trinkt, sich wohlfühlt im Wohlfühlprogramm des Reiseanbieters. Dem Abenteuer zu anstrengend ist. Ich mache eine Kreuzfahrt in der Karibik.

Von Philipp Laage

Nach acht Stunden in der Holzklasse eines Charterfliegers, Bustransfer zum Schiff und Beziehen der Kabine lasse ich mich auf einem Liegestuhl auf dem Oberdeck nieder. Da ertönt eine Frauenstimme aus den Lautsprechern: »Willkommen in Ihrem Traumurlaub! Wir wollen neue Länder, neue Kulturen, neue Menschen kennenlernen!« Vor Schreck fällt mir fast der Gin Tonic aus der Hand.

Feldstecher, Malaria-Medikament, Mückenspray, die Expeditionsstiefel »Annapurna«: alles zu Hause gelassen.

> Ich habe Badeshorts und Sonnenbrille dabei, denke ich panisch, Tanktop und Flipflops.

Soll ich damit jetzt terra incognita durchschreiten, launische Götter der Eingeborenen durch wilde Tänze besänftigen? Da muss ein Missverständnis vorliegen. Ich bin Humboldts Spuren auf den Chimborazo gefolgt, am Nil entlang durch den Sudan getrampt und lag vom Durchfall geplagt im Regenwald Kameruns. Dieses Mal habe ich einfach nur eine Karibik-Kreuzfahrt gebucht. Was wollt ihr?

Erst als ich beobachte, wie die anderen Entdecker an Bord die Landnahme auf die Poolliegen verlegen, entspannt sich mein bleicher Körper wieder. Ich war noch nie auf einer richtigen Kreuzfahrt, zusammen mit anderen Urlaubern. Es ist verdammt hell. Die Plastikverkleidung an Deck reflektiert das Licht der Mittagssonne, in dem sich mein Gesicht zusammenzieht, als hätte ich in eine faule Tropenfrucht gebissen. Ich schaue mich um und sehe nichts. Wo sind wir doch gleich? Ach richtig, wir liegen vor Barbados vor Anker, bereit zu großer Fahrt.

Mit dem pünktlichen Ablegen wird es allerdings nichts, denn eine andere Chartermaschine mit Kreuzfahrtgästen landet verspätet. So bietet sich unverhofft Gelegenheit, die Mission der rätselhaft-anonymen und gleichsam optimistischen Frauenstimme in die Tat umsetzen. Es wartet: das Abenteuer Bridgetown.

Marco Polos in Badelatschen verlassen das Schiff und schlagen sich durch zum Stadtstrand.

Leider ist Ostern. Die Stadt ist so entspannt wie Kreuth am Tegernsee, aber auch einsam wie die Atacama-Wüste. Kein Mensch von Verstand bewegt sich um diese Tageszeit ohne Not durch die Hitze, schon gar nicht an einem Feiertag. Nur einzelne karibische Schönheiten, die niemals in ihrem Leben Aquagymnastik werden machen müssen, durchschreiten die schmalen Schatten der Häuserwände.

Nach einer halben Stunde ist das Ziel erreicht – der Strand, Sehnsuchtsort des Pauschalurlaubers, Shangri-La des einfachen Mannes, Belohnung für ein Jahr duldsame Erwerbsarbeit, und hier am Meer, da kommt die Freude zwar nicht plötzlich angeflattert wie eine drollige Möwe, aber zumindest reagiert der Körper auf die Sonne. Wenn es so leicht ist, die Hautfarbe zu wechseln, kann es mit dem Gemüt wirklich so schwierig sein? Eigentlich nicht.

Dennoch gehen skeptische Blicke über das Wasser, aus argwöhnisch zusammengekniffenen Augen, wie mir scheint, vielleicht, weil man der Kulisse nicht traut oder einfach wegen der grellen Sonne. Kein Mensch ist zu sehen außer uns Kreuzfahrern. Halt, dort hinten verleiht ein einsamer Rasta-Typ Jetski. Vielleicht hat ihn irgendwann der Glaube verlassen und der Ostersonntag bedeutet ihm nichts mehr.

Ich flüchte mich, wie man so sagt, in den Schatten. Vor mir liegt die archetypische Karibikszenerie: puderzuckerweißer Sand, türkises Meer, Flöckchenwolken und Touristen auf Handtüchern wie geschmolzener Weichkäse. Ich muss mich schon wieder eincremen, verfluchter Sud in der Bauchfalte, es ist einfach zu heiß.

Barbados ist der allzu menschliche Auftakt zu einer Kreuzfahrt auf der »Mein Schiff 3«, einem Schiff von Tui Cruises. Die Reederei wirbt mit der sogenannten »Wohlfühlflotte«, und darum geht's ja: wohlfühlen. Normaler Urlaub, ohne Ambitionen. Für mich bedeutet das:

mal nicht den Rucksack schleppen, in schrottreifen Bussen schaukeln und listige Provisionshaie abschütteln. *»You looking for hotel?« My ass!* Hier komme ich von Insel zu Insel, ohne meine Kabine verlassen zu müssen, und falls du es nicht kapiert hast: Das ist *mein* Schiff.

Wohlfühlen und wegdösen. Ist das nicht genau der richtige Plan für die Karibik, wo die Sonne fast das ganze Jahr nur auf ein paar putzige Inseln scheint? Klar, in der Hurrikansaison muss man sich vor fliegenden Kokosnüssen in Sicherheit bringen. Aber sonst fordert dieses Reiseziel auf angenehme Art wenig vom Besucher.

So eine Kreuzfahrt in der Karibik scheint mir eher eine große Erkundung der eigenen Bedürfnisse zu sein. Wird man irgendwann zwangsläufig bequem, so ganz grundsätzlich? Wäre das dann schlimm? Kann ich womöglich was lernen von den anderen Gästen hier an Bord, die auf Überraschungen wohl lieber verzichten und das Mantra des Entdeckens bereitwillig als eine Werbeillusion stets lächelnder Tourismusfachleute akzeptieren?

Horror Vacui

Es gibt da diese lustige Anekdote, die Kreuzfahrtschiffkapitäne gerne mit einem verständnisvollen Seebärenschmunzeln erzählen: Die kurioseste Frage, die je ein Passagier gestellt habe, lautet: »Wo liegt eigentlich dieses Sietääg?« Aber, so der Kapitän, es handelt sich dabei nicht um eine sagenumwobene Schatzinsel, sondern um einen Seetag. Einen Tag auf See, an dem kein Hafen angelaufen wird.

Sietääg also in der Karibik, auf einem Schiff mit 3500 Menschen an Bord, darunter 2500 zahlende Passagiere. 15 Decks gibt es, 1253 Kabinen, zehn Restaurants, 13 Bars, Spa-Bereich und Konzerthaus, Joggingstrecke und Pool, Duty-free-Shops und Friseur. Eine Kunstwelt aus Hotelresort und Einkaufszentrum, so scheint es mir, die sich auf dem Meer langsam fortbewegt – allein mithilfe von Schweröl. Ein Oceanliner, ein sanfter Riese zur See.

Der Urlauber gleitet über das Wasser, doch gebadet wird in der Sonne. Ich versuche, es den anderen auf dem Oberdeck gleichzutun. Nach 20 Minuten gebe ich auf. Ich schwitze zu stark, was deshalb schwer zu ertragen ist, da ich keine Ablenkung habe, weil ich ja einfach nur daliege. Die Sonne brennt unerbittlich auf den Schädel, die Muttermale beginnen zu tanzen und langsam immer größer zu werden. Ich brauche dringend Schatten.

Was tun? Zum Glück sind Speisen und Getränke an Bord im Reisepreis inbegriffen.

All-inclusive!

Mit dem sogenannten Permium-Alles-Inklusive-Paket, heißt es, grenzt sich Tui Cruises vom großen Konkurrenten Aida ab. Ich könnte den ganzen Tag mit Essen und, noch verlockender, mit Trinken verbringen.

»Kostenkontrolle« und »Budgetsicherheit« sind die Schlagworte der Reiseveranstalter zu den Vorteilen des All-inclusive-Urlaubs. Das klingt etwas dramatisch, nach Wirtschaftskrimi, ich bekomme kurz Angst, jemand könnte sich privatinsolvent die Reling hinabstürzen, weil er ohne Vollverpflegung unkontrolliert drei Sahnetorten mit 13 Cocktails heruntergespült hat. Doch offenbar sind alle Gäste an Bord über ihre Privilegien bestens im Bilde.

Ich setze mich zu einem Familienvater an den Tisch. Das Duzen fällt leicht auf Korbstühlen wie im Strandcafé. Der Mann umschreibt die Engländer als Inselaffen, nur um daraufhin seine Enkelin in den Arm zu schließen und klarzustellen: »Familie ist das Wichtigste.« Ein Brite würde vermutlich das Gleiche sagen, will ich einwerfen, nicke aber nur und bestelle noch einen *Cuba libre*. Der Mann erklärt mir offenherzig, dass er für diesen Urlaub länger sparen musste. Nun lässt er mit verschränkten Armen vor der Brust den Blick über das Deck schweifen, als hätte er das ganze Schiff eigenhändig aus den Trümmern von Atlantis geborgen. Malocherstolz, Sätze ohne doppelten Boden. Die Haut ist braun und ehrlich. Lebenstraum Karibik: leider geil. Das Wetter ist warm, der Rum-Cola kalt. Locker einen von der Leber weg erzählen, die verträgt's ja. Die verbreitete Angewohnheit in bürgerlichen Kreisen, Konversationen mit der strategischen Präzision eines Schachturniers abzuwickeln, ist diesem Mann fremd. Wir kommen gut klar.

Ich treffe den General Manager des Schiffes, Axel Sorger, um der magischen Urlaubsformel auf die Schliche zu kommen. Womit steht und fällt so eine Kreuzfahrt für die Gäste? »Eigentlich suchen alle Entspannung und dass es so reibungslos wie möglich funktioniert«, sagt Sorger mit scheuen Augen, als wäre ihm die Antwort peinlich. Vielleicht ahnt er, dass auch die schönsten Früchte von innen faulen können.

Der maximalen Entspannung steht ein üppiges Bordprogramm entgegen: Konzert, Varieté, Tanzkurs, Schmuckauktion, Kosmetik-Workshop, Rumverkostung, der Vortrag »Kohlenhydrate – unsere heimlichen Dickmacher« und Aquagymnastik. Klingt ziemlich stressig. Eine Reißleine für Urlauber, die beim freien Fall ins All-inclusive-Zen verrückt zu werden drohen?

Es ist natürlich auch so eine Sache mit der Seefahrt. Tagelang umgibt einen nichts als Wasser. Wenn nicht gerade Windstärke zehn herrscht und der Mageninhalt wieder zutage befördert wird, ist das Meer flach und leer in alle Richtungen. Horror Vacui. Wo der Horizont zur Abwechslung höchstens mal einen mickrigen Seevogel oder ein gespensterhaftes Containerschiff bestellt und sich beengte Tage an der Bordroutine festklammern wie garstige Seepocken, spiegelt das Meer irgendwann nur noch verdrängte Sehnsucht.

Eine deprimierende Ausgangslage für eine Seereise, denke ich, nunmehr wieder alleine an der Reling stehend und aufs abendliche Meer schauend. Kein Wunder, dass die Reedereien alle möglichen Schikanen auf ihre Schiffe bauen: Kletterwände, Autoscooter, Schlittschuhbahnen, Fallschirmspringstationen, Wasserrutschen über zehn Decks. Die neue »Norwegian Joy« hat eine Kartstrecke an Bord, für den Roadtrip auf dem Wasser. Allein, das Internet auf den Meeren ist immer noch teuer, Kostenkontrollverlust droht.

Im Grunde aber hat der Malocher vom Nachmittag alles gesagt: Familie ist das Wichtigste. Man könnte noch Freunde ergänzen. Doch das spricht weder für noch gegen eine Kreuzfahrt. Wer das gemeinsame Glück in der heimischen Stube vergeblich sucht, wird es auch in der Karibik nicht finden. Und wer es daheim gefunden hat, muss gar nicht erst weg.

Am Ende des Seetags steht für mich fest: Wohlfühlen ist selbst unter karibischer Sonne ein verdammt fragiler Zustand. Fragen Sie Axel Sorger. Der Pool zu voll, das Schnitzel zu zäh, die Bedienung zu langsam – schon steigt die Unruhe auf wie Sodbrennen. Dabei ging es doch eigentlich darum, die Karibik zu entdecken.

The Lion sleeps tonight

Der Seetag hat so sedierend auf mich gewirkt, dass ich es fast noch einmal mit Sonnenbaden versuche. Das Essen hat mich träge gemacht. Unter karibischer Sonne schlummert so ein Wein länger hinter den Schläfen als im märzgrauen Deutschland. Warum eigentlich noch eine lange Hose tragen? Ich bin im Urlaub.

Als ich kurz davor bin, am nächsten Morgen noch vor dem Frühstück eine Liege mit meinem Handtuch zu bespannen, dringt ein sirenenhafter Widerhall der Lautsprecherstimme vom ersten Tag an mein Ohr. Der Blick wird wieder klar, die Kleidung angemessen. Neue Länder und Kulturen entdecken, ist das nicht *doch* die Mission?

Dominica ist der erste Halt auf dieser Kreuzfahrt, eine feuchtgrüne Dschungelinsel, auf der man Nachfahren von King Kong vermutet. Im Programm stehen 31 verschiedene Landausflüge. Wie wäre es mit der

Busrundfahrt samt »kleiner Folkloredarbietung«? Entwürdigend für alle Seiten, schätze ich, und entdecke die Wanderung zum Sari-Sari-Wasserfall. Schwierigkeitsgrad vier, rutschiger Untergrund, festes Schuhwerk bitte. Sofort ist mir klar: Es handelt sich hier um den Mount Everest unter den Landausflügen, einen ramboesken Grenzgang durch undurchdringliche Wildnis. Regentropfen wie Trommelfeuer, Blutegel so groß wie Weinbergschnecken.

Am Ende sollte es nicht ganz so schlimm werden. Zunächst fahren wir mit dem Ausflugsbus ins Landesinnere. Der lokale Guide Franklin entpuppt sich schon nach wenigen Kilometern als Vollprofi. Die älteste Frau auf Dominica sei 127 Jahre alt geworden, erzählt er. Wie sie das geschafft habe? »Sie war nie verheiratet.« Der Bus lacht.

Ein bisschen Stand-up-Comedy ist wichtig, das hat Franklin gelernt. Man muss die Leute abholen und aufwärmen. Der deutsche Urlauber schaut sonst oft so, als wollte man ihm ständig etwas unterjubeln – oder wegnehmen. Ich muss an eine Begegnung in einem Ferienflieger denken.

Eine Frau schließt ihren Gurt, offenbar empört vom geringen Sitzabstand, und sagt: »Die wollen uns fertigmachen.«

> Die Welt als ständige Zumutung, Urlaub als Abwehrkampf.

Wir verlassen den Bus und dringen in den Dschungel Dominicas ein. Es geht sofort durch einen Fluss, dessen Strömung die Kraft hat, den einen oder anderen Urlauber von den Füßen zu holen. Wir bilden eine Menschenkette. Ausgestreckte Arme, zuversichtliches Nicken, nasse Hosenbeine bis zum Oberschenkel. Natur pur! Leuchtende Augen im Angesicht der Entbehrung. Wir schaffen es auf die andere Seite, ohne Kameras oder Gliedmaßen zu verlieren.

Die Route folgt nun dem Flusslauf hinein in die Wildnis, einen Weg gibt es nicht. Wir schlagen uns durch die urwüchsige Vegetation am

Ufer. Nach zwei Stunden Marsch erreichen wir den Wasserfall, der so unzugänglich und verborgen im tiefen Wald liegt, als würde er ein mächtiges metaphysisches Geheimnis hüten.

Wie zu einer rituellen Waschung stelle ich mich in die Gischt des Wasserfalls. Der Schweiß wird davongespült und, so hoffe ich, auch ein wenig verdorbenes Fleisch. Denn habe ich nicht gesündigt? Habe ich nicht alle ungeschriebenen Regeln des Travellers gebrochen, die Gemeinschaft verraten? Pauschalurlaub, Kreuzfahrt, all-inclusive: Jeder ernst zu nehmende Backpacker zwischen Hanoi und Lombok würde Denguefieber und Passverlust vorziehen.

Doch ich habe vergessen, wohin ich zurückkehren werde. Es ist kein Hostel mit spartanisch reisenden Individualisten, die im spärlichen Licht der Gemeinschaftsküche von der Reifenpanne in Myanmar oder ihrer amour fou auf dieser kleinen kambodschanischen Insel erzählen. Sondern ein Kreuzfahrtschiff. In der Komfortzone des Massentourismus, auf dem Pooldeck, bin ich schon wieder guten Gewissens faul und bequem. Niemand muss mir Absolution erteilen.

Mehrere Mahlzeiten im Verlauf der einwöchigen Reise verbringe ich mit einer Frau Mitte 40, nennen wir sie Brigitte, und ihrem Ehemann. Beide werden noch die Transatlantikquerung bis Spanien mitmachen. Sie redet viel, er dafür umso weniger. Brigitte ist im allerkonventionellsten Sinne eine ganz normale Urlauberin. Keineswegs unsympathisch, aber so interessiert am Reiseziel wie Kim Kardashian an der *Dialektik der Aufklärung*.

Brigitte wir mir später eine E-Mail schreiben, in der sie auf die »tolle Reise« Bezug nimmt, auf der man sich »gut erholt« habe, »mit vielen tollen Eindrücken«. Man habe »nette Leute« kennengelernt, der letzte Abend an der Bar sei »noch recht feucht und fröhlich gewesen« (Zwinker-Smiley). In Funchal habe es geregnet, in Cádiz schien wieder die Sonne. Am Ende steht der Satz: »Der Alltag hat uns wieder.«

Ja, so reden und denken wahrscheinlich viele Menschen, die im besten Alter und finanziell abgesichert eine Kreuzfahrt in der Karibik machen. Für die Ferne brauchen sie einen Reiseveranstalter oder gleich ein eigenes Schiff, da fühlt man sich doch wohler. Man möge sie bitte nicht behelligen mit irgendwelchen unschönen Realitäten vor Ort. Armut, mangelnde Hygiene oder einfach nur die perspektivlose Langeweile der ungebildeten Schwellenländer-Jugend. Bitte, Schluss, abschalten, wo ist die Fernbedienung? Bevor ich zynisch werde, lasse ich ab dem dritten Abend an Bord die Drinks weg.

Ich weiß auch, ich bin Brigitte gegenüber ungerecht. Ich habe eine arrogante Haltung. Andererseits muss die Frage erlaubt sein: Muss man wirklich CO_2 über dem Atlantik verteilen und in der Karibik von Insel zu Insel tuckern, wenn man vom Reisen nicht mehr will als Erholung und sich die Welterfahrung auf die indifferente Erinnerung »toller Eindrücke« reduziert?

Tut es da nicht die Adria oder Tirol?

Diese Frage könnte ich auch mir stellen, der ich auf dieser Kreuzfahrt gerade kein Entdecker sein wollte, sondern einfacher Urlauber – aber was heißt das schon? Die Welt ist ja entdeckt. Ob man die Grenzen der Erde ablaufen muss, um sich selbst hinreichend auszuforschen, wage ich zu bezweifeln. Manchmal vielleicht.

Seien wir ehrlich, Reisen kann eben alles sein. Spaß, Erholung, Zerstreuung, Flucht, ein verfluchter Geschäftstermin. Resort-Urlaub im Luxushotel, weil sich das vor den reichen Freunden so gehört: ein Statussymbol. Porsche, Pool, Polynesien. Oder eben Instagram, GoPro, Livestream: Reisen als große Selbsterzählung, Baustein der Identität, Ausweis eines vermeintlich interessanten Lebens. Der Ethnologe, der Entwicklungshelfer, der Krisenreporter: Reisen als Mittel zu einem höheren Zweck, gar zur Selbstverwirklichung? Schwieriges Wort. Leidenschaft gefällt mir besser.

In der Karibik kaufen manche Reedereien Privatinseln, um die Urlauber noch besser von der Welt abseits des Pauschalpakets abzuschirmen. Auf einer Massenkreuzfahrt in diesen Gewässern ist das neugierige Erkunden geradezu eine Unmöglichkeit. Ich hatte es ja befürchtet. Auch der Ausflug auf Dominica endete nur wieder im Bauch des Schiffes. Ausbruch nicht vorgesehen.

Also Kurs halten und es noch einmal versuchen: einfach nur Urlauber sein.

Revolution in paradise

Kreuzfahrt-Urlauber zu sein, heißt zunächst ganz profan: an Bord sein. Das Schiff ist heutzutage das eigentliche Ziel, sagen die Experten aus der Branche. Deshalb interessiert es die Leute sehr, ob das vom alten Schiff bekannte Restaurant *Mediterana* (Pizza und Pasta) auf dem Neubau wiederzufinden ist oder durch das neue Restaurant *Poseidon* (Seafood) abgelöst wurde. Die Namen sind fiktiv, aber die sprachliche Raffinesse kommt ungefähr hin.

An Bord sein, das heißt im zweiten Schritt: in der Sonne, am Pool sein. Schwimmen ist jedoch nicht möglich. Das reine Bräunen des Körpers wiederum ergibt für mich – ich erwähnte es – überhaupt keinen Sinn. Eine Woche reicht nicht, um die Haut an die Sonne am 15. Breitengrad zu gewöhnen.

Meine These: Der deutsche Urlauber will sich durch das Bräunen erst optisch und schließlich auch mentalitätsmäßig dem Südländer annähern. Es ist die Sehnsucht nach *la dolce vita*. Als müsste man bloß die Sonne mit allen Poren aufsaugen und könnte mit einem Mal gut sitzende Hemden finden, Fremde ungezwungen in ein Gespräch verwickeln und Luftküsse statt Bedenken verteilen.

Ich wende mich Büchern zu. Was soll ich sagen? Auch Lesen ist im Schatten angenehmer als in der Sonne. Bleibt die Welt unter Deck mit ihren Restaurants, Bars und Shops. Doch wer möchte schon mehr als ein paar Stunden in einer Mall verbringen?

So bin ich dankbar für jeden Landgang. Martinique zum Beispiel, wieder etwas Aktives, Schwierigkeitsgrad drei: Es geht mit dem Seekajak durch die Mangroven. Ein junger Franzose ist unser Tourguide, er ist gebräunt und attraktiv. Mit der rührenden Ernsthaftigkeit eines Baustatikers referiert er über Seesterne und ihre Bedeutung für das Ökosystem.

So ein Landausflug ist schneller vorbei, als der Kopf ihn verarbeiten kann. Runter vom Schiff, rein in den Bus, Schwimmweste anziehen, kurze Einweisung, in die Boote, zwei Stunden paddeln, kleine Erfrischung, zurück zum Anleger, raus aus den Booten, umziehen, rein in den Bus. Mein Körper hat sich gerade an die Hitze gewöhnt, da faucht mir schon wieder die Klimaanlage in den Nacken. Abschied von Martinique. Die vorbeiziehende Landschaft, die Tönung des Fensters. Mein Wunsch nach einer Reifenpanne.

Vielleicht muss ich mich vom vororganisierten Ausflugsprogramm lossagen. Prompt stoße ich an Bord des Schiffes auf einen Gast, der mich in genau diesem Vorhaben bestärkt. Er weist sich als Ingenieur im operativen Management eines deutschen Mittelständlers aus und proklamiert: »St. Martin machen wir mit dem Mietwagen.«

Ah, ein Mann von Welt, denke ich, komme aber im Verlauf des Gesprächs nicht zu Wort. Die Karibik? Für ihn nicht das erste Mal. Beruflich sei er mehr so in Ländern wie Kasachstan unterwegs, um dort die Inbetriebnahme irgendwelcher wichtiger Industrieanlagen zu überwachen. Bravo! Ich bin so angeödet, dass ich fast die Reise-DVD kaufe: *Wohlfühlmomente, die ewig währen.*

Nächster Halt ist Antigua. Die Insel wirbt mit 365 Stränden, einen für jeden Tag des Jahres. Das ist optimistisch gezählt, aber sicherlich gute Werbung. Vom Hafen in Saint John's mache ich mich zu Fuß auf in Richtung Norden, zum Runaway Beach. Nach meiner Kalkulation sind das maximal zwei Stunden, eher weniger.

Zuerst geht es durch das Gassengewirr des Hafenviertels mit seinen kleinen Souvenirgeschäften, dann folge ich lange der Anchorage

Road. Einstöckige Holzhäuser, blasse Pastellfarben, brachliegende Grundstücke. Rechts ein *Kentucky Fried Chicken*, links ein Gewerbe. Irgendwann der Abzweig in die Ford Road in Richtung Meer. Die Bebauung wird spärlicher. Es sind kaum Menschen auf der Straße.

Erstaunlich, wie intensiv man die Umgebung wahrnimmt, wenn man für die Wegfindung selbst verantwortlich ist.

Als würden die Augen zum Scharfsinn gezwungen. Noch in drei Jahren könnte ich den Weg problemlos finden, wahrscheinlich mein ganzes Leben lang. Ich gebe es zu, Google Maps ist eine unheimliche Hilfe. Trotzdem.

Der Runaway Beach ist ein karibischer Traumstrand, gemacht für Heiratsanträge und Werbekataloge. Weißer Sand schiebt sich auf mehreren Hundert Metern sanft unter das Türkis des Wassers. Aus einer morbiden Strandbar schallt zu laute Dance-Musik.

Und doch liegen die Touristen ungerührt auf Liegen in der prallen Mittagssonne. Kurz ins Wasser, dann wieder dösen. Warum haben sie das Schiff überhaupt verlassen? Ist der Strand nur eine andere Kulisse für ihre tiefgreifende Apathie? Warum sitzen sie nicht gemütlich im Schatten und reden, lachen und scherzen? Ich will sie schütteln und aufwecken. Revolution in paradise! Gewitterschwer hängen die Wolken über der leblosen Szenerie. Ich verzweifle endgültig am *Homo pauschaltourismus*. Als der Strandverkäufer mir eine Kokosnuss zum gängigen Abzockerpreis von fünf Dollar anbietet, weiß ich nicht, ob ich laut lachen oder ausrasten soll.

Ich kann die ganze Unternehmung nicht mehr ernst nehmen. Ich bin auf dieser Kreuzfahrt kein Entdecker. Normaler Urlauber funktioniert aber auch nicht. Wobei doch, noch einmal auf St. Martin. Dort trinke ich mir am Maho Beach mit zwei Kanadierinnen von der »Regal Princess« eine sanfte Nachmittagsdichtheit an. Dabei beobachten wir die Jumbos von Air France und Delta, die in nur wenigen Metern Höhe über den Strand donnern.

Ja, ich bin fertig mit der Sache. Bald ist es vorbei, das ist mehr als in Ordnung. Von La Romana in der Dominikanischen Republik geht es nach Hause. Kein Sietääg, keine Aquagymnastik und Knusperhaut mehr. Macht ihr mal ruhig, ihr Kreuzfahrer. Essen, trinken, bräunen, wohlfühlen – *I am fine with that*. Ich habe Verständnis für euch, doch die Achtung ist mir abhandengekommen.

Letzter Abend auf dem Schiff. Ich komme mit einem älteren Ehepaar ins Gespräch, beide eher 70 als 60. Wieder redet praktisch nur sie. Es sind kultivierte und intelligente Menschen gutbürgerlicher Herkunft. Warum sie mit Tui Cruises reisen und nicht auf einem Aida-Schiff, frage ich in der leicht spöttischen Absicht, mir die vermeintlich kleingeistige Entscheidungswelt eines Kreuzfahrt-Pauschaltouristen näherbringen zu lassen.

»Wir schätzen die Bedienrestaurants«, antwortet die Frau, »den Service am Platz.« Auf den Aida-Schiffen sei man stärker auf die Buffets angewiesen. »Mein Mann kann das Tablett nicht halten«, sagt sie, ohne den Satz näher zu erklären. Das muss sie auch nicht.

Der Mann, der die ganze Zeit schweigend mit am Tisch saß, fängt nun selbst an zu sprechen. Seine Worte kommen präzise, aber ganz langsam, mit halber Geschwindigkeit, so als habe er sie erst vor Kurzem wiedergefunden und sortiert. Wir fahren hinein in die letzte Nacht auf See, und ich schäme mich zutiefst.

Vielleicht werde ich irgendwann froh sein, dass es Kreuzfahrtschiffe gibt, die mich im Schlaf von Hafen zu Hafen bringen, rundum verpflegt und behütet von aufmerksamen Servicemitarbeitern. Ich denke, das wäre nicht schlimm. Bis es so weit ist, gibt es noch viel zu entdecken.

Ruhrgebiet

MEHR POTT GEHT NICHT

Zeche und Kokerei Zollverein in Essen stehen für das alte wie für das neue Ruhrgebiet. Einst waren Kohle und Stahl der Stolz einer ganzen Region, heute sind es Kreuzkröten und Bienen, Kunstausstellungen, Architektur und Gourmetküche, die die Industriebrache zu einem magischen Ort machen.

Von Karin Lochner

Der fotogene Förderturm ist nicht zu übersehen. Eine wahre Wucht und das Wahrzeichen von Zeche und Kokerei Zollverein in Essen, einem ehemaligen Industriegebiet, das für das alte wie für das neue Ruhrgebiet steht. Dieser Ort ist wie ein Leuchtturm in der Megacity Ruhr und zieht mich schon beim ersten Anblick wie magisch an: was für eine riefenstählerne Schönheit! Wo ich herkomme, aus einem bayerischen Dorf, gibt es nichts Vergleichbares. Und doch war mir das Ruhrgebiet schon als Kind vertraut. Familien aus Essen, Dortmund und Recklinghausen mieteten sich während meiner Grundschuljahre in der Nachbarschaft zur Sommerfrische ein. Ich mochte die Menschen und ihren Dialekt sofort.

Als ich das Ruhrgebiet erstmalig selbst bereise, ist mir die sprachliche Färbung zwar vertraut, ansonsten aber erlebe ich einen Kulturschock. Was für ein Gegensatz zu meiner oberbayerischen Idylle!

Die geschundene Erde ist so anders als im Land meiner eigenen Kindheit: so zersiedelt, ausgeweidet und durchlöchert.

Die Fördertürme stehen Mitte der Achtzigerjahre, als ich das erste Mal hier bin, noch, aber mit der Kohle geht es auf ein bitteres Ende zu, und die Stahlkrise fordert bereits ihre Opfer. Der Stolz einer ganzen Region schrumpft, die Arbeitslosenzahlen schießen in die Höhe. Die Stahlwerke, Zechen, Gasometer und Kühltürme beeindrucken mich andererseits enorm. Sie symbolisieren für mich einen Quantensprung der Menschheit.

Ich war in den letzten Jahren über zwei Dutzend Mal auf dem Zollverein-Gelände, weil ich ein Buch über Menschen im Ruhrgebiet geschrieben habe (gemeinsam mit dem Fotografen Peter von Felbert). Dabei lernte ich Thomas Klöß kennen, der seine Lehre noch auf Zeche Zollverein absolvierte, hauptsächlich untertage. Er bezeichnet sich augenzwinkernd als den »Letzten seiner Art«. Durch Thomas' Erinnerungen kann ich mich an seinen Arbeitsplatz tief unter der Erde versetzen. Eine Welt, die heute nur noch wenigen Eingeweihten bekannt ist. Als ich gemeinsam mit ihm durch die unteren Zollverein-Stockwerke ohne Tageslicht gehe, spüre ich die Einsamkeit dieses lebensfeindlichen Ortes, der schnell den Tod bedeuten kann: wenn plötzlich Wasser aus den Wänden sickert, wenn Stollen einbrechen oder der Sauerstoff durch eine Explosion verschwindet.

Heute UNESCO-Welterbe, früher Hochsicherheitstrakt

Zeche und Kokerei Zollverein strahlen eine riefenstählerne Schönheit aus. Sind wuchtige Symbole für einen Quantensprung der Menschheit.

Woher kommt eigentlich der antiquierte Name »Zollverein«?, frage ich Thomas. Er lacht. Hier lernt das jedes Kind im Heimatkundeunterricht: Als der Industrielle Franz Haniel 1847 die Grubenfelder für die Zeche kauft, benennt er sie nach dem kurz zuvor gegründeten Deutschen Zollverein. Mit diesem ersten deutschen Binnenmarkt war endlich Schluss mit den lästigen Zöllen. Davon profitierten die Industriebarone an Rhein und Ruhr enorm.

Zeche Zollverein war von Anfang an ein Vorzeigeprojekt, erklärt mir Thomas. Von den noch jungen Architekten Fritz Schupp und Martin Kremmer sachlich-reduziert geplant, gilt sie als Zeche der Superlative, als größte, modernste und schönste der Welt. Täglich fördert sie 12 000 Tonnen Kohle, eine bis dahin unvorstellbare Menge.

Auch die Kokerei gilt als Hochleistungsmaschine. Sie veredelt die Kohle zu Koks für die Stahlverarbeitung mit 8500 Tonnen Ausstoß täglich. Fast 7000 Menschen arbeiten in den Spitzenzeiten in Zeche und Kokerei. Als Thomas auf Zollverein seine Schlosserlehre macht, sind die goldenen Zeiten aber schon lange vorbei. Die letzte Schicht fährt am 23. Dezember 1986 ein. Niederschmetternd für ihn und seine Kollegen. Die Kokerei produziert immerhin noch bis 1993. Dann ist endgültig Schicht im Schacht. Fortan bleibt das einst so erhabene Gelände – zu Thomas' Lehrzeit ein Hochsicherheitstrakt – sich selbst überlassen.

In den folgenden 15 Jahren holt sich die Natur ihren Platz zurück und wuchert machtvoll unkontrolliert in und um die verwaisten Bauten. Dann endlich Aufatmen: 2001 zeichnet die UNESCO Zeche und Kokerei mit dem Prädikat »Weltkulturerbe« aus, und ein neues Kapitel beginnt. Thomas reckt die Faust: »Ein Ritterschlag!« Heute gibt Zollverein zahlreichen Menschen einen neuen Arbeitsplatz, ist Sitz mittelständischer Unternehmen, Freizeitstätte, Kultur- und Gastronomiemekka. Einrichtungen wie das Ruhrmuseum, das Choreographische Zentrum NRW, das Red Dot Design Museum sind auf dem weitläufigen Areal untergebracht. Thomas und mir gefällt besonders das Design Museum. Hier ist alles ausgestellt, was jemals mit dem Red Dot Award preisgekrönt wurde. Vom futuristischen Mixer über den formvollendeten Vibrator zum ersten iPhone. Ja, sinniert Thomas, Zollverein ist hip geworden. Alle profitieren von dem Leuchtturm-Phänomen. Thomas nennt das den *Zollverein-Effekt*.

Ökosystem und Touristenmagnet

Früher wer Zollverein die Zeche der Superlative, die größte und modernste der Welt. Ein Hochsicherheitstrakt. Heute ist sie das Gegenteil, ein Öko-Vorzeigeprojekt und Touristenmagnet.

»Heute ist Zollverein die größte Touristenattraktion der Region«, freut sich auch Oliver Häckel. Der 50-Jährige fällt mir auf, weil er die Blumen und Pflanzen um die Zeche Zollverein inspiziert, statt den

Blick hinauf zu den gigantischen Gebäuden zu richten, wie alle anderen. Oliver hält auf dem Zollverein Gelände 13 Bienenvölker. Bei einem kilometerlangen Rundgang zeigt mir der Hobbyimker daher nicht nur bedeutende Industriegeschichte, sondern auch ein einmaliges Ökosystem. An ebendessen Entstehung hat er maßgeblich mitgewirkt, als er 2013 die ersten beiden Bienenvölker auf dem Dach seines Arbeitgebers, RAG (ehemals Ruhrkohle AG) ansiedelte.

Auf den ersten Blick dominieren die Respekt einflößenden Stahlrohre und die rostroten Wände der Industriebauten.

Sehr heimelig wirkt das auf mich zwar nicht, doch doch die Zigtausenden Honigbienen scheinen sich von den Altlasten von Zeche und Kokerei nicht stören zu lassen. Im Flug haben sie sich in den letzten Jahren ihre neue Heimat erobert, sagt Oliver stolz. Mit wildem Wein, Efeu, Himbeeren, Brombeeren, Wildrosen und Liguster ist ihr Tisch zur Blütezeit reich gedeckt – die reine Freude für den summenden Bienenchor.

Die Idee für die Bienenvölker stammt von Olivers Chef, dem Vorsitzenden der Geschäftsführung der RAG Montan Immobilien, Professor Dr. Hans-Peter Noll. Geschleudert wird der Honig in der ehemaligen Schwarzkaue, also dort, wo sich die rußverschmierten Kumpels nach der Schicht den Kohlenstaub mit Kernseife abwuschen. Mehr Ruhrpott geht nicht.

Oliver wird oft gefragt, ob sein Honig etwa mit Schwermetallen oder Abgasen belastet sei. Er kann ruhigen Gewissens abwinken: »Keineswegs, Bienen produzieren sogar unter schwierigen Umweltbedingungen in der Regel sauberen Honig.« Sie sammeln ihr Futter aus frisch aufgeblühten Blumen, sodass kaum Zeit bleibt, Luftschadstoffe aufzunehmen. Außerdem hat die Luftbelastung im Ruhrgebiet durch den Wegfall der Montanindustrie stark abgenommen. Rußfilter, Katalysatoren und Rauchgasentschwefelung tun das Übrige. Ich stehe neben ihm oben auf dem Dach zwischen den Bienenkästen. Fast ländlich wirkt es aus dem richtigen Blickwinkel auf mich. Und da täusche ich mich keineswegs.

Denn Professor Dr. Hans-Peter Noll, wie Oliver Häckel ein Kind des Ruhrgebiets, hat nicht nur ein Faible für Bienen. Noll will ehemalige Montanstandorte, »von denen die RAG mehr als genug besitzt«, auch anderweitig nachhaltig gestalten.

Und das gelingt: Heute haben Kreuzkröten, Schleiereulen, Fledermäuse, Libellen, Bienen und diverse geschützte Vogelarten in den ehemaligen Arbeitsstätten der Vorväter über und unter Tage ein neues Zuhause gefunden. Wer genau hinschaut, entdeckt eine Idylle wie aus einem Landmagazin.

Schmelztiegel Ruhrgebiet, auch kulinarisch

Das Ruhrgebiet ist – wie keine andere Gegend Deutschlands – ein Schmelztiegel. Auch kulinarisch profitieren Feinschmecker vom Migrationshintergrund auf dem Herd.

Ländlich sind auch die kulinarischen Traditionen. Knapp 200 Jahre lang musste die ursprünglich deftige Art des Kochens den Malocher in der Zeche, in der Kokerei oder im Stahlwerk vor allem mit Energie versorgen und sättigen. Thomas zeigt seine beachtlichen Armmuskeln und schmunzelt: »Da war nichts mit Sterneküche und Chichi!« Man kochte mit dem, was der kleine Garten, der Taubenschlag und die Kaninchenzucht hergaben, und nahm polnische, schlesische und ostpreußische Einflüsse auf. Aus diesen Gegenden stammten schließlich viele jener Arbeiter, die ab dem 19. Jahrhundert ins Ruhrgebiet strömten.

Der Pott galt immer als Schmelztiegel, auch auf dem Herd.

Stefan Braig und Niels Rieger kochen in der Turbinenhalle von Zeche Zollverein. Schon seit über 20 Jahren befindet sich dort das Gourmetlokal *Casino Zollverein*. Im Eck steht noch der Respekt einflößende Kompressor, der bis 1986 die Atemluft für die in mehr als 1000 Meter Tiefe schuftenden Kumpels erzeugte. Im Inneren bilden Kronleuchter einen Kontrast zur historischen Kulisse. Die frei stehende Bar und der reichlich vorhandene Platz erzeugen eine offene Atmosphäre. Für Thomas und mich das Schönste: Sich mitten im Grünen bedienen lassen, im Biergarten des Casinos, mit Blick auf den berühmten Doppelbock (Förderturm) und einem sprudelnden *Pilsken* im Glas.

Das Küchenchef-Team wirkt seit Kurzem auf Zollverein. Morgens gibt es für die beiden Köche nichts Schöneres, als seine Zutaten selbst zu ernten. Sooft es geht, kommen die bei Schaut aus dem eigenen Küchengarten. Zwei Fußballfelder groß ist dieser, im fußballverrückten Pott ein echtes Referenzmaß. Souverän segeln Stefan Braig und Niels Rieger durch eigene und fremde Kulturen. Von Revier Tapas (Westfälischer Schinken, Mettenden, Mixed Pickles, Dorstener Ziegenkäse) bis *sous-vide* gegarter Kaninchenkeule, mit Schwarzwurzel, gelber Paprikasauce, Kartoffelschnitten und Essig-Rosinen findet man sowohl Altbekanntes als auch kreative Exoten auf der Speisekarte.

Auch das *Café & Restaurant Kokerei* ist auf dem Zollverein-Gelände beheimatet, in der sogenannten Mischanlage der Kokerei. Hier wurde bis 1993 Kohle unterschiedlicher Qualität für die Koksproduktion gemischt. Die riesigen Schlote und das Wasserbecken am Fuße der Koksofenbatterien stehen noch so wie damals. Heute drehen hier im Winter Hunderte Schlittschuhläufer ihre Bahnen.

Die Innenräume des Lokals eröffnen Ein- und Durchblicke in eine Welt, die ganz und gar nicht für den Aufenthalt von Menschen ausgelegt war. Betreiberin Isabel Schlüsener ist in Essen groß geworden. Zusammen mit Julia Stief serviert sie ehrliche, unkomplizierte Küche. Auf der Speisekarte stehen z.B. Grünkohl mit Pinkel oder Spaghetti mit Gambas. »Typisch weiblich« finden das die beiden Unternehmerinnen. Und passend, »wo hier 150 Jahre lang Männlichkeit pur herrschte«.

Der Zollverein verpasst sich schließlich regelmäßig ein Update.

Seit Jahrhunderten geht das schon so. Immer stellten sich die Menschen dem Wechsel, immer schafften sie es, sich anzupassen. »Die Modernisierung des Ruhrgebiets geschieht auch im postindustriellen Zeitalter wieder durch die Menschen, die hier leben oder hierher gezogen sind«, sinniert Thomas, der nach seinen Jahren als Schlosser wieder auf Zollverein arbeitete, diesmal als Sozialarbeiter. Mir wird klar: Die Menschen sind es, die den Reichtum des Ruhrgebiets ausmachen. Nicht die Industriedenkmäler, so beeindruckend sie auch sein mögen.

Ausstellungen, Filme, Freizeitvergnügen

Ganz großes Kino! Lange bevor Industriekultur chic wurde, drehte der Regisseur Adolf Winkelman Filme, die heute – selbst nach Jahrzehnten – immernoch Kult sind.

Industriefotografie, Industriedesign und Industriearchitektur sind längst en vogue, und der Zollverein hat hier wahre Fundgruben zu bieten. Ständig knipsen und filmen Professionelle und Besucher aus aller Herren Länder das Gelände. Einer von ihnen hat es geschafft, Kult zu werden, lange bevor der Industriestil in Mode kam: Adolf Winkelmann. Keinen Namen höre ich auf Zeche Zollverein öfter.

In den Siebzigerjahren war Winkelmann noch ein unbekannter Regisseur. Er stellt damals seine krisengeschüttelte Heimat originell und liebenswert dar. Das war neu, geradezu unerhört. Winkelmanns Spielfilmdebüt 1978 ist die Komödie *Die Abfahrer*. Noch heute zitieren *Ruhris* (Einwohner des Ruhrgebiets) den Ausspruch »Kann mir mal einer sagen, warum ich überhaupt noch hier bin?« bei allen möglichen Gelegenheiten. Vier Jahre später erzählt *Jede Menge Kohle* die Geschichte des Bergmanns Katlewski. Die berühmteste Szene ist eine unkonventionelle Gütertrennung, garniert durch die Worte: »Es kommt der Tag, da will die Säge sägen.« Auch diesen Satz kennt jeder im Pott. Im Museum von Zeche Zollverein finden regelmäßig Ausstellungen statt, die die frühere und aktuelle Lebensqualität und Arbeitswelt des Reviers veranschaulichen. Adolf Winkelmann ist hier oft zu Gast. Ob als Besucher oder gleich als Ausstellungsthema. Denn der Regisseur hat sich filmisch seiner Heimat verschrieben. Und da kommt niemand an Zeche Zollverein vorbei. Sein jüngstes Projekt ist der Film *Junges Licht*. Winkelmann schwärmt: »Ich musste diesen Film jetzt machen, weil das Ruhrgebiet verschwindet.«

Junges Licht spielt in den Fünfzigerjahren. Wir durften bei den Dreharbeiten dabei sein. Die Erinnerungen an seine eigene Kindheit entsprechen den Bildern, die er jetzt gemeinsam mit seinem 120-köpfigen Team kreiert, erklärt der Filmemacher in einer Pause.

Es war die Zeit der Hochofenromantik, als Kinder zum *Büdchen umme Ecke* geschickt wurden, um für Vati Bier und Zigaretten zu kaufen. Ist heute pädagogisch verwerflich, genau wie die Tatsache, dass Mutti an der Pommesbude Currywurst für alle holte. Aber damals hatte das typische Revier-Fast Food noch den Ruf, nährend, substanzreich und kerngesund zu sein. (Auch Winkelmann liebt seine Currywurst, und selbstverständlich gibt es sie an den diversen Büdchen auf Zollverein.) Winkelmanns Film ist eine Liebeserklärung an die Menschen, ohne ihr hartes Leben zu glorifizieren.

Ich bekomme eine Gänsehaut, als die Schlüsselszene gedreht wird. Im Drehbuch steht, dass Julian der verführerischen Marusha Zigaretten anbietet. Von ihr kommt kurz darauf der zentrale Satz des Films:

»Wenn du dich für die Freiheit entschieden hast, kann dir gar nichts passieren. Nie!«

Eine Freiheit, die ich auf Zeche Zollverein deutlich spüre. So viel weggebrochen, aber danach auch so viel Neues willkommen geheißen. Hier erlebe ich die Kraft der *Ruhris* und wie offen, direkt und herzlich sie sind. Auch ihre Sehnsucht nach Innovationen. Genau wie die Tatsache, dass die Vergangenheit der Zeche Zollverein den Humus bildet für all die Ideen und die Kreativität, die sich jetzt hier angesiedelt hat.

Der Himmel über der Ruhr ist heute blau. Bundeskanzler Willy Brandts Versprechen von 1961 ist längst eingelöst. Und grün ist das Ruhrgebiet ebenfalls. Das kann man sehr gut auf Zeche Zollverein sehen. Mehr als all die Natur aber beeindrucken mich einfach immer wieder die Menschen, die dort den Alltag gestalten, die aus den Brachen und Leerständen, aus dem urbanen Zwischenraum ihr kreatives und soziales Potenzial schöpfen. Mit ihrem hemdsärmeligen Optimismus, der sie mit den Generationen verbindet, die einst diese Gegend reichschufteten. Auf Zeche Zollverein begegne ich ihnen auf Schritt und Tritt. Dass die alten Zeiten vorbei sind, damit hat auch Thomas längst seinen Frieden gemacht.

Dass er sie noch selbst erleben durfte, empfindet er als Glück. In seinem Herzen und auf seiner Haut haben sie immer einen ganz besonderen Platz.

Syrien

EIN WOCHENENDE IN SYRIEN

Ich fuhr nach Syrien, bevor es zu spät war. Fast ohne Geld in der Tasche und mit nur drei Tagen Zeit. Ein Kurztrip in ein Land, das heute als unbereisbar gilt.

Von Dominik Mohr

Auf meinem Bildschirm schreit eine E-Mail nach Aufmerksamkeit. Mein Newsticker meldet wieder eine Schreckensnachricht aus Syrien. Meine Gedanken schweifen ab...

... ins Jahr 2011. Es ist Januar. Mein Arbeitskollege reicht mir einen Zettel über den Schreibtisch. Das verklebte Hemd löst sich von meinen Armen, als ich das Papier berühre. Der Schweiß rinnt mir hier in Saudi-Arabien auch noch Minuten nach meinem Mittagsspaziergang in der Sonne über die Stirn, obwohl die frostigen 18 Grad der Klimaanlage meinen Körper gerade in eine Schockstarre versetzen.

Unser monatliches Ritual steht bald wieder an. Zwar haben mein Kollege und ich ein Sechs-Monats-Visum, aber aus unerklärlichen Gründen müssen wir das Land alle 30 Tage verlassen. Einen kleinen Marathon über die Grenze und wieder zurück. Wir nennen es liebevoll den *Visa-Run*. Visaregeln sind etwas Schönes.

Ich bin es mittlerweile gewohnt, mir jeden Monat ein neues Reiseland herauszusuchen. Mein Kollege schlägt mir den Libanon vor, der Zettel ist ein Ausdruck aus dem Internet über die dortigen Einreiseformalitäten. Libanon ist ein Land voller Energie und Mut.

Oft führen unsere *Visa-Runs* uns in Länder, über denen Vorurteile wie Geier kreisen. Ich habe es mir angewöhnt, mir den Freiraum zu nehmen und drauflos zu reisen. Gefahr hin oder her.

Das Auswärtige Amt warnt hier und dort, lässt Terroranschläge so wahrscheinlich erscheinen wie einen Clown zum Kindergeburtstag. Es warnt vor Trickbetrügern, als würde jedes Land diese in Scharen ausbilden und auf den einsamen, unvorsichtigen Touristen loslassen. Dieses Spiel mit dem Gewissen ist bei mir mittlerweile zur Routine geworden. Natürlich lese ich mir die Informationen durch, natürlich lesen Freunde und Familie diese Texte durch, natürlich kommen die Nachrichten jeden Tag und jede Stunde im Radio und Fernsehen, natürlich bin ich nicht lebensmüde!

Die Nachrichten aus dem Libanon erreichen uns in Saudi-Arabien genauso wie in Deutschland. In Deutschland erwischen sie die Freundin meines Kollegen unerbittlicher, als wir es uns vorgestellt haben. Die Nachrichten legen einen schwarzen Schleier über den Libanon, Schwarzpulver für Beziehungen. Mein Kollege berichtet mir einige Tage später von seinem Telefonat nach Hause. Die Gefahr sei einfach zu groß. Die Reise ist wegen Vorurteilen in der Heimat explodiert. Für ihn. Er sagt kurzerhand ab.

Da ich erst vor ein paar Monaten meine Reisespuren im Libanon hinterlassen habe, bin ich nun frei, ein neues Reiseland zu finden. Manche aber fallen schnell wieder unter den Tisch. Iran und Israel – keine so gute Idee, wenn ich wieder saudischen Boden betreten möchte. Ein deutscher Kollege reiste erst vor Kurzem mit seiner Familie nach Syrien. Meine Neugier ist geweckt. Meine Sorgen um die Sicherheit versinken im Wüstensand. Ich treffe meine Entscheidung: ein Wochenende in Syrien.

Das Visa-Spiel

So schnell die Entscheidung gefallen ist, so schwer ist es, sie in die Realität umzusetzen. Mich erwartet ein kleiner steiniger Pfad, um das Visum für Syrien zu erhalten. Heute muss es klappen. Meine Mittagspause verlängere ich spontan und suche mir den kürzesten Weg ins klimatisierte Auto. Über volle Schnellstraßen führt mich mein Weg in das Herz von Dschidda. Die verwinkelten Gassen machen es mir nicht leicht, im Stadtzentrum das syrische Konsulat zu finden.

Mit einem temporären Parkplatz in der zweiten Reihe muss ich mich zufriedengeben und schlängele mich um die anderen geparkten Autos zu der Tür des Konsulates vor. Ich betrete eine schlichte Schalterhalle. Sie ist voll und die Beschilderung nur auf Arabisch.

Von Schalter zu Schalter frage ich mich durch. Hier und da ist die Sprachbarriere riesig und mein Arabisch einfach zu schlecht. Immer wieder helfen mir andere Besucher des Konsulates und übersetzen mein Anliegen. Mühselig geht es voran. Um ehrlich zu sein, eigentlich gar nicht. Ein Trick eines Kollegen fällt mir ein: ich erbitte eine Audienz beim Konsul - und werde freundlich abgewiesen. In der linken hinteren Ecke finde ich noch einen einsamen Schalter. Seine Funktion bleibt ein Rätsel, dennoch versuche ich es hartnäckig. Irgendwann schiebt mir der Herr einen kleinen Zettel mit einer arabischen Notiz unter der Glasscheibe durch und öffnet eine kleine Tür. Ich gehe durch und stehe plötzlich alleine in einer Garage. Rechts von mir weisen Türen in die Räume des Konsulates. In einem Wirrwarr aus Gängen frage ich mich von Tür zu Tür durch. Meinen Zettel zeige ich wie eine Schatzkarte vor.

Plötzlich und unerwartet stehe ich vor dem Konsul. Nach einer kurzen persönlichen Vorstellung äußere ich meinen Visum-Wunsch. Zwei ernste Fragen bekomme ich retour: Wieso ich unbedingt Syrien bereisen möchte? Und ob ich jemals schon das besetzte Palästina besucht habe? Ich bin Tourist, antworte ich. Und nein, ich war und will nicht nach Israel. Damit gibt sich der Konsul zufrieden und findet schnell einen Weg, mir das Visum auszustellen. Kleiner Haken: Ich muss noch einen Brief vom deutschen Konsul besorgen. Ein offizielles Erbeten eines Visums. Zurück in der Schalterhalle finde ich einen Mitarbeiter, der mir den Brief auf Arabisch vorformuliert und auf einen Schmierzettel kritzelt.

Der deutsche Konsul verwandelt die Notiz einige Tage später in ein formelles Schreiben. Mit Brief und Ausweis fahre ich wieder zum syrischen Konsulat zurück in die volle Schalterhalle. Wie durch ein Wunder darf ich sogar meinen Reisepass dortlassen und bekomme einen Tag später das Visum eingeklebt. Die erste Hürde ist geschafft!

Bar auf die Kralle

Am Vorabend meiner Reise, Anfang Februar, sitze ich mit Freunden am Pool und genieße das obligatorische alkoholfreie Getränk. Es ist warm. Für saudische Verhältnisse eigentlich eher kühl, aber ich bleibe bei warm, es sind immerhin über 25 Grad. Ich packe noch schnell meinen kleinen Rucksack und denke bei der Hitze nicht an kühlere Gefilde. Diese Achtlosigkeit wird sich noch bitter rächen …

> Zuerst geht es nach Aleppo oder *Halab*, wie es im Orient einst hieß. Es ist sechs Uhr, als mein Flugzeug über dem Flughafen kreist.

Später am Immigrationsschalter: Mein bordeauxroter Reisepass wird bis auf die letzte Seite gefilzt. Auf einer Seite stockt der Grenzbeamte. Ich sehe nur einen verschmierten Stempel. Er auch. Der unleserliche Transitstempel aus Ägypten fordert eine Rechtfertigung. Zu groß ist die Anspannung, dass es ein israelischer Stempel sein könnte. Eine gefühlte Ewigkeit vergeht, bis der Grenzbeamte seinen eigenen Stempel in den Reisepass drückt. Bis zur Ausreise werde ich den Pass hoffentlich nicht mehr brauchen.

Mit meinem kleinen Rucksack als Handgepäck passiere ich den Zoll und stehe auch schon in der Ankunftshalle. Ich bahne mir den Weg rechts vorbei an den Wartenden und schaue mich suchend um. Schnell habe ich zwei Geldautomaten hinter der Menschentraube ausgemacht. Erleichterung macht sich breit. Meine Karte wird gierig vom Automaten eingezogen. Müde wie ich noch bin, stehe ich gemütlich vor dem Automaten und schaue routiniert auf den Bildschirm. Es tut sich nichts. Ein bekanntes Geräusch ertönt. Irritiert halte ich meine Karte wieder in der Hand und bekomme in zweisprachiger Einigkeit die Meldung präsentiert, dass sie nicht akzeptiert wird. »Doofe Bank«, mein erster Gedanke. Der zweite Automat grüßt mich mit freundlichem Rauschen und gibt mir meine Karte auch wieder zurück. Langsam wache ich auf. Die Gehirnwindungen laufen warm. Ich brauche Geld, sonst werden die nächsten Tage sehr spannend. Mir geht ein Licht auf: Es gibt ein Embargo, und vielleicht muss meine deutsche Bank mich hier wirklich sitzen lassen. In meiner Not tausche ich die letzten saudischen Riyal in meinem Geldbeutel in syrische Lira um. Ab jetzt muss ich etwas sparsamer leben.

Hotel statt Couch – Aleppo

Am Ausgang des Flughafens begegne ich meinem Sitznachbarn aus dem Flugzeug wieder. Er winkt gerade ein Taxi herbei und fragt mich, ob ich nicht Lust hätte, mit ihm das Taxi zu teilen. Ich stimme wohlgesonnen zu. Ich spare nicht nur Geld, sondern kann mir auch sicher sein, dass ich am Ziel ankomme. Auch wenn ich noch nicht genau weiß, wo das ist, ich lasse mich einfach treiben. Die Innenstadt wird wohl keine schlechte Wahl sein, und meine Couch für den Abend liegt auch dort. Heute habe ich nämlich eine weitere kleine Premiere: Ich nutze zum ersten Mal Couchsurfing. Spontan meldete ich mich vor einigen Tagen an und fand auch gleich Gastgeber für Aleppo und Damaskus. Gedanken mache ich mir allerdings schon. Was, wenn es nicht klappt? Wo finde ich spontan eine neue, günstige Unterkunft? Jetzt, wo meine Geldreserven limitiert sind, wird mir bei dem Gedanken etwas mulmig.

Mein Mitfahrer hält mich bis in die Innenstadt bei Laune und lässt mich an einem kleinen Platz raus. Mein Orientierungssinn darf jetzt am frühen Morgen noch etwas arbeiten. Es ist ein traumhafter Tag. Der Himmel leuchtet in seinem schönsten Blau, die Sonne heizt die Straßen schon am frühen Morgen auf.

Begrüßt werde ich von kleinen gelben Taxis, die den Uhrturm umrunden.

Ohne Plan beginne ich, die Stadt zu erkunden und wäre dabei fast am *Hotel Baron* vorbeigelaufen. Das Gebäude versteckt sich hinter kleinen Läden. Über dem Zauntor am Bürgersteig ist eine große Leuchttafel angebracht, die das Hotel bewirbt. Sie hängt so hoch, dass ich sie beinah übersehen hätte. Über der Eingangstür des Hotels steht *»Baron's Hotel 1911«* in arabischer und lateinischer Schrift in den Stein gemeißelt. Der Rahmen ist fein ausgeschmückt, während die Fassade unter der Zeit gelitten hat. Ich betrete die Lobby und werde um 100 Jahre zurückgeworfen. 1911 eröffnet, war das *Baron* das erste Hotel in der Region und beherbergte berühmte Gäste wie Lawrence von Arabien, König Faisal I. und Theodore Roosevelt.

Ob es gut ist, dass sich hier gefühlt nichts verändert hat?

Ein simpler Kronleuchter hängt etwas schief von der Decke. Am hinteren Ende der Lobby befindet sich die Bar. Ein schwarzes Regal beherbergt eine kleine Sammlung an Alkoholika. Zwischen den Flaschen kleine Holz- und Porzellanfiguren. Eine wilde Sammlung von Katzen, Entdeckern und Sultanen. Vor der Bar stehen sechs lederbezogene Hocker und an der linken Wand eine Vitrine. In ihr die Geschichte des Hauses: ein altes Bild aus der Gründungszeit, ein Buch und die Rechnungen von berühmten Gästen. Die Glanzzeiten des Hotels scheinen vorüber zu sein. Es zieht mich wieder zurück auf die Straße.

In wildem Zickzack bahne ich mir weiter meinen Weg durch die Stadt. Ich erkunde das *Jdeydeh*-Viertel mit seinen engen Gassen, Kirchen und wundervollen Händlerhäusern aus dem 18. Jahrhundert. Bis ins kleinste Detail verzierte Wände, kleine Brunnen und fast golden schimmernde Fliesen dekorieren die Innenhöfe. Ein Blick in die Ferne eröffnet eine Aussicht über die Hausdächer der Altstadt. Eine Mischung aus Flachdächern, Kuppeln und Satellitenschüsseln.

Imposant über der Stadt thront die Zitadelle. Hier treffe ich auf zwei westliche Rucksackreisende. Die beiden Frauen reisen quer durch den Nahen Osten. Wir kommen ins Gespräch. Für die beiden ist die Reise durch den Nahen Osten ein großer Traum. Ich bin neugierig auf ihre Sichtweise. Sie empfinden ihre Reise entgegen meiner Vermutung als sicher und sehr angenehm.

Da fällt mir ein: Ich wollte mich noch bei meinem Gastgeber melden. Ich rufe ihn an, und er freut sich schon, mich zu treffen. Zu dritt steigen wir über die riesige Rampe der Zitadelle ab und durchqueren den Al-Madina Souq. Die engen Gassen des größten überdachten Marktes der Welt lassen ihr Alter nur erahnen. Die ersten Teile sind im 15. Jahrhundert entstanden. Seine Größe versteckt der Markt schüchtern unter den Gewölbedecken. Die wertvollen Waren aus der ganzen Welt betrachtend, schlendern wir durch die schummrigen und verwinkelten Gassen des Souqs. Sie spucken uns in der Nähe der Großen Moschee wieder aus. Die immer tiefer stehende Sonne lässt die Stadt in leichtem Rot erscheinen. Es wird Abend und langsam Zeit für mich, zu meiner Unterkunft zu gehen. Die beiden Frauen begleiten mich noch ein Stück.

Als wir vor der Adresse stehen, wird uns dreien klar, dass wir bei dem gleichen Gastgeber untergebracht sind. Es ist ein Hotel, und Rami, der Besitzer, offeriert mir ein Zimmer. Ich hatte mir Couchsurfing irgendwie anders vorgestellt! Der junge Besitzer erzählt mir, dass er das Hotel nur zum Spaß hat. Seine eigentliche Einnahmequelle ist die Textilindustrie. Er findet es aber toll, mit westlichen Menschen zusammenzukommen. Das Hotel ist seine Drehscheibe für Kontakte und Geschäfte. Mittlerweile ist die Sonne schon untergegangen. Rami lädt uns trotzdem zu einer Stadtrundfahrt ein. Stolz zeigt er uns sein neues Haus und die Vororte von Aleppo. Als wir wieder in die Innenstadt kommen, habe ich komplett die Orientierung verloren. In seinem Lieblingsrestaurant lässt er den Tisch decken. Er erzählt uns über sein Geschäft und seine Familie. Gespannt höre ich ihm zu. Mir öffnet sich eine ganz neue Welt des nahöstlichen Unternehmertums. Vielleicht sollte ich jetzt auch ein Geschäft gründen? Nur was …?

Hinter dicken Mauern – Homs

Auf der Straße vor meinem Fenster herrscht schon emsiges Treiben, als ich langsam aus dem Bett rolle. Die Geräusche dringen sachte in meine Ohren und machen mich neugierig auf einen neuen Tag in Aleppo. Die Nacht war etwas kürzer als geplant. Als ich halbwegs munter den Balkon neben der Rezeption betrete, hat die Sonne den Tag bereits voll eingenommen. Rami ist auch schon wach und serviert mir einen Tee mit viel Zucker. Beobachtet werde ich von zwei Katzen auf dem gegenüberliegenden Dach. Ich packe meine Siebensachen und verabschiede mich.

Wir sind wieder zu dritt unterwegs, die beiden Frauen von gestern und ich. Als wir die Straße betreten, sind wir sofort von Autos und Menschen umgeben. Der Uhrturm zu meiner Rechten steht in voller Schönheit auf seiner Insel und lässt die Blechkarawanen gelassen an sich vorbeiziehen.

Wir steigen in eines der gelben Taxis, unser Ziel ist der Busbahnhof von Aleppo. Die Fahrt führt vorbei an der Ibrahim-Hananu-Moschee, und über große Zubringerstraßen verlassen wir die Innenstadt. Kurze Zeit später stehen wir am Busterminal. Es ist neun Uhr, als wir den Bus nach Homs besteigen und Aleppo hinter uns lassen.

An mir vorbei ziehen Felder, Orte und Menschen. Viele Häuser scheinen sich schon auf weiteres Wachstum vorzubereiten. Die obere Etage ist nicht fertiggestellt, und die Stahlbewehrung ragt nach Höhe greifend aus der Deckenplatte. Bei Platzmangel einfach noch eine Etage drauf setzen, ein cleveres Konzept.

> Bis es so weit ist, weht hier und da die zum Trocknen aufgehängte Wäsche auf dem Dach, und die eine oder andere Pflanze schmückt den kargen Betonbau.

Der Bus rollt weiter voran und überholt immer mehr selbst gebaute Traktoren und Fahrzeuge, der Kreativität sind keine Grenzen gesetzt: von halben Motorrädern mit Anhänger bis hin zu Ladeflächen mit Motor. Ich frage mich, ob es eine Traktormanufaktur gibt oder ob die Menschen sich diese Gefährte selbst ausdenken.

Es sind knapp 190 Kilometer von Aleppo bis Homs, und bei dem Tempo braucht der Bus nicht mehr als zweieinhalb Stunden. Kurz vor den Toren der Stadt liegt die Haltestelle; wir steigen aus. Es ist ein angenehmer Ort. Wir werden nicht überrannt mit Angeboten und schauen uns einfach nur um. So kommen wir mit einem Taxifahrer ins Gespräch. Unser Ziel ist die Kreuzritterburg Krak des Chevaliers, sie liegt ungefähr 35 Kilometer Luftlinie von Homs entfernt in Richtung Mittelmeer. Für einen fairen Preis willigt er ein, uns zu der Burg zu fahren und nachher auch wieder zurück. Ich bin erleichtert, mir die Kosten teilen zu können. Mein Geldbeutel wird sich von dem Geldautomaten-Fiasko nicht erholen. Der Fahrer spricht gutes Englisch und erzählt uns Geschichten über die Orte auf dem Weg. Nach einer halben Stunde kommt die Burg schon in Sicht, und wenige Minuten später schlängelt sich das Taxi die letzten Meter auf den Hügel eines Ausläufers des Alawitengebirges hinauf. Hier oben thront die im 11. und 12. Jahrhundert gebaute Festung.

Hoch über der Akkar-Ebene gelegen, sicherte die Burg die alte Handelsroute zwischen dem Mittelmeer und dem Hinterland. Später diente sie den Kreuzrittern als Basis des Machtanspruches und als Sicherung gegen die Truppen des Sultans Saladin im Süden. Nach der Übergabe an den Johanniterorden sicherte dieser das Kreuzrittertum in der Region, bis die Burg 1271 an Sultan Baibars fiel. Die Mameluken reparierten die Burg und bauten sie weiter aus. Bis ins 19. Jahrhundert wurde die Festung noch militärisch genutzt.

Die gut erhaltenen Überreste liegen nun vor uns. Der Eingang zur Festungsanlage lässt die Bedeutung schon erahnen. Mächtige, bis zu acht Meter dicke Mauern schützen den inneren Kern der Festung. Der prunkvolle Kreuzrittersaal mit seinen hochgotischen Elementen ist nur einer der Höhepunkte der Festung. Ich erklimme die Turmreste, und es wird sofort ersichtlich, wieso diese Burg eine so strategisch wichtige Rolle gespielt hat. Von hier oben lässt sich tatsächlich die ganze Region überblicken.

Verloren im Regen – Damaskus

Zurück an der Bushaltestelle in Homs erreicht mich die Nachricht meines Couchsurfing-Gastgebers aus Damaskus. Bei ihm ist ein Notfall in der Familie eingetreten, und er muss Damaskus verlassen, ich solle ihm bitte nicht böse sein.

Ich verabschiede mich von meinen beiden Reisebegleiterinnen und fahre dennoch nach Damaskus. Und hier stehe ich nun und habe keine Ahnung, wohin ich gehen soll.

Es ist kurz vor 17 Uhr. Langsam wird es dunkel, und dazu regnet es in Strömen. Ich sinke wie ein Stein ins kalte Wasser und versuche mich zu sortieren. Es könnte schlimmer sein, aber mir ist trotzdem eiskalt, ich habe nichts als eine dünne Jacke ohne Kapuze.

Ein Dach über dem Kopf muss her, und ich frage an der Bushaltestelle nach einem Stadtbus in die Innenstadt. Vielleicht gibt es dort ja Hotels – sicher! Ich weiß gar nichts. Meine Straßenkarte reicht nicht bis in den Vorort, in dem ich gerade stehe. Ich habe keine Ahnung, wo ich bin. *»Hamsah, hamsah«*, kommt immer wieder als Antwort. »Fünf«, die rettende Nummer des Busses, den ich besteigen soll. Draußen Dunkelheit und Regen, wie soll ich da ein Hotel ausmachen?

Verzweifelt und etwas niedergeschlagen steige ich in den Bus und löse mein Ticket in die Innenstadt. Meine Aufmerksamkeit fällt auf einen jungen Herrn im hinteren Busteil. Er hat eine Laptoptasche auf dem Schoß. Zu verlieren habe ich nichts. Ich brauche jetzt jemanden, der mich versteht und mir helfen kann. Ich spreche ihn an, er spricht gutes Englisch und stellt sich als Yahya vor. Ich erkläre ihm meine Situation. Meine einzige Bitte ist, mir ein Signal zum Aussteigen zu geben.

Yahya aber führt stattdessen ein Telefonat. Und dann erklärt er mir, er käme gerade aus Latakia, einer Küstenstadt in Syrien, und sei auf dem Weg zur Uni. Seine mündliche Prüfung in Englisch stehe an, und er bittet mich, ihn zu begleiten. Das klingt gut. Erst mal wieder warm werden, das ist mein erster Gedanke. Er fährt aber gleich mit seinen Ausführungen fort und erweitert sein Angebot. Er würde mich danach zu seinem Cousin bringen, wo ich übernachten könne. Ich sorge mich schon, dass ich mich verhört hätte, als er noch einen oben draufsetzt: Er wolle mir morgen die Stadt zeigen.

Nach kurzer Sprachlosigkeit ob solcher Offenheit und Freundlichkeit sage ich zu.

Wir fahren gemeinsam mit dem Bus zu seiner Fakultät. Vor seinem Prüfungszimmer warten wir zusammen mit seinen Kommilitonen auf seinen Moment. Er bittet mich mit in die Prüfung, und ich leiste ihm Beistand als Sparringpartner für die anstehende Konversation. Die Englischdozentin ist etwas verdutzt, aber freundlich und kann nicht anders, als unserer Vorstellung eine gute Note zu geben.

Mir ist nun wieder warm, auch wenn meine Jacke immer noch triefend nass ist. Sie wird auch nicht trockener, als wir auf dem Weg zu seinem Cousin von Minibus zu Minibus hüpfen. Mein Orientierungssinn wird ebenfalls nicht schärfer.

Ich werde mich einfach daran gewöhnen müssen, keine Ahnung zu haben, wo ich bin.

Zum Aufwärmen wird mir in der Wohnung Tee gereicht. Ich stelle mich noch mal vor. Mittlerweile sind auch andere Freunde eingetroffen. Sie haben von meiner Ankunft gehört und wollen mich kennenlernen.

Es ist eine lustige Runde, und ich taue auf. Ein Freund der Familie kommt mit seinem Auto vorbei, und zusammen fahren wir in ein Café. Der Tee fließt in Strömen, der Regen vor der Tür auch. Mein Magen knurrt laut. Ich kann mich gar nicht vor Gastfreundschaft retten und bin eingeladen. Hähnchen und Reis werden gekauft, und zurück im Wohnzimmer setzen wir uns in einer Runde auf den Teppichboden und essen. Der Ölofen im Zimmer spendet Wärme, für die ich wirklich dankbar bin. Die Runde wird immer heiterer und lustiger, auch der Tatsache geschuldet, dass ich mich beim gemeinsamen Kartenspiel etwas ungeschickt anstelle.

Die letzten Lira

Über die Nacht hat sich das Schlafzimmer gefüllt, und als ich am nächsten Morgen aufwache, liegen wir zu fünft auf dem Matratzenlager am Boden.

Mir wird wieder Tee serviert. Ich würde gerne eine Dusche nehmen, muss mich aber noch gedulden, bevor das Wasser im mit Holz befeuerten Boiler warm ist. Als ich endlich duschen gehen darf, stehe ich etwas hilflos im Badezimmer. Der Duschkopf mitten im Raum und die Armatur in weiter Ferne machen das Duschen zu einer komplizierten Angelegenheit.

Später begleiten mich Yahya und sein Cousin in die Innenstadt. Sie führen mich zu den touristischen Orten. Im Souq al-Hamidiyye, dem bekanntesten Basar der Stadt, folgen wir den ehemaligen römischen Säulenkolonnaden und streifen vorbei an den kleinen Geschäften mit orientalischer Kleidung, Tee und Gewürzen.

Bei den ganzen Gerüchen kommt mir in den Sinn, dass der Tee vom Vorabend ausgezeichnet war und ich mir noch ein bisschen davon mitnehmen sollte. Und so irren wir durch die vielen kleinen Gassen zu dem Stand mit »dem« Tee. Ich muss mich nur noch für eine Packungsgröße entscheiden. Die Familienpackung zu einem Kilo wird es am Ende leider nicht.

Wir betreten die Umayyaden-Moschee, und ich bin gefesselt von der Architektur und der Farbenpracht des Gebäudekomplexes. Sie gehört zu den ältesten Moscheen der Welt und war für lange Zeit gemeinsame Gebetsstätte für Christen und Muslime. Gerade als wir die Moschee verlassen, wird zum *Asr*, dem Nachmittagsgebet, gerufen. Aus allen Richtungen erklingt der *Adhān*, der Gebetsruf, und hallt in dem herrlichen Innenhof wieder. Es ist der schönste *Adhān*, den ich bisher gehört habe; im Kanon, professionell gesungen und im Einklang mit der Architektur in Stimmung gesetzt.

Mein Rückflug zurück nach Saudi-Arabien rückt näher, und meine spontanen Gastgeber bringen mich zum Flughafenbus. Ich bin Yahya und seinem Cousin zutiefst dankbar. Sie haben mich aus meiner Not gerettet und mir einen wunderbaren Tag in Damaskus geschenkt.

Und so geschieht es, dass ich am Flughafen ankomme und noch einige letzte Lira übrig habe. 40 Euro habe ich umgerechnet ausgegeben, und den Rest möchte ich gerne umtauschen. Ich merke zu spät, dass es im Sicherheitsbereich keine Wechselstube mehr gibt, und so bleibt mir nichts anderes übrig, als wieder in die Vorhalle zu gehen. Aus welchen Gründen auch immer kassiert ein Beamter meinen Pass dafür ein. Komisch ist das schon ... ich kehre lieber um und will meinen Ausweis zurück ...

»Hey! Heey! Meeting! Kommst du?« Abrupt werde ich in die Realität zurückgeholt; zurück auf meinen bequemen und warmen Stuhl im Großraumbüro. Der Traum ist zwar vorbei, aber meine Gedanken sind noch bei meinen Freunden aus Syrien. Lange habe ich nichts mehr von

ihnen gehört. Ich fühle mich schlecht. Eine der letzten Nachrichten von Yahya erreichte mich 2013, da lebte er schon im Ausland: »Weißt du, Syrien ist nicht mehr, wie es einmal war. Mein Bruder ist noch in Syrien, er nicht weiß nicht, wohin er gehen soll. Erinnerst du dich an mein Haus? Es wurde bombardiert und zerstört. Die Situation ist sehr schlecht. Entschuldige, dass ich dir so lange schreibe. Ich wünsche dir ein friedliches und glückliches Leben.«

Fidschi

I AM FROM AUSTRIA

Wie Flirten auf Fidschi geht, warum Avocadokerne dort illegal sind und wie Arnold Schwarzenegger mir das Leben rettete.

Von Martin Zinggl

»200 Fidschi-Dollar Strafe«, dringt eine Stimme so tief aus einem Schlund heraus, dass dieser nur von einem wohlgenährten Leib umgeben sein kann. Name und Alter der mächtigen Person spielen vorrangig keine Rolle, dafür aber die Funktion dieser Frau: Als Zollbeamtin am internationalen Flughafen von Nadi schwingt sie das Zepter – in Form eines schwarzen Gummiknüppels, den sie belehrend vor meiner Nase herumtanzen lässt. Bunte Frangipani-Blumenkränze um meinen Hals wären mir als Erstkontakt mit den pazifischen Inselbewohnern lieber gewesen.

Nach Zwischenstationen in Dubai, Bangkok und Sydney erreiche ich also Fidschi – und damit nicht nur die Wasserwelt des Südpazifiks, sondern auch den letzten Halt vor meinem endgültigen Ziel: einer einjährigen Feldforschung im Inselarchipel Tuvalu.

Kaum betrete ich Land, stecke ich bereits in Schwierigkeiten und fühle mich wie ein Schwerverbrecher. Der Grund meiner Misere? Ich wurde gefilzt und beim Schmuggeln entlarvt.

Drogen? Fehlanzeige!

Schwarzgeld? Ich wünschte, es wäre so einfach …

Waffen? Keine Chance als Pazifist!

Masken, Schmuck oder andere kulturelle Exponate? Als Ethnologe zwar wahrscheinlich, aber wenn, dann doch wohl bei der Ausreise.

Stattdessen? Ein Avocadokern. Blank, unschuldig, perfekt im Aussehen. Und zudem: höchst strafbar!

Mein Hintergedanke war allerdings kein krimineller: Ich wollte den Kern in meiner neuen Wahlheimat Tuvalu einsetzen und gedeihen sehen. Verzweifelt suche ich nach Erklärungen. »Besagt eine alte Weisheit nicht, dass man innerhalb eines Menschenlebens einen Baum pflanzen, ein Kind zeugen, ein Haus bauen und ein Buch schreiben soll?«, versuche ich mein Glück. Die Zollbeamtin schmollt und hebt eine Augenbraue. Zugegeben, das mit dem Buch erfand wahrscheinlich ein namhafter Verlag dazu, aber die restlichen drei Aufgaben gilt es doch zu erfüllen. Da weder Haus noch Kind in absehbarer Zeit im Raum stehen, will ich zumindest das mit dem Baum erledigen – aus rein pragmatischen Gründen: um in Tuvalu auch einmal etwas anderes als Kokosnüsse und traditionelle Knollenfrüchte zu essen. »Wie naiv«, denkt sich wohl auch mein korpulentes Gegenüber. Es dauert nämlich gut zehn Jahre, bis ein Avocadobaum Früchte trägt. Die Frage, ob ich so lange in Tuvalu bleiben will oder kann, stellt sich vorerst aber ohnehin nicht, denn vorwiegend drängt sich nur ein Fakt auf: In Fidschi gelten strenge Regeln für die Einfuhr von Lebensmitteln – und zudem scheint der fidschianischen Zollbeamtin ihre eigene Ernährung weitaus wichtiger als meine in Tuvalu. Sie konfisziert den Avocadokern und wiederholt ihre Aussage mit strenger Miene: »200 Fidschi-Dollar Strafe!«

»Wirklich?«, frage ich verdutzt und will damit nicht meinem Erstaunen über die Existenz der Landeswährung Ausdruck verleihen, sondern zweifle wirklich daran, ob das mit der Strafe ernst gemeint ist.

Als sich ihre zugespitzten Lippen in ein wahrlich dickes Schmunzeln verformen, lerne ich meine Lektion.

> Mit verbalen Stockschlägen drückt mir die Zollbeamtin eine Konfiskationsbestätigung in die Hand und heißt mich in ihrem Paradies willkommen. *»Bula!«*

Nach dem ersten Schritt aus der klimagekühlten Ankunftshalle spüre ich anstelle von Erleichterung allerdings nur eines: Die unerträgliche Hitze der Tropen. Nadi liegt im Westen der größten fidschianischen Insel Viti Levu. Ich aber muss in das versmogte Suva im Osten und komme daher an diesem Tag noch nicht zur Ruhe, sondern schaue verdrossenen Blickes nach einer mehrstündigen Busreise quer über die grüne Insel.

Bepackt wie ein Esel suche ich den richtigen Bus. Ein herumgeisternder Fidschianer teilt mein Leid, hilft beim Tragen meines Gepäcks und verfrachtet mich in den nächsten Bus nach Suva. »Nonstop«, versichert er mehrfach. Dutzende Halte später – darunter auch ein unfreiwilliger, um einen der Reifen zu wechseln – erreiche ich mitten in der Nacht die Hafenstadt Suva. Es regnet in Strömen. *Pacific Time!*, begrüßt eine Reklame die Ankömmlinge an der Bushaltestelle.

Um keine nassen Füße zu bekommen, riskiere ich einen zu breiten Schritt über eine noch breitere Wasserlache. Meine Hose, meine einzige, reißt auf – quer über das linke Bein. Während der Regen immer stärker vom Himmel prasselt, sinkt meine Laune rapide. Ich bin müde, am Verhungern und physisch überfordert. Zu lange dauern die Reisestrapazen bereits an. Ich fluche!

Nachdem ein Fahrgast nach dem anderen im Taxi verschwindet, komme auch ich an die Reihe. »Pacific Theological College«, nenne ich dem Fahrer meinen geplanten Schlafplatz. Er schüttelt den Kopf und fährt los. »Sonntagabend in einer religiösen Einrichtung, keine gute Idee«, säuselt er – und behält recht damit. Pazifikinsel, Sonntag, Christen, Abend und Regen: Keine Chance, hier jemanden anzutreffen, der die Tore öffnet. »Pacific Time«, brumme ich.

Alternativ findet der Taxifahrer ein Hotelzimmer für mich, so spärlich eingerichtet, dass es an eine Gefängniszelle erinnert: Ein Konstrukt aus vier kahlen Wänden ohne Steckdosen und Schalter, denn elektrisches Licht sucht sein Insasse genauso vergeblich wie Fenster. Zumindest befindet sich ein Bett in dem Raum, in das ich mich wahrscheinlich legen und einschlafen sollte, aber mein Jagdinstinkt lässt mich noch nicht zur Ruhe kommen, und mein knurrender Magen verlangt nach Nahrung. Als ich mich spätabends doch noch außer Haus wage, werden mir Suvas schlaglochreiche und unbeleuchtete »Straßen«, die diesen Namen bei aller Liebe nicht verdienen, zum Verhängnis. Bis zu den Knien tappe ich in einen kleinen Tümpel, stehe mit einem Viertel meines Körpers in einer schmutzigen Pfütze, während es unermüdlich auf mich herabregnet. Wut, Verzweiflung, Hunger, Müdigkeit und der Ärger über alles und jeden fahren mir durch Mark

»Ich kann auf das Meer schauen, das dreißigtausend Inseln voneinander trennt. Oder ich schaue auf das Meer, das sie alle miteinander verbindet.«

Daniel Rössler lebt seit über zwei Jahren auf der anderen Seite des Globus. Am Anfang suchte er im Südpazifik nach dem Fremden, dem Exotischen, dem maximal Unbekannten. Doch mittlerweile zweifelt er daran, dass es das Fremde überhaupt gibt.

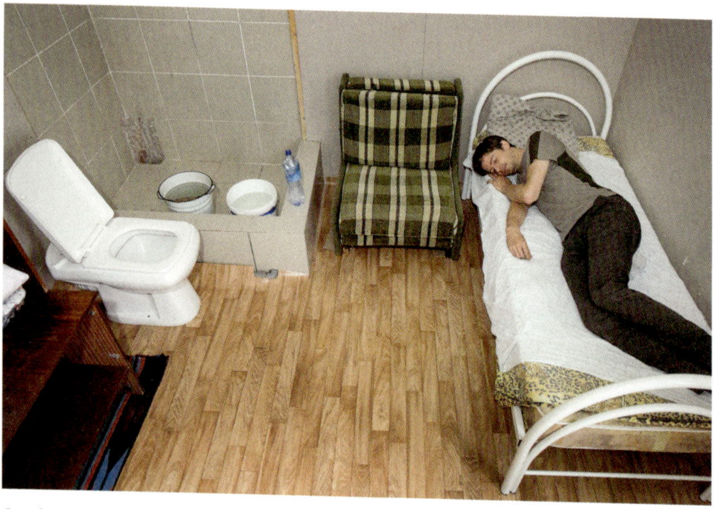

Stephan Orth übernachtet in Russland an ungewöhnlichen Orten – und entdeckt ein Land, in dem sich hinter schroffer Fassade große Herzlichkeit verbirgt.

Marco Polos in Badelatschen verlassen das Schiff
und schlagen sich durch zum Stadtstrand:
Philipp Laage macht eine Kreuzfahrt in der Karibik.

Ist man in der Mongolei zu Fuß unterwegs, sind Begegnungen mit Menschen ein seltener Luxus, die Verständigung ist eine Sache mit Händen und Füßen. Tagelang sind Franziska Bär und ihr Freund völlig allein – und spüren auch zu zweit, was Einsamkeit ist.

Sieben Monate durch Asien: Isabel Gür landet am Ende ihrer Reise auf einer kleinen Insel in Indonesien, wo sie die Kraft des Zufalls und die Gastfreundschaft eines ganzen Dorfes erleben darf.

Dominik Mohr reiste vor dem Krieg nach Syrien. Ein Kurztrip von Aleppo über Homs bis Damaskus, ohne Geld, dafür mit vielen Gläsern Tee und noch mehr Überraschungen.

Bevor Martin Zinggl sich für ein Jahr auf das Inselarchipel Tuvalu verabschiedet, verbringt er eine letzte Nacht in Fidschis Hauptstadt Suva. Großes Kino mit liebenswerten Darstellern und einem durchgeknallten Actionhelden zum Schluss.

»Und dann sage ich scheinbar magische vier Worte: I am from Austria.«

Jessica J. Lee schwimmt das ganze Jahr durch Berlins Seen. Am liebsten im Winter, denn wenn es richtig kalt ist, fühlt sich die Kanadierin am wohlsten.

Der Himmel über der Ruhr ist blau. Und der Boden grün. Einst das Wahrzeichen einer verqualmten Region, ist die Industriebrache Zeche Zollverein in Essen heute Kulturzentrum und Bienenparadies. Karin Lochner entspannt sich unter Stahlrohren.

und Bein. Vor wenigen Stunden noch landete ich in diesem Abenteuer, überglücklich und motiviert. Mittlerweile bin ich erschöpft, frustriert und grantig – und obendrein habe ich noch immer nichts zu essen bekommen. Ich erreiche den Zustand meiner psychischen Schmerzgrenze.

Optimaler und notwendiger Zeitpunkt für meinen einzigen Joker: das Wurschtigkeitsgefühl.

Also fange ich an zu lachen. Anfangs noch schüchtern, dann beherzt, schließlich hysterisch. Ob es sich dabei um eine österreichische Qualität oder nur um ein österreichisches Nomen handelt, bleibt unter Soziologen und Linguisten zu klären. Aber ohne diese Möglichkeit, mein Hirn auszuknipsen, würde ich andernfalls nun weinen, eine Flasche irischen Whiskey leeren, Johnny Cash-Lieder rauf- und runtersingen und mir schließlich einen Kopfschuss verpassen. Für einen Amoklauf reicht es nicht, ich bin alleine in Suvas Dunkelheit. Meinem Wurschtigkeitsgefühl sei Dank lasse ich mich also nicht abbringen von der Nahrungssuche und fordere mein Glück weiter heraus.

Vom exzessiven Reisen in einer gewissen Art und Weise verwöhnt und abgestumpft, warten leider nur mehr selten wirklich neue Überraschungen auf mich. Beim ersten Mal hinterließ jeder Baum, jedes Straßenschild, jede Grenze, jede Busfahrt, jeder Ort und jedes einzelne Verhalten der anderen nachhaltigen Eindruck, beschäftigten und berührten mich stunden-, oft auch tagelang, meistens positiv, manchmal auch negativ. Heute setze ich viele Absurditäten bereits voraus, betrachte sie gar als »normal«, wodurch es das »Abnormale«, das »Außernatürliche«, wiederum schwer hat, mein Gehirn zu erreichen. Es ist so vollgestopft mit Eindrücken, dass nur mehr limitierter Platz für neue Skurrilitäten vorhanden ist. Das denke ich zumindest, bis ich die amerikanische Botschaft passiere und langsam lerne, dass nicht nur Uhren und Zollbeamte im Pazifik anders ticken.

Einsam sitzt ein Nachtwärter vor der Botschaft, dem einzigen beleuchteten Gebäude weit und breit. Auf meine Frage, ob es denn ein Restaurant in der Nähe gäbe, das noch geöffnet sei, bittet er mich hinein, um eine Abkürzung zu nehmen. Er öffnet die Türe, deutet mir den Weg und setzt sich wieder auf seinen Stuhl. Ich staune, als ich durch die leeren und stillen Gänge der Botschaft spaziere. An meinem Körper kleben die vom Regen durchnässten Klamotten. Der Riss in meiner Hose reicht mittlerweile bis über das Knie, und meine triefend nassen Schuhe hinterlassen bei jedem Schritt kleine Pfützen. Ich sehe nicht gefährlich aus, denke ich, aber abgenutzt. Dennoch bewege ich mich unbegleitet in dem Gebäude und frage mich, wo in der Welt es noch so einfach wäre, in eine amerikanische Botschaft zu gelangen und dort Gott weiß was anzustellen? Aber zum Glück habe ich weitaus größere Sorgen als einen Anschlag auf Amerikaner zu verüben: nämlich einen knurrenden Magen!

Und schließlich die Erlösung in Form einer Türe, die den amerikanischen Boden von Suvas Bordsteinkanten trennt. Ich gehe hindurch und sehe eine Bretterbude, deren Besitzer gerade die Durchreichklappen schließt. Er knallt mir die Buffetreste auf einen Teller und reicht ihn mir. »Geht aufs Haus!«, sagt er lächelnd. Beschämt nehme ich die Holzhackerportion entgegen, setze mich auf den Gehsteig und teile das fettige Mischmasch mit einem streunenden Hund. Zwei zufriedene Seelen später möchte ich mich noch einmal davon überzeugen, ob der Spaziergang durch die amerikanische Botschaft nur Zufall war, und riskiere ein Experiment. Ohne jemanden zu fragen, lasse ich mich selbst zur Hintertür hinein, durchquere das Gebäude abermals und laufe am anderen Ausgang wieder dem Nachtwärter in die Arme. »Hast du das Restaurant gefunden? Wie war das Essen?«, erkundigt er sich sorgenvoll. Trotz Wachdienst bietet er an, mich ein Stück zum Hotel zu begleiten. In einer Spelunke kaufe ich zwei Flaschen Bier, um uns den Weg zu verkürzen. Dankend lehnt mein Begleiter ab. »Ich bin im Dienst«, sagt er mit gewisser Ernsthaftigkeit.

Kurz darauf begegnen wir einer Polizeistreife. Der Nachtwärter übergibt mich an die Beamten, die – gegen meinen Willen – darauf bestehen, mich im Hotel abzuliefern. Als ich mich in meinem Bett von der fidschianischen Nacht umhüllen lasse, stelle ich fest, dass in diesem Land vorrangig nur ein Gesetz gilt: jenes der pazifischen Gemütlichkeit. Die beiden Biere schmecken an diesem Abend so gut wie schon lange nicht mehr.

Die folgende Woche verbringe ich vorwiegend mit Literaturrecherche in Suvas Universitätsbibliothek, und mit jedem Tag, der vorbeizieht, wird mir klarer, dass ich nun nur mehr einen Katzensprung in Form eines zweistündigen Fluges von einer einjährigen Isolation in Tuvalu entfernt bin. Es gilt also in Suva sowohl gewisse notwendige als auch belanglose Zivilisationsgegebenheiten zum letzten Mal zu genießen – vorerst zumindest. Einerseits Essenzielles wie Strom, fließendes Wasser, Toiletten und warme Duschen. Auf der anderen Seite die weniger wichtigen Dinge im Leben. So kommt es, dass ich mich am Abend vor meiner Abreise bei *McDonald's* wiederfinde, um drei Burger zu verdrücken. Danach wage ich mich in eine der schummrigen Eckkneipen, die sich am Hafen von Suva aneinanderreihen, um zumindest ein letztes *Fiji Gold* zu trinken.

Die graublaue Luft in der Bretterbude lässt sich nicht einmal mehr schneiden, so dick steht sie im Raum. Burschen zwicken Mädchen in ihre Hintern, Mädchen ohrfeigen Burschen nicht gerade zimperlich zurück. Recht so! Aus den Boxen dröhnen lautstark Reggaeversionen von Paul Anka bis Leonard Cohen. Niemand versteht niemanden, und dennoch suchen die Gäste eine Unterhaltung miteinander.

Schäbige Bars gleichen einander überall auf der Welt, zumindest darauf ist Verlass.

Eine junge Fidschianerin mit hübschem Gesicht zwinkert mir zu. Als sie mein Lächeln erwidert, entblößt sie anstelle eines Schneidezahns ein

Stück Gold in der oberen Zahnreihe. Ich halte inne. Einerseits verspüre ich keinerlei Bedürfnis danach, eine Frau näher kennenzulernen, da ich mit meinen Gedanken längst in Tuvalu bin und mich auf mein Abenteuer konzentriere und freue. »Aber andererseits ...«, denke ich, »... hätte ich doch gerne noch einmal Kontakt mit einer Frau, bevor ich mich für ein Jahr ins Exil begebe ...« Einmal in Tuvalu angekommen, so hatte ich mir hoch und heilig geschworen, würde ich die Einsamkeit der Zweisamkeit vorziehen und einem weisen Rat folgen: *»Don't fuck your office!«* Ein Jahr enthaltsam bleiben ... An der Bar bestelle ich zwei *Fiji Gold* und begebe mich zum fidschianischen Goldzahn.

Ein Dutzend Flaschen später finde ich den Goldzahn plötzlich gar nicht mehr so unattraktiv und will das dazugehörige Mädchen küssen. Natürlich weiß ich, dass der Alkohol mit mir durchgeht, aber gleichzeitig weiß ich es auch wieder nicht. Sie weist mich jedoch ab, nuschelt etwas von »Wir kennen einander zu wenig« und schickt mich los, um noch mehr Bier zu holen.

Während ich an der Bar auf meine Bestellung warte, schweife ich gedanklich ab. In Fidschi bin ich ausnahmslos auf liebenswerte, hilfsbereite und kommunikative Menschen getroffen. Die Wärme, die diese Menschen ausstrahlen, wirkt so natürlich, dass sie gar nicht gespielt sein kann. Gastfreundschaft zählt ebenso zur Grundvoraussetzung der Fidschianer wie das ehrliche Lächeln, das jedes Gesicht bei der Begrüßung schmückt – egal, ob die Leute einander kennen oder nicht. Schlechte Erfahrungen blieben mir erspart, bisher.

Ein junger Mann gesellt sich zu mir. Wir müssen etwa im gleichen Alter sein, ansonsten verbindet mich nichts mit dieser verschrobenen Figur. All seine Klamotten sind orange gefärbt. Er schwitzt stark und macht einen nervösen Eindruck. Als sich unsere Blicke kreuzen, fährt er mich an: »Was glotzt du denn so blöd, Freundchen?« Ich lächle, soweit ich in meinem Rausch noch kann, und schweige. »Hey, willst du mal etwas echt Krasses sehen?«, fragt er mich, öffnet seine Jacke, und eine Pistole kommt in seinem Hosenbund zum Vorschein. Auch seine Unterhose ist orange. Meine Hand umklammert das lauwarme Bier nun etwas fester.

Geist und Seele brauchen einen Augenblick, um wieder ins Gleichgewicht zu kommen. Ich schweige und starre mein Gegenüber an. »Ich bin verrückt«, sagt es, »und ich werde jetzt jeden Einzelnen hier abknallen.«

Spätestens jetzt ernüchtere ich schlagartig, bekomme Hitzewallungen, wenngleich ich irgendwie spüre, der Mann meint all das nicht ernst, ehe er fortfährt: »Ich bin Fidschianer, lebe aber in den USA. Sie haben mich mit Crack erwischt und wieder nach Hause geschickt. Darum muss ich jetzt hier sein, auf Entzug in diesem verkackten Fidschi.«

Verrückte reden doch nicht lange um den heißen Brei, sondern tun einfach, beruhige ich mich innerlich.

Außerdem erzählen sie dir nicht auch noch ihre Lebensgeschichte, oder? Dieses letzte »oder« wiederholt sich in meinem Kopf, immer und immer wieder, ehe mein neuer Freund meinen Gedankengang unterbricht. »Hey, hast du mich gehört? Ich knalle alle ab! Und mit dir fange ich an!« Er kommt einen Schritt näher und starrt mich an. Leblos und blutunterlaufen sind seine Augen, die Pupillen stark geweitet. Er stinkt nach Bier und Marihuana. Oh, Wurschtigkeitsgefühl, wo bleibst du bloß? Ich brauche dich dringend! Genauso aggressiv und penetrant wie dieser Blick erreicht mich auch sein Ton. »Was machst du überhaupt in Fidschi, du Penner?«

»Gar nichts«, antworte ich brav. »Ich bin nur auf der Durchreise und fliege morgen nach Tuvalu.«

»Tuvalu?«, stutzt der Herr in Orange. »Alter, was hast du denn dort verloren?« Zugegeben, ganz unberechtigt ist seine Frage nicht und außerdem entbehrt sie auch nicht einer gewissen Logik, aber zumindest will er nicht von mir wissen, wo sich Tuvalu überhaupt befindet. Die *Pacific Islanders* kennen ihre Nachbarn, wenngleich sie oft Tausende von Kilometern voneinander entfernt leben. Dennoch lässt sich seine Frage so einfach nicht beantworten, vor allem nicht in dieser Situation. Um mich herum dreht sich alles. »Ich …«, stammele ich und suche nach einer Antwort, die ihn zufriedenstellt, »ich fahre dort in Urlaub!« Der Mann blickt mich entsetzt an, boxt mich in die Schulter und stößt ein höhnisches Lachen hervor, ehe er ein Tänzchen am Tresen hinlegt. Offensichtlich amüsiert er sich köstlich. »Oh Mann, du tust mir echt leid«, seufzt er, »deine Chancen, dort flachgelegt zu werden, liegen echt bei null. Du solltest hierbleiben und unsere Schnitten ausprobieren.« Danke für den Ratschlag, du Flachzange, möchte ich ihm ins Gesicht brüllen. Stattdessen setze ich mein bestes Bühnenlächeln auf und erinnere mich an den Schnupperkurs im Boxen zurück. Wie ging das noch gleich mit der Links-Rechts-Kombination? Mein Freund fährt fort: »Tuvalu, diese Kannibalen dort futtern rohen Fisch. Einfach so! Ziehen ihn aus dem Meer und beißen ihm den Kopf ab. Krank und widerlich!« Ich mag rohen Fisch, denke ich. »Woher kommst du Idiot überhaupt?«, fragt er. Ganz schlecht, sagt mein Gefühl. Das klingt wie eine Art Fangfrage à la »Was ist deine Lieblingsfarbe?« Da kann ich nur verlieren, vor allem mit meinem Land und seiner Geschichte.

Und dann sage ich scheinbar magische vier Worte:
»I am from Austria.«

Meine ungewollte Bekanntschaft erstarrt und macht einen Schritt zurück. »Österreich?«, fragt er ungläubig. »Ja«, sage ich und zweifle, ob er für Österreicher im Speziellen ein paar zusätzliche Kugeln übrig hat. »Alter, ich habe in Los Angeles gelebt«, sagt er. »Ähm … wie schön für dich. Und?«, frage ich, unsicher, was ich mit dieser Information anfangen soll. »Gouverneur Arnold Schwarzenegger kommt doch aus Österreich, oder?« Das Gespräch beginnt surreal und zynisch zu klingen. »Ja«, erwidere ich und schüttele meinen Kopf. Schlagartig ändert sich seine Stimmung, und mein namenloser Freund setzt ein Lächeln auf, so strahlend und heiter, als gelte es, etwas zu feiern. Wieder tritt er auf mich zu, nur diesmal umarmt er mich. »Mann, ich liebe Arnold Schwarzenegger. Hast du *Kindergarten Cop* gesehen?« Ich weiß nicht, ob ich ihn auslachen soll oder ob er mich veräppelt, zumal die meisten im Ausland überzeugt glauben, Arnie sei Amerikaner. Sicherheitshalber halte ich die Klappe und erspare mir jeglichen Kommentar. Aufmunternd lächle ich ihn an und nicke. »Klar habe ich *Kindergarten Cop* gesehen!«

»Okay«, sagt er, »ich werde alle abknallen in diesem Scheiß-Club, aber dich lass ich am Leben. Du bist cool! Arnold Schwarzenegger ist cool!« Ich bedanke mich recht herzlich, nehme einen großen Schluck meines mittlerweile warm gewordenen Bieres und entschuldige mich kurz für den Gang auf die Toilette.

Auch wenn ich an diesem Abend meine letzte Chance verpassen würde, vor Tuvalu noch bei einer Frau zu punkten, verlasse ich die Bar und eile in mein Hotel.

Am nächsten Morgen am Fughafen durchforste ich verkatert, aber neugierig die aktuelle Ausgabe der *Fiji Times*, in der ich nach einem Bar-Massaker suche. Vergeblich! Dabei sehe ich die Schlagzeile förmlich vor meinen Augen: »Mann in Orange tötet 17 Menschen in Hafen-Diskothek, begleitet von ›Arnie, Arnie!‹-Rufen«. Stattdessen lese ich von einer tödlichen Massenkarambolage vom Vorabend. Auf der gleichen Seite wirbt ein Familienunternehmen für Grabsteinverzierungen.

Als die Maschine aus Fidschi abhebt und unter mir die verschmutzte Bucht Suvas zu einem grünblau schimmernden Flecken schrumpft, spüre ich Nervosität in mir hochsteigen. Trotz traumhafter Sonnenuntergänge, frischen Obstes, köstlich-scharfer indischer Küche und liebenswürdiger Menschen kann ich Fidschi nicht als »mein« Paradies bezeichnen, von dem ich schon lange träume. Dieses liegt noch vor mir – dank Arnie!

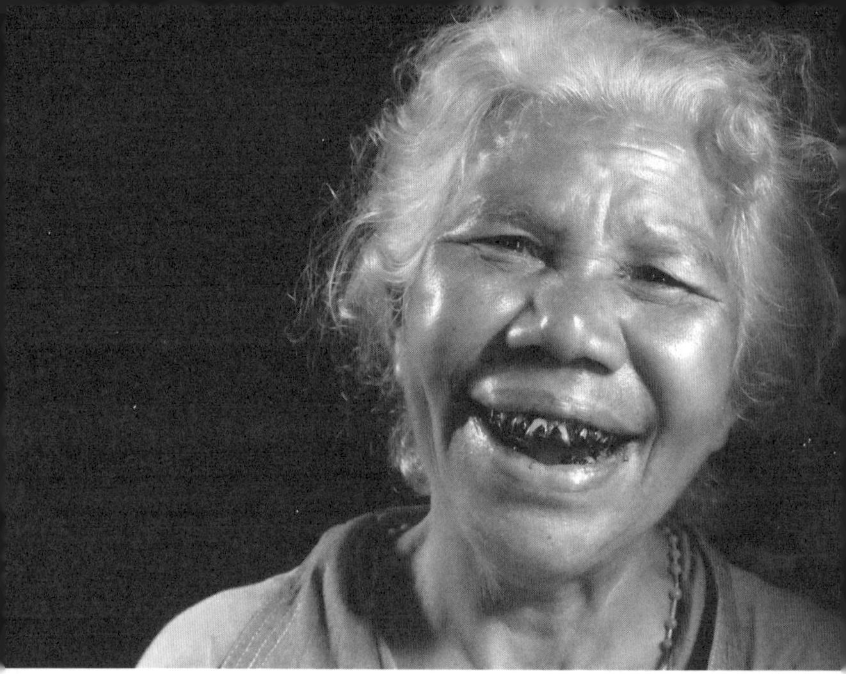

Indonesien

MEINE TAGE ALS BULE

Ich tauche ein in die Welt eines Dschungeldorfes auf der Insel Flores, erlebe das Leben der Menschen, erträume mir ihre Geschichten.

Von Isabel Gür

»Heute kommt eine Bule in unser Dorf. Großvater hat mit den Alten darüber gesprochen. Ich weiß nicht, was das ist, aber es muss etwas Aufregendes sein. Sie haben lange diskutiert und ihre Erfahrungen mit Bules ausgetauscht. Ich saß zwischen den Cassava-Stauden und traute mich nicht zu fragen. Putri sagt, er weiß was das ist. Er hat schon mal einen gesehen, als er mit Papa den Berg herabgestiegen ist, um Cassava zu verkaufen. Ich bin so aufgeregt, dass ich meine gebackene Banane nicht essen konnte. Putri hat sich gefreut und mich nur ausgelacht. Er will mir nicht sagen, was eine Bule ist…«

Barfuß stehe ich auf dem nassen Steinboden des dunklen Bambusverschlags neben dem Haus. Ein Loch oberhalb der Tür lässt gerade genug Licht durchschimmern, um den Wasserbottich und die Plastikkelle zu sehen. Nebenan grunzen die Schweine. Fünf sind es. Drei davon haben Ferkel. Um mich herum surren die Moskitos. Genussvoll kippe ich mir eine Kelle Wasser nach der anderen über den Kopf, wasche den Staub und Schweiß der langen Reise von mir. Ich bin in Ruteng, auf der Insel Flores, eine der kleinen Sundainseln Indonesiens. Der Waschraum gehört den Verwandten meiner Freundin Gutri. Aufgewachsen ist sie auf Flores, seit vier Jahren lebt sie auf Bali. Wir kennen uns erst zehn Minuten, als sie mich einlädt, mit ihr ihre Familie zu besuchen. Das war vor vier Tagen bei einem Kaffee in Sanur, Bali.

Wir wollen heute noch in das Dorf ihrer Großeltern. Gerade erst habe ich erfahren, dass sie eine Dankeszeremonie halten werden. *Caca Selek* genannt. Dafür, dass Gutri und ihre Brüder die Universität abgeschlossen haben. Für den Schutz, den die Vorfahren ihnen außerhalb des Dorfes geschenkt haben. Flores ist zum Großteil katholisch, die animistischen Traditionen und die Verehrung der Vorfahren wurden aber auch durch jahrelanges Missionieren der Portugiesen nie ganz aus den meisten Stämmen gelöscht. Zwei Stunden Autofahrt, dann eine Stunde Fußmarsch durch den Regenwald erwarten uns.

Erfrischt und erwartungsvoll trete ich ins Haus ein. »Das Schwein muss erst geschlachtet werden.« Ich höre diesen Satz, und mein Magen krampft sich zusammen. Schweine sterben laut. Sehr laut. Gutri liest mein Gesicht und versteht. »Wir gehen in den *Warung* Kaffee trinken. Ich kann das auch nicht mit ansehen.« Das Schwein wird als Geschenk für das Dorf mitgebracht. Besser gesagt, die Schweineteile.

Als wir zurückkommen, liegt der Schweinskopf zum Ausbluten in einem Plastikeimer, die Brüder hocken barfuß und mit freiem Oberkörper auf dem Boden und zerhacken das Fleisch. Blutspritzer auf den Armen, die Hände sind rot gefärbt. Der Onkel spült die Gedärme. An der Kette springt der Hund aufgeregt im Kreis. In der Luft liegt der süße, beißende Geruch von Blut.

Dann fahren wir los zu den Großeltern. Gutri, ihre Geschwister und ich. Die Eltern kommen später mit dem geschlachteten Schwein nach. Zu einem Mix aus Oasis, Bob Marley und Adele rumpeln wir im Jeep durch die Berge. Aus der Straße wird erst ein Weg, dann eine Schotterpiste. Vor einem Schlammloch parken wir den Jeep. Wir wandern im Regen durch die Dämmerung des Dschungels die Berge hoch. Die Flipflops im Matsch unbrauchbar, geht es barfuß weiter. Völlig durchnässt von Schweiß und Regen erreichen wir das Dorf.

Wir werden bereits erwartet. Alle wollen mich sehen. Mich, die Weiße. Die, die von weither kommt. Die kaum *Bahasa* spricht. Drei Kinder verstecken sich hinter dem Sarong der Mutter. Der aus Baumwollfasern gewebte bunte Stoff dient Frauen wie Männern um die Hüfte gewickelt als Kleidungsstück und nachts als Decke. Ein kleiner Junge sitzt auf der nassen Holztreppe und starrt mich mit seinen braunen Augen an. Sein Haar ist kurz geschoren. Er trägt ein Trikot vom FC Barcelona. »Wie diese Sachen nur immer in die entlegensten Ecken der Welt kommen«, denke ich mir. Ich knie mich vor ihm hin und verstecke mein Gesicht hinter beiden Händen. Dann ziehe ich sie ruckartig weg und rufe »Kuckuck!«. Er lacht. Ich strecke ihm meine Hand hin, er schlägt ein. Jetzt sind wir Freunde.

Wir werden in das größte Haus des Dorfes eingeladen. In einem kaum beleuchteten Raum versammeln sich Alte und Kinder auf Bananenmatten auf dem Boden. Gutri und ihre Geschwister begrüßen alle und stellen mich vor. Die Frauen nehmen meine rechte Hand mit beiden Händen und drücken erst die rechte, dann die linke Wange an meine. Die Männer schütteln meine Hand, beugen kurz den Kopf und legen ihre rechte Hand ans Herz. Ich tue es ihnen gleich. Ein Zeichen des Respekts. Draußen brummt ein Dieselgenerator.

Gutri platziert mich in der Mitte der Frauen. Meine Indonesischkenntnisse beschränken sich auf grundlegende Floskeln, Englisch spricht außer Gutri niemand. Selbst mit ihren Brüdern kommuniziere ich mehr per Handzeichen und Grimassen. Jedoch erklärt sie mir detailliert während der ganzen Zeit, was die Dorfbewohner von mir halten. Welche Fragen sie Gutri über mich stellen, was sie verwundert, was sie denken. Und Gutri erzählt mir ihre Geschichten, wer aus welchem Dorf kommt, wer wie viele Kinder hat, welche Stellung im Dorf, wie der Tagesablauf ist.

Somit tauche ich ein in die Welt des Dschungeldorfes, erlebe ihr Leben, erträume mir ihre Geschichten.

Die älteren Kinder laufen los und machen Kaffee. Kaffee, der hier überall wächst. Dazu bringen sie in Kohle gebackene Bananen. Ich bin fasziniert. Und die Zeremonie hat noch nicht mal angefangen. Die Gesichter der Frauen sind so fein und zart. Tiefe Falten legen sich um braune Augen und kleine Nasen. Mit gekrümmtem Rücken hocken sie auf dem Boden und verschwinden fast in ihren bunten Sarongs. Ihre Gesichter erzählen Geschichten. Geschichten eines langen Lebens im Regenwald, auf dem *Cassava*-Feld, der Geburt vieler Kinder. Ihre Zähne sind schwarzrot. Das Ergebnis des jahrelangen Kauens der Betelnuss. Während wir durch den Regenwald liefen, erzählte mir Gutri die Geschichte ihrer Familie. Wie sich ihre Großeltern kennengelernt haben, welche Bräuche es gibt, wen ich dort alles antreffen werde. Der Kaffee wärmt mich, mein nasses Shirt klebt am Körper, und ich lasse die Eindrücke auf mich wirken. Dann betritt der Großvater den Raum.

»Ich wurde im Jahr des großen Regens geboren. Als die Cassava-Felder überschwemmt wurden und der Kakao noch an der Staude verfaulte. Als der Berg auf unser Dorf rutschte. Das war vor 76 Jahren. Meine Eltern gaben mir den Namen Klemens. Unser Volk ist katholisch, seit Generationen haben unsere Kinder meist christliche Namen. Meine erste Frau war das schönste Mädchen im Nachbardorf – Lucia. Ich bat meinen Vater, bei ihrem um ihre Hand für mich anzuhalten. Unsere Onkel verhandelten den Brautpreis. Die Familie des Mannes zahlt für die Frau. Als Dank dafür, dass sie sie aufgezogen haben, und ein Zeichen, dass der Mann reich genug ist, für sie zu sorgen. Für ein Kalb und zwei Hühner durfte sie mich heiraten. Bei der Zeremonie wagte ich kaum, sie anzusehen. Ihre Augen waren tiefschwarz und wirkten weise. Obwohl sie erst 18 Jahre alt war, war sie weise. All die gemeinsamen Jahre nach der Hochzeit war sie meine Beraterin. Ihr anmutiger Rücken blieb auch nach der Geburt unserer sieben Kinder und all den Jahren harter Arbeit auf dem Feld gerade. Ihr Tod kam langsam. Der Husten wurde trockener, sie aß nicht mehr. Am Ende war sie wieder wie ein Kind. Lag klein und zerbrechlich auf der Matte zwischen den Kissen, gehüllt in ihren Sarong. Nur das Schütteln des Hustens bewegte sie noch. Bis auch das ausblieb. Als sie starb, krabbelte ein blauer Käfer über ihre Hand. Unsere Söhne und Töchter kamen aus Ruteng, Mborong und den anderen Dörfern. Drei Tage hielten wir Wache für ihren Geist. Dann begruben wir sie neben unserem Haus. Unsere nächsten Verwandten ruhen stets neben uns. Neben meiner Frau liegt meine Mutter. Heute kommen meine Enkel zu Besuch. Wir werden Caca Selek halten. Meine Enkelin Gutri war zuletzt vor drei Jahren hier.«

Als der Großvater den Raum betritt, wird es kurz still. Er begrüßt den Sohn, die Enkel, dann mich. Er ist sehr groß, schlank, die Haare sind weiß, hinter den Ohren wachsen sie in wilden Büscheln. Auf dem Kopf trägt er die *Sapu*, eine traditionelle Kappe. Er ist 76, sein selbstsicheres Auftreten verrät seine Position. Ein fehlender kleiner Zeh, die gegerbte Haut und die vielen Falten verraten Alter und ein Leben, ausgerichtet an Erntezeiten, Fütterungszeiten, Regenzeiten. Er legt meine Hand in seine großen rauen Hände, ich senke meinen Blick und verbeuge mich leicht. Dann blicke ich in seine erfahrenen Augen. Der Raum füllt sich. Mehr Alte, mehr Kinder. Mehr Dorfbewohner, die die Weiße sehen wollen. Manche stehen schüchtern im dunklen Türrahmen. Eine junge Frau mit Baby im Tragetuch steht lange dort, blickt zu mir, fixiert dann ihre Füße. Gutri geht auf sie zu, ermuntert sie, einzutreten. Unsere rechten Hände berühren sich, Wange an Wange, erst rechts, dann links. Sie setzt sich neben uns, eine Cousine. Das Baby lutscht an einem Stück Banane. Jetzt versammeln wir uns alle zu einem großen Kreis, die Kinder bringen weitere Runden Kaffee und Alkohol, gewonnen aus den Früchten einer speziellen Palmenart. Für die Männer. Frauen trinken nicht. Sie kauen Betelnuss. Aus einem Plastikeimer wird der zähflüssige weiße Saft durch ein Sieb in die schon klebrigen Gläser gegossen. Eines wird mir als weiblichem Ehrengast gereicht. 40 Augenpaare beobachten meine Reaktion. Kein Entkommen. Ich nippe am klebrigen Rand des Glases. Der Alkohol schmeckt sauer und ist zäh im Abgang. Meine Gesichtsmuskeln gehorchen mir nicht, ich muss ein absurdes Bild abgeben. Schüchtern hebe ich meinen Blick und schaue in die Runde. Dann zeigt mein kleiner Freund auf mich, lacht los, bricht das Eis, und das gesamte Dorf bricht mit ihm in Gelächter aus. *»Bule! Bule!«*

Die Bule, das bin also ich. Die Ausländerin.

Mein Herz springt, nur ganz kurz, und ich stimme mit ein.

Ich sitze im Dschungel in Flores in dem Haus des Großvaters meiner Freundin und bin überwältigt. Von der Erfahrung, von den Überraschungen, die das Leben dir anbietet, wenn du nur »Ja« sagst. Wenn du die weichgekaute Komfortzone verlässt, die du dir jahrelang, Schicht um Schicht, aufgebaut hast: Deine Wohnung, dein gemütliches Bett, das saubere Bad und den pünktlichen Nahverkehr.

Ich habe das getan, was mir das Leben schon seit Jahren ins Ohr geflüstert hat: »Das Abenteuer wartet schon, wage es, lass alles hinter dir, zieh los. Beweg dich!«

Und jetzt, hier, in der Mitte des Dorfes, den Geschmack sauren Alkohols auf der Zunge, flüstert das Leben nicht mehr. Es schreit! Es jubelt! Es tanzt!

Es zeigt mir mit allen Sinnen: du bist hier richtig! Das ist es, was du gesucht hast. Das kantige, wilde, raue, lustvolle Leben! Und in mir spüre ich diese Ruhe und das Glück, welches sich in den letzten eineinhalb Jahren erst eingeschlichen und dann festgesetzt hat.

Neben dem Haus ist ein Bretterverschlag. Auf dem festgetretenen Erdboden gibt es zwei Feuerstellen. In der Glut liegen immer ein paar Bananen, auf dem Feuer steht ein großer Bottich mit Wasser, schwarzer Ruß hat sich am unteren Drittel des Topfes festgesetzt. Auf dem zweiten Feuer kocht Reis. Barfuß betrete ich den Raum, hocke mich zu den Frauen und Kindern. Die Frauen bereiten das Essen zu. Gutris Cousine balanciert mit ihrem Baby vor dem Feuer.

»Vorsichtig schiebe ich das Holz weiter in die Glut. Dieser Tage muss das Feuer immer brennen. Ich muss Wasser kochen für Kaffee, muss kiloweise Reis kochen, muss das Schwein grillen. Heute wache ich über das Feuer. Wenn ich frischen Kaffee ins große Haus bringe, sehe ich die Bule. Sie ist so anders. Ihre Haare sind golden. Sie trägt ein Hemd und Hosen und sitzt so seltsam. Gestern hab ich sie hocken sehen, aber nicht auf flachen Füßen wie wir, sie balanciert auf ihren Zehenspitzen. Meine Brüder reden über sie, machen Scherze. Aber ich sehe in ihren Blicken, dass

sie gerne mit ihr sprechen würden, ihre weiße Haut berühren, verstehen, woher sie kommt. Oder ist das nur mein Wunsch? Meine Tante sagt, die Bule ist schon in vielen Ländern gewesen. Nicht nur auf den indonesischen Inseln, sondern weiter weg. Da, wo es keine Inseln gibt. Keinen Kakao und kein Cassava. Was essen die Menschen, wenn sie kein Cassava haben? Nur Reis? Die Bule lächelt mich immer an. Heute saß sie eine Stunde mit mir in der Hütte am Feuer und hat zugesehen, wie wir Knoblauch und Kurcuma stampfen, Papayablätter kochen, Cassava schälen. Keiner passt mehr in die Hütte. Alle Kinder drängen sich um sie. Mein kleiner Bruder ist verliebt in sie, klettert immer auf ihren Schoß. Ich wäre auch gern noch jung, dann könnte ich mich ihr nähern. Sie macht Bilder mit einer Kamera. Meinem Bruder erklärt sie, wie es geht. Er ist erst sechs, aber sehr schlau. Mit dem Band um den Hals ist er stolz mit der Kamera herumgelaufen und hat alles fotografiert. Auch Mama. Die Bule hat ihr dann auf einem bunten Fenster in der Kamera das Foto gezeigt. Mama hat fast geweint, so stolz war sie auf unseren Bruder.«

Zu zwanzigst haben wir auf den Matten im großen Raum geschlafen. Die Nacht komponiert eine bizarre Sinfonie aus Schnarchen, Stöhnen und den Hähnen, die ab drei Uhr morgens den Sonnenaufgang herbeibeschwören wollen. Um fünf Uhr stehen wir wieder auf, es ist noch dunkel. Der Dieselgenerator wird nur abends für ein paar Stunden angeschmissen. Die Frauen kochen Kaffee, backen Bananen in der Glut. Ich weiß nicht, wie die Zeremonie heute ablaufen wird, aus Gutri ist nicht viel herauszubekommen. Für sie sind diese Feste normal. Also tue ich, was mich das Reisen gelehrt hat: abwarten und lächeln. Zum Sonnenaufgang drehen wir beide eine kleine Runde durchs Dorf. Begleitet von einer Horde Kinder. Ich bekomme eine Einführung in Flores Flora. *Cassava*, Bananen, Kakao, Papaya, Mais, Zuckerrohr. Hier muss man nur den Samen auf den Boden schmeißen, und alles wächst. Die jungen Blätter des Papayabaumes werden als Beilage gekocht, sie schmecken bitter. In eine der Hütten treten wir ein. Eine alte Frau begrüßt uns mit müdem Lächeln. Auf dem Boden ist ein Berg aus Matten, Sarongs und Kissen. Dazwischen verschwindet fast eine noch ältere Frau. Gutris Urgroßmutter. Sie ist 94 und seit mehreren Wochen krank. Ihre jüngste Tochter, selbst schon fast 70, pflegt sie Tag und Nacht. Bettet sie um, kocht Brei, streichelt unentwegt die Arme und Hände ihrer alten Mutter. Sie hat selbst nie geheiratet. Die jüngste Tochter bleibt oft bei der Familie, um sich später um die Eltern zu kümmern. Als die Alte uns sieht, fängt sie an zu weinen. Wir halten auch ihre Hand. Wie Papier fühlt sie sich an. Sie weiß, dass sie bald sterben wird. Wir wissen es auch. Im Dorf kann man den Kreislauf von Leben und Tod gut beobachten. Alle kümmern sich gemeinsam um die Kinder (ich weiß nie, wer wirklich die Mutter welcher Kinder ist), die Alten werden integriert, mit höchstem Respekt behandelt und bis zum Ende begleitet.

> Gutri macht einen Scherz über die weißen Haare der Urgroßmutter, sie hört auf zu weinen und verfällt in ein glucksendes Gelächter.

So sind die Menschen hier. Sie lachen, sie scherzen, haben keine Angst vor Gefühlen, dem Tod oder Berührung. Was ich hier erleben darf, ist nicht mehr als die grundlegende Kultur des Dorfes, geprägt von Liebe, Respekt und Achtsamkeit im Miteinander. Und doch erscheint es mir so besonders, wenn ich an all die Diskussionen und ernsten Gesichter unserer westlichen Welt denke. Am nächsten Tag besuchen wir sie noch einmal zum Abschied. Gutri weiß, es ist das letzte Mal, dass sie sich berühren.

Wieder zurück, waschen wir uns alle vor dem Haus. Wir ziehen den Sarong bis über die Schultern und waschen uns wie in einem kleinen privaten Zelt. Dann wickeln wir uns festlich bestickte Sarongs um die Hüften und ziehen Blusen an. Nach und nach versammeln sich um die

60 Menschen im Raum. Männer auf der einen, Frauen auf der anderen Seite. Wenn ich mich bewege, aufstehe, um Fotos zu machen, meinen Kaffee trinke, folgen mir die Blicke der Männer. Aber es sind keine anzüglichen Blicke, eher schüchtern. Sie wundern sich über mich. Einer kommt auf mich zu: »*Miss, may I introduce myself. My name is Johann.*« Einer der wenigen, der Englisch spricht. Er lebt nicht mehr im Dorf, ist nur zur Zeremonie angereist. Wir unterhalten uns kurz. Als er zurück zu den Männern geht, lachen alle, klopfen ihm auf die Schulter, sagen Sachen wie »Hochzeit« und »Freundin«. Ich wische mir mit dem Handrücken den Schweiß von der Stirn.

An der langen Seite des Raumes, vor einem kleinen Altar mit Marienstatue und Bildern der Vorfahren, sitzt der Großvater. Links von ihm die Brüder Hans und Gustav, rechts davon Gutri und ich. Vor ihm steht ein Teller. Er spricht langsam und beschwörend. Kein Bahasa Indonesia, sondern Flores-Sprache. Nach und nach füllt er den Teller mit einem Löffel Reis, einem Schluck Alkohol, Tabakblättern, Geld. Geschenke für die Vorfahren. Einer der Jungen kommt mit einem weißen Huhn auf dem Arm in den Raum. Da dämmert mir, dass Tabak und Reis wohl nicht die einzigen Geschenke sein werden. Ich blicke zu Gutri, sie bestätigt meine Ahnung. Das Huhn wird geopfert. Der Junge sitzt jetzt vor dem Großvater, hält das erstaunlich ruhige Huhn auf dem Schoß und streichelt seine Federn. Immer wieder. Das Zeremoniell geht weiter, der Großvater segnet das Huhn, von irgendwoher wird eine Steinschale gereicht. Darin liegt ein großes Messer. Das Huhn ist jetzt nicht mehr so ruhig. Es zappelt in den immer noch streichelnden Händen des Jungen. Vier Männer gruppieren sich um uns. Einer hält den Körper, ein anderer streckt den Hals des Huhnes lang. Es ist fast ganz weiß. Gutri flüstert: »Das Huhn muss vorwiegend weiß sein und darf heute morgen kein Ei gelegt haben.« Der Großvater nimmt das Messer und schneidet langsam die Kehle des Huhnes durch. Langsam. Es zappelt weiter. Blut tropft in die Schale. Ich schaue weg, doch Gutris Mutter bedeutet mir, Fotos zu machen. Jetzt wird es in der Mitte aufgeschnitten und eine Sehne herausgeholt. Diese muss weiß und gerade sein, dann bringt es Glück. Sie ist es. Die Dorfbewohner kommen näher, um einen Blick auf das geöffnete Huhn zu haben. Zustimmendes Gemurmel. Für mich als Vegetarierin eine Erfahrung. Zum Essen gibt es heute Schwein und Huhn. Beim Essen setze ich mich neben eine der Alten, die mir besonders sympathisch ist. Sie ist die einzige Frau, die neben der Betelnuss auch Alkohol trinkt und die mir immer wieder verschwörerisch zuzwinkert.

Es ist eine der Schwestern von Gutris Großvater. Sie ist um die 70.

»Die Bule ist schon 33 Jahre alt, aber sie ist nicht verheiratet. Sie hat auch keine Kinder. Ich weiß, dass dies in anderen Kulturen so ist. Mit 33 hatte ich bereits meine fünf Kinder. Ich mache mir Sorgen um sie. Ganz alleine, ohne ihre Familie. Wer behütet sie denn? An wen wendet sie sich bei Fragen? Ich möchte sie beschützen. In ihrem Sarong sieht sie sehr schön aus. Gemeinsam saßen wir gestern auf den Matten und heute in der Küche. Ihre Zähne sind sehr weiß. Heute haben wir ihr gezeigt, wie man die Betelnuss mit Tabak und Kalk mischt und in der Backe verschwinden lässt, um den Saft zu saugen. Ich glaube nicht, dass es ihr geschmeckt hat. Sie hat bereits nach kurzer Zeit den roten Saft in den Plastikeimer gespuckt, den wir wie immer herumreichten. Es ist schön, dass das Dorf heute zusammenkommt. Nur meine Mutter und meine jüngste Tochter fehlen. Sie ist zu schwach, um die Hütte zu verlassen. Bald werden wir wohl Totenwache halten.«

Nachdem das Huhn geopfert und die letzten Worte gesprochen sind, huschen die älteren Kinder aus dem Raum, um das Essen zu bringen. Schalenweise roter und weißer Reis, Bohnen mit Knoblauch, gekochte *Cassava*, Papayablätter, gegrilltes Schwein und Huhn. Dazu Chili in allen Formen. Roh, gekocht, als Soße, gemischt mit Zwiebeln und Limetten. Alles wird erst in der Mitte des Raumes platziert. Dann werden die Schalen von den Kindern herumgereicht. Für mich gibt es vier

Eier. Ich denke, keines davon war von dem geopferten Huhn. Drei Eier gebe ich an Gutri, Hans und Gustav weiter.

Am nächsten Tag verabschieden wir uns von allen. Die junge Frau mit Baby übergibt mir eine Papaya. Schwer liegt sie in meinen Händen. »*Terima kasih*« sage ich, während ich die Frucht mit beiden Händen entgegennehme. Auf dem Weg nach unten erzählt mir Gutri detailliert, was die Dorfbewohner über mich gesagt haben. Wie sich die alten Frauen um mich gesorgt haben, die jungen Frauen neugierig auf und der Großvater voller Respekt für mein Abenteuer waren.

Caca Selek schließt eine alte Episode im Leben. Jedoch nur, um Platz für eine neue zu machen. Alles ist im Fluss, nichts ist von Dauer. Selten war es mir so bewusst wie hier, in einem kleinen Dschungeldorf in Indonesien. Dann beginnen wir den Abstieg. Alle winken zum Abschied, mein kleiner Freund nimmt meine Hand und läuft noch ein ganzes Stück mit. Den Berg hinunter. Zurück zu Straßen, Handyempfang und Betten.

Mongolei

GEKRITZEL IM SAND GEGEN DIE GROSSE EINSAMKEIT

Einmal alles hinter sich lassen – wo kann man das besser als in der Mongolei? Dort, wo die Natur noch unberührt scheint und Kontakt mit Menschen ein seltener Luxus ist.

Von Franziska Bär

Mit einem Rucksack auf den Schultern, der voll bepackt halb so groß ist wie ich selbst, wütend, verzweifelt und mit Tränen in den Augen stehe ich bis zur Hüfte in einem tosenden Fluss. Ich stecke fest, weil die Strömung hier an der tiefsten Stelle plötzlich so stark ist, dass ich mich keinen Schritt weiter traue. Hebe ich jetzt nur einen Fuß weg vom glitschigen Steinboden, reißen mich die Wassermassen mit, und mein viel zu großer Rucksack verwandelt sich in einen Anker, der mich runter auf den glitschigen Boden zerrt und nie wieder nach oben lässt. Da bin ich mir sicher. Das Wasser strömt allerdings nicht nur mit erschreckender Wucht zwischen meinen Beinen durch, sondern auch in einer Eiseskälte. Natürlich, es ist Gletscherwasser. Die schneebedeckten Gipfel der 4000 Meter hohen Berge sehe ich in diesem Moment sogar. Dass mich kein ruhiger Tümpel in Badewassertemperatur erwartet, hätte ich mir denken können. Einen anderen, trockenen Weg konnte ich trotzdem nicht wählen. Wege gibt es hier nicht. Ich bin froh, wenn ich nicht wieder von Hügelchen zu Hügelchen, von einem Quadratmeter festem Untergrund zum nächsten springen muss, um einen Sumpf zu durchqueren. Dabei muss ich aussehen wie die Figur aus einem alten Computerspiel, die auf Befehl der Pfeiltasten auf und ab hüpft, um nicht zu versinken. Nicht untergehen, nicht versumpfen, immer weiterlaufen – dieses Credo begleitet mich wochenlang.

Jetzt aber erwischt es mich schlimmer. Ich stecke in einem Gletscherfluss fest, irgendwo in einem kleinen Tal im Westen der Mongolei. Will nicht vorwärts, nicht rückwärts. Will mich eigentlich nur an einen warmen Platz setzen und essen, oder immerhin raus aus dem Fluss. Selbst das erscheint mir in diesem Moment unmöglich. Wieder fühle ich das Gewicht meines Rucksacks auf den Schultern und habe den Anker vor Augen, der er gleich sein wird. Bis mich etwas aus den Gedanken reißt. Mein Weg- und Reisegefährte, mein Partner zu allen Zeiten, der nicht nur in der Mongolei von Tag zu Tag mehr zu meinem

Helden wird, steht am anderen Ufer und schreit mich an. Er brüllt so laut er kann, wirkt dabei Welten entfernt. Seine Stimme mischt sich mit dem Krach des tosenden Wassers, das meine Beine umspült. »Geh! sofort! weiter! Geh! sofort! weiter!« Er merkt, dass die Situation für mich längst beängstigende Ausmaße angenommen hat. Die Erlebnisse der vergangenen Wochen brodeln in mir, Stärke und Kraft hat der Fluss in dieser Sekunde weggespült. Die entfernte Stimme schreit weiter, ich stehe gedankenverloren da, wie weggetreten und unfähig, einen klaren Gedanken zu fassen. Geschweige denn, einen festen Schritt nach vorne zu wagen.

Am Ende ist es Felix, der seinen Rucksack neben sich auf den Boden wirft, die eigenen Wanderstöcke fest umkrallt und mich mit letzter Energie aus dem Fluss schleift. Am Ufer sitze ich zitternd, ich weine und weiß nicht, was mich mehr mitnimmt: Dass meine Zehen inzwischen blau vor Kälte sind oder das Wissen, dass es im unbekannten Umkreis niemanden gibt, der uns irgendwann zu Hilfe gekommen wäre. Vielleicht treibt nur zehn Kilometer entfernt ein Nomade Ziegen auf seinem Pferd durch das enge, schluchtartige Tal, vielleicht ist er auch 80 Kilometer weit weg. Der Gedanke löst ein Gefühl von Freiheit aus, aber genauso macht er mir auch Angst – eine so große Angst, wie ich sie noch nie zuvor verspürt habe. Obwohl die Mongolei mehr als viermal so groß ist wie Deutschland, leben dort nicht einmal drei Millionen Menschen. Mit jedem Schritt, den wir auf mongolischen Boden entlangstolpern, bekommen wir das zu spüren.

Natürlich wussten wir, worauf wir uns einlassen. Das war es sogar, was die Anziehung dieses Landes für uns ausgemacht hat. Wir wollten dem Leben in Deutschland auf unbestimmte Zeit entfliehen. Dem Alltag, der Stadt und den gesellschaftlichen Konventionen, die uns immer häufiger störten. Mit Astronautennahrung, einem Benzinkocher und 100 Jahre alten russischen Militärkarten wollten wir zurück zu Null und uns selbst beweisen, dass das einfache Leben so viel mehr zu bieten hat, als wir bisher wussten. Die Mongolei als der Staat mit der weltweit niedrigsten Bevölkerungsdichte und unberührter Natur, die von Wüste in Steppe in Hochgebirge übergeht, war genau das, wonach wir suchten. Und das, was wir brauchten.

Die Menschen dort sollen gleichzeitig die herzlichsten der Welt sein. Wenn man sie eben aufspürt.

Die schüchternen Mongolen zu treffen ist die eine Herausforderung. Kontakt aufzunehmen die zweite. Sich dann tatsächlich zu verständigen die dritte und größte. Die ganze Last des beinahe 20 Kilo schweren Überlebenspaketes auf meinem Rücken scheint sich in Luft aufzulösen, als wir am Horizont nach Tagen ein kleines, dreckig-weißes Rundzelt mit dampfendem Schornstein erkennen. Eine mongolische Jurte, in der mindestens zwei Generationen wohnen und in der mehrere Kilo harter Ziegenkäse und fettiges Fleisch lagern. Die unendliche Verlorenheit, die mich völlig zu verschlucken scheint, wenn ich mich im tosenden Fluss keinen Schritt weiter traue oder wenn der Sturm nachts droht, unser Zelt niederzureißen, ist dann wie weggeblasen.

Die Jurte – ein Muntermacher, ein Lichtblick, eine erleichternde Abwechslung in der großen Einsamkeit.

Auch wir bleiben nicht mehr lange unbemerkt. Bedrohlich große Greifvögel kreisen über unseren Köpfen, der Falkner ist das Familienoberhaupt der Jurte. Hunde preschen kläffend auf uns zu, gefolgt von einem Reiter und Kindern, die schreiend und mit roten Bäckchen hinter ihnen herrennen. Willkommen auf Mongolisch. Das muss all das heißen, denken wir. Denn schon kurze Zeit und einige anstrengende Schritte später sitzen wir auf einem geknüpften Teppich in der Jurte, eingepfercht zwischen einem Haufen halb rohem, fettigen Fleisch, Schüsseln mit gegorener Stutenmilch und allen Familienmitgliedern, die uns wortlos anstarren. Unsere Unbeholfenheit lässt das ein oder andere Lächeln über ihre Lippen huschen, dann friert ihr Blick wieder ein. Bestimmt kein Zeichen von Forschheit. Ihre Zurückhaltung mischt sich mit Scham, keine andere Sprache zu sprechen als ihre eigene, und mit ihren oft so markanten Gesichtszügen, die osteuropäische Wurzeln erahnen lassen.

Wir malen unser Alter in den Sand. 22. 30. Sie machen es uns nach und zeichnen die Lebensjahre sämtlicher anwesender Familienmitglieder daneben. Manchmal wohnen acht, neun oder zehn von ihnen in ein oder zwei Jurten. Dann ist der staubige Sandstreifen zwischen Teppich und Tierfell voller Zahlen. Wir zeigen ihnen unsere alten russischen Militärkarten, deren Ortsnamen wir vorher übersetzt haben. Sie sind die einzigen Landkarten, die für unser Vorhaben, den mongolischen Westen zu Fuß als Selbstversorger zu durchqueren, präzise genug waren. Mit unseren Fingern fahren wir die Route nach, zehn Köpfe beugen sich über den blassen Kartenabschnitt, die Augen werden riesig. Dann nicken alle, und einer von ihnen schwingt Zeige- und Mittelfinger so von vorn nach hinten, als würden die Finger laufen. Er schaut fragend, wir nicken, dann bekommen wir von ihm den Daumen nach oben. Fortan ist das die Geste, mit der wir den Mongolen unser Vorhaben erklären. Zwei Finger wackeln, und sie verstehen uns. Besser könnten wir es nicht ausdrücken. Unser Mongolisch begrenzt sich auf ein paar Höflichkeitsfloskeln und die Worte Wasser, Fluss und Dorf. Englisch ist in der mongolischen Steppe noch nicht angekommen. Unsere Notwaffe: Ein kleines Buch mit 600 Bildern, die sämtliche Lebenssituationen widerspiegeln sollen. Unser Ohne-Wörter-Buch, das aussieht wie ein Bildband für Kinder und oft für ein Schmunzeln sorgt. Mehr aber nicht.

Am Ende wackeln wir wieder mit den Fingern, die Mongolen strecken ihre Daumen nach oben, und wir marschieren weiter. Schnell holt uns die Einsamkeit ein.

Zu zweit allein, andauernd, umgeben von so vielem und doch nichts.

Ein paar Zahlen im Sand sind der Kontakt, nach dem wir uns nach Tagen des Alleinseins so sehr sehnen. Jede Zahl, jedes schnelle Lächeln und die kleinen wackelnden Finger sind von großer Bedeutung für uns. Für kurze Zeit strömt dann Beruhigung durch unsere Körper, und wir zehren von ihr, wenn wir vor dem nächsten Fluss stehen. Untereinander brauchen wir dann längst keine Worte mehr, auch kein Gekritzel im Sand. Wir schauen einander an und erahnen, welche Gedanken dem anderen gerade durch den Kopf jagen.

Wir bauen aufeinander, vertrauen uns völlig. Sonst ist sowieso niemand da, nur wir und ein halbes Kilo Käse in der Jackentasche, das wir in der Jurte nicht ausschlagen durften. Wir funktionieren zusammen wie in Wechselwirkung. Das eine Mal muss Felix mich aus dem Fluss schleifen, weil ich wie in Schockstarre zwischen den Fluten gefangen bin. Das andere Mal stürzt er schwer bepackt in die Wassermassen. Dann bin ich diejenige, die ihn anschreit und den Wanderstock schließlich als Rettungsleine benutzt. Bei diesem Sturz ins Wasser verliert Felix nicht nur das halbe Pfund Käse aus seiner Jackentasche, sondern auch eine Menge Energie aus dem Tank, der sich bei jedem Kontakt mit Einheimischen oder Glücksmomenten in der unendlichen Weite wieder füllt. Immer dann, wenn der Energiestand unserer Tanks in den rot gefärbten Reservebereich absackt, passiert ein kleines Wunder, das unsere Kraftreserven wieder übersprudeln lässt.

Die Wanderstiefel noch nass vom Vortag im Fluss, stehe ich an diesem Morgen mit der Zahnbürste im Mund vor unserem Zelt. Nach einer Nacht, in der die Temperatur nur knapp über null Grad gewesen sein kann, friere ich. Mit den nassen Schuhen und der klammen Hose erst recht. Wenn ich jetzt daran denke, meinen schweren Rucksack wieder zu schultern und auf der Hüfte an der Stelle festzuzurren, die mittlerweile schon wund von der ständigen Reibung ist, will ich mich im Zelt verkriechen. Auch, wenn es dort feucht und modrig riecht.

Lange höre ich die groben Rufe nur. Ein kratziges »Hoi, hoi, hoi« hallt durch das enge Tal, vorbei an dem steilen Berghang, in dessen Schutz wir unser Zelt aufgeschlagen haben. »Hoi, hoi, hoi! Hoi, hoi, hoi!« Die Schreie werden lauter. Klingen, als ob ein Urvolk zur Jagd aufbrechen würde. So zumindest hätte ich mir das vorgestellt. Der Anblick, der sich uns Minuten später bietet, erschlägt uns beinahe. Eine Herde Dutzender Pferde donnert auf uns zu. Ein riesiger Krach. Wiehern, Tiergeschrei, »Hoi, hoi, hoi«. Als uns die Nomaden auf ihren Pferden entdecken, scheinen sie ebenso entgeistert wie wir. Was machen wir da auch? Und was machen die? Als eine Horde unzähliger Yaks folgt und Hunderte Ziegen fast zeitgleich den steinigen Berghang entlangschlittern, dämmert es uns: Es ist Herbst, zweimal im Jahr ziehen die Nomaden um. Einmal kurz vor Winter, einmal kurz danach. Die Wahrscheinlichkeit, Zeuge eines solchen Ereignisses zu werden, geht gegen null. Und so stehe ich da, zur richtigen Zeit am richtigen Ort, die Zahnbürste in der Hand, Tränen in den Augen, und kann mein Glück kaum fassen.

Die Pferde galoppieren in erschreckendem Tempo auf uns zu, streifen unser Zelt beinahe, machen kurz vorher schockiert einen Satz zur Seite.

> Mit unserem Zelt sind wir Eindringlinge in einer ganz eigenen Welt, die an uns vorbeizieht wie im Traum.

Als der älteste Nomade, wahrscheinlich das Familienoberhaupt, auf unserer Höhe ist, zieht er die Zügel stramm und befiehlt seinem Pferd, zügig stehen zu bleiben. Unter seinen Füßen baumeln ein paar Balken des Jurten-Gestells, die woanders keinen Platz mehr fanden. Auf einem Dromedar, das er an einem Strick hinter sich her zerrt, sitzt das jüngste Familienmitglied in einem selbst zusammengezimmerten Kindersitz.

Er grüßt uns, doch weil unweit entfernt immer noch Hunderte Ziegen mit einem riesigen Krach den schottrigen Berghang entlangschlittern, können wir ihn kaum hören. Wir bewegen Mittel- und Zeigefinger und zeigen ihm, dass wir laufen. Ich strecke meinen Arm in die Richtung, die wir anpeilen. Versteckt zwischen steinigen Gipfeln liegt dort ein Bergsee. *Khukh nuur*, das Ziel unseres Marsches durch den Westen der Mongolei. Der Nomade auf seinem Pferd versteht, lächelt, und es sieht so aus, als würde ein Funken Mitleid über sein Gesicht huschen. Wenige Stunden später, als die Nomadenfamilie mit all ihrem Besitz an uns vorbeigezogen ist, unsere Rucksäcke wieder auf den Hüften scheuern und die nassen Stiefel bei jedem Schritt schmatzen, kann ich mir vorstellen, an was der Nomade gedacht hat. Wieder stehen wir vor einem tosenden, glasklaren Fluss, der uns den Weg versperrt. Glasklar bedeutet auch dieses Mal eiskalt. Der Nomade wusste von diesem Hindernis und vermutlich auch von den sieben weiteren eisigen Flussdurchquerungen, die uns noch bevorstanden.

Der Anblick unzähliger Yaks, Pferde und Ziegen, wie sie unser kleines Zelt am Ende der Welt umströmen, und die Erinnerung an die Mongolen-Familie, die uns ein halbes Kilo Käse in die Jackentasche steckt, lässt das kalte Wasser jedes Mal ein paar Grad wärmer wirken und die Strömung ruhiger. Die Begegnungen in der einsamen Steppe, die Menschen, die wir nicht verstehen, sind es, die uns immer wieder zum Weitergehen bewegen. Und wir selbst sind es letztlich, die einander aus der Strömung ziehen. Wir lernen, was es bedeutet, in unendlicher Einsamkeit Grenzen zu überwinden und Flüsse zu durchqueren. Wie süchtig Zahlen im Sand und kleine Handbewegungen machen können. Und letztlich auch, dass eine ausgestreckte Hand im tosenden Fluss einen wahren Helden ausmachen kann.

TEIL II

AUS ANGST WIRD MUT

Kirgisistan

DIE FLÜGEL DES MENSCHEN

Gemeinsam mit Freunden reise ich ins kirgisische Tienschan-Gebirge, um zu Pferd der Freiheit der Nomaden nachzuspüren. Doch kann die Wirklichkeit mit dieser romantischen Idee mithalten?

Von Adriane Lochner

Schneebedeckte Gipfel erheben sich rund um den Yssykköl. Der zweitgrößte Gebirgssee der Welt liegt auf rund 1600 Metern über dem Meeresspiegel. Wären die Berge nicht, man könnte meinen, man sei am Meer. Es ist windig, und aus dem türkisen Wasser rollen kniehohe Wellen an den Sandstrand. Wir können uns nicht sattsehen. Mehr als einmal bitten wir den Fahrer anzuhalten. Wir wollen Fotos knipsen, die Füße ins Wasser stecken oder die alten Sowjet-Denkmäler am Straßenrand betrachten. Der ungewöhnlichste Anblick jedoch sind die Jurten, die traditionellen Nomadenzelte, die am Ufer stehen. Sie sind das Symbol der kirgisischen Kultur. Die typischen Kreuzstreben im Jurtendach, durchstrahlt von der Sonne, prangen sogar auf der Landesflagge.

Wir sind unterwegs in das verträumte Dörfchen Barskoon. Es liegt etwa fünf Autostunden entfernt von der Hauptstadt Bischkek, am Südufer des Yssykköl. Dort soll unser Abenteuer beginnen. Wir sind auf der Suche nach Freiheit.

> Was für ein schönes Wort. Freiheit.
> Doch was bedeutet es eigentlich genau?

Wenn ich an Freiheit denke, denke ich an das Nomadenleben. Einfach alles zusammenpacken und weiterziehen, nur mitnehmen, was man zum Überleben braucht, allen Ballast zurücklassen. Das muss Freiheit sein. Wenigstens eine Woche lang wollen wir leben wie echte Nomaden, hoch oben in den Bergen des Tienschan.

In Barskoon werden wir herzlich empfangen. Wir sind zu Gast beim Ehepaar Ishen und Gulmira Obolbekov. Beide haben ihre Kindheit und Jugend als Nomaden verbracht. Gulmiras eigene Kinder gehen in der Hauptstadt Bischkek zur Schule, sie selbst hat als Englischlehrerin gearbeitet. Die Obolbekovs haben es geschafft, Tradition mit Moderne zu verbinden und das Familienunternehmen Shepherd's Way Trekking gegründet. Auf den Spuren der Hirten sollen Besucher aus der ganzen Welt die kirgisische Kultur kennenlernen. Gespannt lauschen wir Gulmiras Worten. Sie erzählt uns von den alten kirgisischen Nomaden. Nicht nur zum Transport waren sie auf ihre Pferde angewiesen, Fleisch, Felle und Milch waren ebenfalls überlebenswichtig.

»Pferde sind die Flügel des Menschen« lautet ein Sprichwort der Kirgisen, denn ohne ihre Reittiere wären sie verloren im mächtigen Tienschan-Gebirge. Die Kinder der Nomaden lernen reiten, bevor sie laufen lernen. Bereits mit zwei Jahren habe ihn sein Vater aufs Pferd gesetzt, berichtet Gulmiras Schwager Rash. Es hilft nichts: Wenn wir wie Nomaden leben wollen, müssen auch wir uns in den Sattel schwingen. Ob das so gut aussieht wie bei den Kirgisen, ist fraglich. Die wenigsten von uns sind gute Reiter. »Kein Problem«, sagt Rash. Er habe für jeden Einzelnen das passende Pferd ausgesucht. Vor dem Trek stattet er sie mit nagelneuen Hufeisen aus – »für besseren Grip bei schwierigen Passagen.« Moment – schwierige Passagen?! Was meint er damit genau? Das sollen wir bald erfahren.

Auf dem Pfad der Hirten

Ich lehne mich etwas zur Seite und blicke in einen Abgrund. Das war ein Fehler, denn mir wird schwindelig. Doch wo soll ich sonst hinschauen? Sicher nicht auf den schmalen Pfad, den mein Pferd gerade entlangbalanciert. Jeder Huftritt sitzt. Zu Fuß wäre ich sicher schon längst abgerutscht.

Ich mache die Augen zu. So geht es. Mein Pferd macht sein Ding, und wir kommen unbeschadet in sicheres Gelände. Ich drehe mich um und sehe im Augenwinkel gerade noch, wie das Pferd meines Reisegefährten Simon eine steile Felswand hochklettert. »Spiderpferd, Spiderpferd!«, singe ich anerkennend. Simon muss lachen und nickt zustimmend. Wir sind beeindruckt von dieser Kletterkunst.

Insgesamt sind wir zu neunt, sechs Trekkingteilnehmer, zwei Guides und ein Übersetzer. Aufgereiht wie an einer Perlenschnur schlängeln wir uns durch hohes Gras, dichte Wälder, reißende Flüsse und kantige Felsen. Es sind die gleichen Trampelpfade, die die kirgisischen Hirten mit ihrem Vieh benutzen. Verpflegung und warme Kleidung sind in den großen Satteltaschen verstaut, die im Takt des Hufschlags an den Pferdeflanken schaukeln. Anfangs reißt unsere Karawane oft auseinander. Während ich vorne meinen Braunen zügeln muss, versucht Reitanfängerin Chrissi hinten vergeblich, ihren müden Schimmel zum Aufschließen zu bewegen. »Shu, shu!« heißt das kirgisische Kommando für Beschleunigung. In diesem Fall leider zwecklos. »Komm ich heute nicht, komm ich morgen«, scheint sich das hübsche weiße Pferdchen zu denken.

Die geringsten Probleme hat unser unerfahrenster Reiter. Mit einer gesunden Portion Gottvertrauen überlässt Fotograf und Kameramann Felix Meinhardt die Navigation ganz seinem vierbeinigen Untersatz. So hat er beide Hände frei zum Fotografieren. Wir staunen, als er aufs Geratewohl losgaloppiert. Würde er stürzen und sich etwas brechen, gäbe es keine Bergrettung; keinen Helikopter, der ihn ins nächste Krankenhaus fliegt. Solche Gedanken scheinen ihn jedoch nicht umzutreiben. Glücklich wie ein kleines Kind hopst er im Sattel herum. Wir anderen schütteln den Kopf, fast ein bisschen neidisch.

Wenn wir Mittagspause machen, knoten die Guides unsere Pferde in Paaren zusammen, den Zügel des einen am Sattel des anderen. Wie tierische Yin-Yangs stehen sie auf der Wiese und dösen vor sich hin, während wir unser Picknick genießen. Da gibt es Wurst, Käse, Marmelade, Honig und viele verschiedene Nüsschen zum Knabbern. Guten Kaffee sucht man in Kirgisistan vergebens. Dafür bekommt man bei jeder Gelegenheit schwarzen Tee serviert, sogenannten *Chai*. Als die Tassen mit den Teebeuteln ausgeteilt werden, belehrt Felix unsere kirgisischen Begleiter. Ohne eine Miene zu verziehen, sagt er: »In Deutschland machen wir Tee aus unseren alten Socken.« Nurbek, unser Übersetzer, versteht den Scherz sofort und prustet los. Dann übersetzt er für die anderen beiden Guides, Kanat und Maksat. Beide lachen. Die Wellenlänge stimmt.

Wir sind auf etwa 1600 Metern über dem Meeresspiegel gestartet, der höchste Punkt, den wir passieren, ist der Tosor Pass mit knapp 4000 Metern. Wir haben eine Woche Zeit und steigen langsam auf. Höhenkrankheit ist kein Thema. Dafür lassen es die Wettergötter krachen.

Hagelsturm und Donnerwetter

Die erbsengroßen Hagelkörner schmerzen wie Nadelstiche, wenn sie auf Nase, Stirn oder Wangen einschlagen. Vor einer halben Stunde war noch schönstes Sommerwetter, jetzt sind wir in Nullkommanichts in einen Hagelsturm geraten. Mein Pferd legt die Ohren an und zieht den Schweif ein. Ihm scheint die Wetterlage ebenfalls unangenehm zu sein. Doch im Gegensatz zu uns wissen die Tiere eine Lösung: Intuitiv drehen sie sich mit dem Hinterteil in die Richtung, aus der der Hagel kommt. Dort schmerzen die fiesen Körner nicht so sehr wie am Kopf. So bleiben wir stehen, bis das Unwetter vorbei ist.

Regenschauer bis hin zum ausgewachsenen Gewitter sind im Hochgebirge an der Tagesordnung. Einmal sogar müssen wir absteigen und die Pferde führen. Auf dem feuchten Gras könnten sie ausrutschen. Wir sind froh, dass wir für alle Wetterlagen gerüstet sind. Regenhose und Regenjacke ziehen wir immer wieder an und aus. Denn genauso schnell, wie die Schauer kommen, verschwinden sie auch wieder. Abends sehne ich mich nach einer gemütlichen Couch und einem warmen Kakao. Von solchem Luxus sind wir weit entfernt, und Ausruhen ist auch nicht drin. Das Lager baut sich schließlich nicht von alleine auf.

Als die Zelte endlich stehen, sind wir hundemüde. Doch heute ist die letzte Gelegenheit für ein Lagerfeuer. Morgen werden wir die Baumgrenze ein für alle Mal hinter uns lassen. Mit letzter Kraft schleppen wir die Holzbündel zum Flussufer. Wenig später knistern helle Flammen unter einem sternenklaren Nachthimmel. Zufrieden lassen wir uns nieder und wärmen die klammen Finger am Feuer.

Gegen die Muskelschmerzen hilft der berühmte kirgisische Kognak.

Nun haben wir Zeit für eine Zwischenbilanz: Wunde Hintern, aufgesprungene Lippen und totale Erschöpfung auf der einen Seite, grandiose Landschaften, nervenstarke Pferde und humorvolle wie kompetente Guides auf der anderen.

Eigentlich könnte es nicht besser laufen. Doch irgendetwas fehlt. Die große Freiheit verspüren wir noch nicht. Haben wir zu viel erwartet? Ist Freiheit nicht mehr als ein schönes Wort, ein westliches Hirngespinst, das allzu oft schwärmerisch und doch belanglos verwendet wird? Bald sollen wir den ersten Nomaden begegnen. Vielleicht können wir von ihnen etwas darüber lernen.

Auf einen Becher Stutenmilch

»*Kumys* ist das kirgisische Nationalgetränk«, berichtet der 17-jährige Hirte Tilegen. Blitzschnell strupfen seine Finger die Milch in den Eimer. Das macht er jeden Tag bestimmt tausendmal. Das Ungewöhnliche daran: Das Euter, aus dem die Milch schießt, gehört nicht etwa einer Kuh, sondern einer Stute. Ihr Fohlen ist zusammen mit etwa einem Dutzend anderen vor der Jurte angebunden. Sie müssen ihr Frühstück mit uns Zweibeinern teilen.

Tilegen lädt uns und seine Nachbarn in die Jurte ein. Auf seine selbstgemachte *Kumys* ist er besonders stolz. Wir sollen sie unbedingt probieren. Die Pferdemilch wird nach dem Melken in einem Bottich gesammelt. Über Nacht fermentiert sie. Süßlich-sauer schmeckt das vergorene Getränk. Für westliche Gaumen ist es gewöhnungsbedürftig. Außerdem hat es eine starke Wirkung auf das Verdauungssystem. »Viel *Kumys*, viel Klo«, kann ich mittlerweile auf Russisch sagen. Die Kirgisen lachen. Die Atmosphäre in der Jurte ist gesellig. Ein junger Hirte stimmt ein Volkslied an, die anderen Kirgisen singen mit. Wir verstehen zwar kein Wort, aber applaudieren zum Schluss, dankbar nicht nur für die Gesangseinlage, sondern auch für die herzliche Gastfreundschaft.

Bevor wir uns verabschieden, fragen wir unseren Gastgeber Tilegen, was Freiheit für ihn bedeutet. Zu unserer Überraschung kann er mit dem Begriff nicht viel anfangen. Jedes Frühjahr treibt er gemeinsam mit seiner Familie die Pferde auf die Hochweide, immer auf die gleiche. Sie bauen die Jurte auf und leben dort den ganzen Sommer lang. Jeden Tag steht er frühmorgens auf, um die Stuten zu melken. So lange, bis der Herbst kommt. Dann zieht er wieder zurück ins Dorf. So ist das also, die kirgisische Sommerweide, *Jailoo* genannt, ist so etwas wie eine Alm. Ich bin ein wenig enttäuscht. Nomadenleben heißt hier also, immer zwischen zwei Orten hin und her zu pendeln. Für die Hirten bedeutet es harte Arbeit, und sogar für die Tiere ist die Freiheit nur temporär. Egal, ob Pferde, Kühe, Schafe oder Ziegen, all das Vieh, das uns immer wieder neugierig am Wegrand beäugt, hat einen Herrn. Nur im Sommer dürfen die Tiere hoch oben in den Bergen ausgiebig grasen, toben und sich vermehren. Geht es auf den Winter zu, werden sie wieder eingefangen.

Wir reiten weiter. Ich starre gedankenverloren auf die sanft wippende Mähne meines Pferdes. Erst spät bemerke ich das zottelige Etwas, das vor uns aufgetaucht ist: ein großer schwarzer Haarberg, aus dem zwei lange Hörner ragen. Bewegungslos steht er da. Als wir näher kommen, stößt er ein seltsames Geräusch aus. Es ähnelt dem Grunzen eines Schweines. Das macht er zwei-, dreimal, dann hebt er den Schwanz in die Höhe und galoppiert davon. Kann das wirklich sein? Gibt es Yaks hier im Tienschan? Die Antwort lautet: »Ja, und zwar haufenweise.«

Yak-Cowboys

In meinem Bauch kribbelt es, als sich die Herde in Bewegung setzt. Hunderte von Hufen donnern auf die Erde, der Boden bebt. Aus den Staubwolken tauchen immer wieder Haarberge und Hörner auf. Noch nie habe ich etwas so Beeindruckendes erlebt. Mein Pferd ist genauso aufgeregt wie ich. Es bläht die Nüstern und lehnt sich ins Zaumzeug. Der Trieb beginnt. Wir schwärmen aus, setzen uns an die Flanken der Herde. So wirklich Ahnung vom Viehtreiben hat keiner von uns. Sicher ist nur, es macht gewaltig Spaß. Zusammen mit den Yaks galoppieren wir über die Hochebene. Die Gebirgsrinder grasen normalerweise an den Steilhängen, an denen man sonst nur Steinböcke oder Marco-Polo-Schafe erwarten würde. Zufällig sind wir einem Yak-Hirten begegnet. Unsere Guides haben gefragt, ob wir helfen dürfen. Mit einem breiten Grinsen hat er uns »Greenhorns« erlaubt, die haarigen Rinder zu seiner Hütte zu treiben.

Nie im Leben hätte ich mir träumen lassen, irgendwann einmal so eine Art Yak-Cowboy zu sein.

Die Nomaden sind auf Milch und Fleisch als Nahrungsmittel angewiesen. So ist es unumgänglich, dass Tiere geschlachtet werden. Für westliche Gemüter ist das ein recht grober Anblick, weil das Töten bei uns versteckt im Schlachthaus passiert. Auf der Hochweide geschieht es direkt vor der Haustür, sichtbar für jeden, der es sehen will oder auch nicht.

Frühmorgens bauen wir das Camp ab. Plötzlich hören wir Schüsse von der anderen Seite des Flusses. Als wir dort ankommen, sind etwa ein Dutzend Männer schon dabei, zwei tote Yaks auszunehmen und zu zerlegen. Der Besitzer, ein stämmiger Kirgise namens Bekboo, erklärt: »Wir schlachten selbst und bringen das Fleisch zum Markt in der Stadt.« Es sei viel Arbeit, und er würde sich wünschen, dass es in der Nähe etwas wie einen Schlachthof gäbe sowie Vermarkter, die ihm den Transport abnehmen. Ein gutes Leben bedeute für ihn Gesundheit, Harmonie in der Familie und Stabilität im Land. Kein Wort von Freiheit. Vielleicht ist sie für ihn so selbstverständlich, dass er gar nicht darüber nachdenken muss. Plötzlich schäme ich mich ein bisschen.

Vielleicht ist die Suche nach Freiheit lediglich ein Erste-Welt-Problem, eines, das man sich selbst schafft, weil es einem zu gut geht.

In der Nähe des Flusses, knapp unter den hügeligen Ausläufern der Gebirgskette, schlagen wir das Lager auf und genießen die Abendstimmung. Wie üblich wälzen sich die Pferde, sobald wir die Sättel abnehmen. Dann beginnen sie zu grasen. Sogar im Zelt höre ich sie immer wieder schnauben, irgendwie ein beruhigendes Gefühl. Nachts wird es erbärmlich kalt. Stundenlang bibbere ich in meinem Schlafsack. Am nächsten Morgen erleben wir eine Überraschung.

Das Geheimnis von Freiheit

Als ich aus einem unruhigen Schlaf erwache, beschwert sich mein Körper so laut wie noch nie. Mein Rücken schmerzt vom harten Boden, mein Hintern vom Sattel, und meine Lippen sind so spröde, dass man damit Holz schleifen könnte. Vom Kognak-Kater will ich gar nicht erst anfangen. Heute ist der letzte Tag des Treks. Ehrlich gesagt bin ich froh. Endlich wieder fließendes Wasser, Heizung, Internet und Klospülung. Freiheit, ich geb auf. Bleib, wo du bist. Doch was ich sehe, als ich aus dem Zelt steige, ist so unglaublich schön, dass mir der Atem stockt. Als hätte jemand das Camp und alles drum herum mit Puderzucker bestreut. Eine weite weiße Ebene streckt sich dem gleißenden

Licht der aufgehenden Sonne entgegen. Von der Szenerie geht eine fast magische Ruhe aus. Ich zittere vor Kälte. Nicht einmal die Daunenjacke kann etwas daran ändern. Dennoch kann ich den Blick nicht abwenden, kann mich nicht sattsehen an dieser rauen Schönheit, trotz der Schmerzen, die sie mir zugefügt hat, oder vielleicht gerade deshalb.

Zurück in Barskoon erklärt unser Gastgeber Ishen: »Blauer Himmel, frische Luft, weiße Gipfel – dort oben hörst du die Stimme der Natur. Je mehr Zeit du dort verbringst, desto mehr veränderst du dich. Es ist eine andere Welt. Und wenn du wieder in die Stadt zurückkehrst, wirst du den Unterschied spüren, der Tienschan wird ein Teil von dir. Das nenne ich Freiheit.«

Man muss nicht wie ein Nomade leben, um zu begreifen, dass Freiheit eine persönliche Empfindung ist, ausgelöst von den Momenten, die man im Herzen trägt. Für mich ist es das ehrliche, einladende Lächeln der Menschen, die freien Pferde, die mit wehenden Mähnen über die Hochebenen galoppieren, oder eben jener Morgen, an dem der Tienschan uns im goldenen Licht zu Füßen lag. An diese Bilder werde ich mich noch lange erinnern, auch wenn ich schon längst wieder zu Hause am Schreibtisch sitze.

Wales

WARUM WIR WANDERN

Vier Tage sind wir gelaufen. Entlang an Seen, auf Berge hinauf. Über feuchte Wiesen, von Bergen hinab. Unter den Regentropfen und durch die Wolken. Irgendetwas hat uns immer wieder angetrieben, im Snowdonia-Nationalpark in Wales. Was war es?

Von Stefan Krieger

Die Kleinstadt Caernarfon im Norden von Wales ist gar nicht so klein. Immerhin gilt sie als die heimliche Hauptstadt von Nordwales, sogar Prinz Charles wurde hier inauguriert. Trotzdem ist sie klein genug, um bei einer Wegbeschreibung wie *»You have to go to the bus station«* sofort zu wissen, welche Haltestelle gemeint ist. Und an genau dieser stehen wir jeden Morgen, vier Tage in Folge: Wasserflasche im Rucksack, Vorfreude im Bauch. Wir warten jedes Mal auf den Bus Nr. 88 Richtung Snowdonia-Nationalpark. Beim Einstieg stolpern wir immer über das gleiche Hindernis: Die walisischen Ortsnamen so auszusprechen, dass der Busfahrer annähernd erahnen kann, wo es hingehen soll. Das ging bei Beddgelert noch recht problemlos.

Als wir aber nach Rhyd Ddu und Betws-y-Coed wollen, kommt es zu empfindlichen Verzögerungen des Nahverkehrs.

Da bringt es auch nichts, wenn man, wie ich, das Wort einfach zehnmal laut sagt, ohne die Aussprache zu verändern.

Als der Bus endlich durch die Serpentinen kurvt, gleitet unser Blick jedes Mal über den 2000 Quadratkilometer großen Nationalpark voller Bergketten, klarer Seen und einer ewig grünen Landschaft.

Heute wollen wir auf den Mount Snowdon. 1085 Meter gilt es aufzusteigen, gewiss eine respektable Tagestour, aber nichts, was einen erfahrenen Bergwanderer unruhig schlafen ließe. Was die Frage aufwirft, ob die *I survived Mount Snowdon*-Shirts aus dem kleinen Laden am Fuße ironisch oder ernst gemeint sind. Fakt ist immerhin: wir bekommen es heute mit dem höchsten Berg von England und Wales zu tun.

Viele Wege führen auf den Snowdon. Wir nehmen die Standardroute, den sogenannten Llanberis-Path. Startpunkt hierfür ist, *surprise surprise,* Llanberis. Ein Geheimtipp ist das nicht: Es ist viel los auf dem

Weg. Die neonfarbenen Outdoorklamotten unzähliger Wanderer sind bis weit nach oben erkennbar. Erst spät verlieren sie sich in einem trüben Wolkennebel, der sich genau dort ausbreitet, wo die Spitze sein muss. Wir teilen mit den vielen anderen Menschen also nicht nur den schmalen Pfad, sondern vor allem den Gedanken, ein Ostermontag sei sinnvoll damit zugebracht, drei Stunden zu Fuß einen Berg zu besteigen, ein paar Minuten auf der Spitze auszuharren, nur um dann die gleiche Strecke wieder abzusteigen.

Und plötzlich sind wir mittendrin im Thema.

Was hat das mit dem Wandern eigentlich auf sich? Warum tun wir das überhaupt? Mal so ganz grundsätzlich. Was hat man am Ende des Tages davon, abgesehen von den unsäglichen Knieschmerzen beim Abstieg?

Abends, an den Lagerfeuern der Bergstuben dieser Welt, werden Wanderer pathetisch. Man findet große Worte für eine simple Tätigkeit. Mit roten Wangen erzählt man von der »Magie« des Laufens, als sei dieses Hochgefühl rational kaum erklärbar. Einer sagt, er wolle mal wieder »den Kopf freikriegen« oder sich den »Stress rauslaufen«, und die anderen nicken. Es scheint Einigkeit zu herrschen, was damit gemeint ist: die Überzeugung, dass am Ende eines Wandertages mehr zurückbleibt als nur der Schlamm in den Rillen der Schuhsohlen. Im besten Fall eine Wirkung auf Seele und Geist – und wieder sind wir bei Begriffen, die wohl kaum einer so recht erklären kann.

Ich denke auch, dass eine Wanderung als Analogie für das Leben funktioniert. Es geht durch Berg und Tal, harte Arbeit wird belohnt, und wer optimistisch bleibt, kommt leichter durch. Das Verlockende: Ein Wandertag ist planbar und das Happy End ziemlich sicher. Das funktioniert im echten Leben nur bedingt.

Die Spitze des Snowdon ist wolkenfrei, als wir ankommen. Doch der Wind saust uns um die Ohren, es zieht kalt unters Fleece. Aufgekratzte Möwen trauen sich nah an uns heran, sie wollen uns die Verpflegung abschwatzen. Wir essen schnell auf und schießen noch ein Selfie, etwas

Besseres fällt uns hier oben nicht ein. Warum sind wir noch mal hier hochgewandert? Nun, die Aussicht ist schon beeindruckend, aber es ist auch klar, dass es auch uns eher um andere Dinge ging: die Herausforderung. Das Unterwegssein. Der Tag draußen. Wäre der Spruch »Der Weg ist das Ziel« nicht schon so ausgelutscht, hätte ich ihn jetzt verwendet. Doch dazu später mehr.

Tag drei im morgendlichen Bus. Ein Rentner zeigt uns zunächst Fotos aus Neuseeland auf seinem Handy, dann sagt er, er fahre jetzt hinaus in den Snowdonia-Nationalpark und laufe dann die nächsten acht Stunden zurück nach Hause. Einmal pro Woche mache er das so. Da kümmert sich einer um sein Wohlbefinden, denke ich mir. Wieder ist das Ankommen nebensächlich. Das pure Laufen tut auch diesem Mann gut.

Wenn man nicht gerade am Ostermontag auf den Mount Snowdon steigt, hat man größte Chancen, sich in gänzlicher Einsamkeit mit der Natur im Snowdonia-Nationalpark auseinanderzusetzen. Heute laufen wir stundenlang alleine. Als wir auf einem Felsen rasten, werden vereinzelte Wanderer im Dickicht des Waldes erkennbar. Aus der Ferne wirken sie wie verlorene Seelen. Umherwandernd, so als suchten sie etwas, von dem sie eigentlich schon wissen, dass sie es nie finden. Ein trügerisches Bild: Was so zerstreut aussieht, könnte zielgerichteter kaum sein.

Beim Wandern wird ein neuer Bezug zur Umwelt möglich, zu sämtlichen Eindrücken, die sonst so unsortiert im urbanen Alltag auf uns einprasseln.

Nicht die Natur macht das Leben kompliziert, sondern unsere menschlichen Geflechte. Wir schlüpfen den ganzen Tag in unterschiedliche Rollen. Wir sind Versicherungskauffrauen, Frisörbesucher, Mentorinnen, Gastgeber, Baristas, Newsletter-Abonnenten, Lebensabschnittsgefährten, Fahrradfahrer, Shareholder und Erziehungsberechtigte. Und plötzlich kommt die Frage auf, wann man eigentlich komplett man selbst ist. Beim Laufen durch die Natur? Vielleicht wird in der Wildnis zumindest einiges klarer, wenn sämtliche Bezugspunkte fehlen. Was bleibt übrig, wenn man mal all diese Masken abstreift?

Diese Frage ist vielleicht zu groß, aber man erhält dabei in jedem Fall neue Perspektiven. Für einen Moment lang muss man gar nichts. Nicht argumentieren, konsumieren oder imponieren.

> Die Natur will nichts von uns.
> Sie bietet an, aber bittet nicht.

Wo soll Reflexion möglich sein, wenn nicht hier? Und während man den inneren Wust aufdröselt, sind die äußeren Zwänge minimal. Ein Weg und ein Auftrag: eine seltene Simplizität. Wer kognitiv fit bleiben möchte, sollte ohnehin öfters die Wanderschuhe schnüren. Hirnforscher haben längst nachgewiesen, dass Bewegung in der Natur für die Verbesserung der Gehirnleistung effektiver ist als jedes Sudoku-Spiel am Kaffeetisch.

Zu zweit wandern, das ist eigentlich ein Thema für sich. Ich glaube, die besten Gespräche meines Lebens habe ich entweder bei einem Kaffee oder während des Wanderns geführt. Wenn sich der Rhythmus des Gehens angleicht, folgen die Gedanken nach. Die Gespräche sind klarer und offener, der Mensch wird zugänglicher. Wer Stärke fühlt, lässt Schwächen zu, was jedem Gespräch nur guttut.

Es gibt viele Touren durch den Snowdonia-Nationalpark. Und in fast alle Ecken des Parks fährt ein Bus. Oft wird mir geraten, ein Auto zu mieten, weil man so leichter überall hinkäme. Aber das will ich vermeiden: Mir gefällt es, hier in der Dämmerung auf den Bus zu warten, der die verbleibenden Wanderer einsammelt.

Einmal verpassen wir ihn. Ein kleines Café im Ort ist noch offen, meine kalten roten Finger greifen nach der heißen Teetasse. Effizienz war mir auf Reisen ohnehin nie wichtig. Draußen gehen die Straßenlaternen an. Ich beobachte in Ruhe, wie die Betreiber gründlich ihre Bar putzen. Diesen profanen Alltagshandlungen liegt ein Zauber inne.

Momente, bei denen ich mich manchmal noch Jahre später frage, ob sie sich wohl immer noch an jenem Ort zutragen. Ein allerletzter Bus fährt noch, sagen sie. Und während dieser durch die Straßen schaukelt, bewege ich mich gedanklich in einem Transitraum: Die geschaffte Tour liegt hinter uns im Dunkeln. In der Ferne verheißen die Lichter der Stadt vor allem Wärme, eine Stube und eine Mahlzeit.

Im Hostel kochen wir Nudeln mit Tomatensoße. Der Wein schmeckt, als hätten ihn die Götter gepresst. Am Morgen des letzten Tages zieht der Muskelkater noch ein wenig empfindlicher. Doch es zieht uns wieder hinaus. Wir frühstücken zeitig, sind pünktlich an der Bushaltestelle – und warten auf Linie Nr. 88.

Indien

PARANOIA PUSHKAR

Inmitten von Verkehrschaos, windigen Geschäftsleuten und Hanf-Lassis ist es gar nicht so leicht, einen kühlen Kopf zu bewahren. Trotzdem oder gerade deswegen liegen Irritation und Faszination nirgendwo sonst so nahe beieinander wie in Indien.

Von Oleander Auffarth

Delhi

Gerade hatte ich in den Bergen um Dharamsala und Manali etwas Abstand zu meinem albtraumartigen Einstand auf dem Subkontinent gewonnen. Doch nun musste ich zurück nach Delhi, um meine Reise nach Rajasthan fortzusetzen.

Auf den letzten Kilometern Fahrt in die Stadt hinein war mir mulmig zumute. Meine ersten Erfahrungen mit Delhi steckten mir noch im Nacken, und meine Laune wurde immer düsterer, je länger wir an endlosen Slums und grauen Industrieanlagen entlangfuhren. Immer wieder wähnte ich mich bereits in der Innenstadt, doch die Vorstädte sprengten meine Vorstellungskraft.

Am Busbahnhof angekommen, fuhr ich per Fahrradrikscha nach Paharganj, dem Stadtviertel, das sich um die Main Bazar Road erstreckt. Die kilometerlange Einkaufsstraße führt zum Hauptbahnhof, und in ihren Geschäften findet man alles Erdenkliche. Außerdem gibt es hier und in zahllosen Nebenstraßen kleine Restaurants und *Dhabas* sowie Hunderte Hotels - viele davon heruntergekommen, dafür aber sehr billig. So steuern die meisten Backpacker zuerst dieses Viertel an.

Ich wollte allerdings schnell wieder weg und den nächsten Zug nach Jaipur buchen.

Am Hauptbahnhof wimmelte es von zwielichtigen Gestalten. Ihre Dreistigkeit war nicht zu überbieten. Der Erste wollte mir verklickern, Touristen müssten sich vor einer Bahnfahrt am Conaught Place registrieren und könnten nur dort Tickets kaufen. Er aber hätte zufällig die benötigten Formulare zur Hand. Kaum hatte ich ihn abgeschüttelt, tauchte der nächste Samariter auf, der mir weismachen wollte, man dürfe den Bahnhof nicht ohne gültiges Ticket betreten und er verkaufe welche für einen günstigeren Preis. Ein anderer Mann trat mit der Information hinzu, das Tourist Office habe ohnehin geschlossen.

Den Hauptpreis gewann der Vogel, der skrupellos und ohne rot zu werden behauptete, das Büro sei abgebrannt.

Nachdem ich mein Ticket für den Abend erstanden hatte, machte ich in der Wartezeit einen Abstecher nach Old Delhi. Der Ausflug war ein Fest für die Netzhaut. Nie zuvor hatte ich solche Menschenmassen gesehen. Die immerwährende Anarchie des Straßenverkehrs war schwer zu übertreffen! Autos, Rikschas, Motorroller, Fahrräder, Ochsenkarren, berittene Elefanten, streunende Kühe und Fußgänger verursachten ein unbeschreibliches Chaos auf den Straßen. Es hat mich von Anfang an fasziniert, dass dieses »System« funktioniert, ohne ständig Unfälle hervorzubringen. Für den Uneingeweihten herrscht blankes Chaos. Wer keine Erfahrung im fatalistischen Denken hat, fragt sich da schnell, wie viel Lebenszeit ihm noch bleibt. Das Geheimnis ist wohl, dass jeder immer mit allem rechnet, weil in jedem Moment etwas Unerwartetes geschieht. Ampeln existieren höchstens in den Städten, die Fahrbahnen und Verkehrsschilder sind nur grobe Verhaltensvorschläge, VIPs sowieso auf der Überholspur. Zur Not schafft die Polizei mit Blaulicht Platz für die Mächtigen. Auch sonst bestimmt meist die Hierarchie, wer wann zum Zuge kommt. Wer auf Rechts vor Links hofft oder darauf, mit Geduld und Anstand über die Straße zu gelangen, wartet bis zum Sankt-Nimmerleins-Tag am Rande der Straße. Schicksalsergebenheit, Frechheit und Mut sind gefragt.

> Trotz aller Schwierigkeiten gewann ich mehr und mehr eine irre Freude daran, Teil dieses immerwährenden Wahnsinns zu sein.

Betört und betäubt durch die nie verstummende Geräuschkulisse aus Hindu-Pop, buddhistischen Mantras, klassisch indischer Musik, dem endlosen Hupen (auf jedem Truck prangte die völlig unnötige Aufforderung *»Please horn!«*), dem Klingeln der Tempelglocken, dem Raunen des Marktgefeilsches und fast geblendet von den knallbunten

Farben der Saris, Stoffe oder Turbane. Die Gerüche waren hingegen eher gewöhnungsbedürftig, eine Mischung aus widerlichem Gestank nach Fäkalien, Schweiß und Abgasen und gleichzeitigen Wohlgerüchen von Gewürzen, Essenzen und Sandelholz stieg in meine überforderte Nase.

Oft konnte ich nur schwer nachvollziehen, wie Menschen unter solchen Bedingungen leben können. Doch hier schien kaum einer auf die Idee zu kommen, sich über die Zustände zu beschweren. Den meisten war eine imponierende Mischung aus Gleichmut und Gelassenheit zu eigen. In diesen Momenten spürte ich, wie weit ich mich von allem Bekannten entfernt hatte. Indien sprengte mit seiner Reizüberflutung fortwährend meine Vorstellungskraft. Ich hatte meine Fassung längst aufgegeben.

Zurück in Paharganj traf ich Craig wieder, den ich beim Ticketkauf kennengelernt hatte. Auch er wollte nach Jaipur. Wir teilten uns eine Rikscha zum Bahnhof.

Bald darauf saß ich in der indischen Eisenbahn auf dem Weg von Delhi nach Jaipur. In Windeseile verwickelten mich die Einheimischen ins Gespräch. Ihre Neugier war riesig, und sie begannen, mich auszufragen. Warum war ich nach Indien gekommen? Was suchte ich hier? Warum war ich trotz meines *fortgeschrittenen* Alters noch nicht verheiratet? Warum hatte ich mich so weit von meiner Familie entfernt?

Eine Reise zu unternehmen, »nur« um andere Kulturen kennenzulernen, schien für die meisten abwegig.

> Bei der Bedeutung von Familie in der indischen Gesellschaft erschien es ihnen gar verrückt, sich alleine so weit von zu Hause zu entfernen.

Einige sagten aber auch, sie seien stolz, dass ich ihr Land bereiste.

Fasziniert betrachtete ich das Treiben der fliegenden Händler, die Mahlzeiten, Snacks, Tee, Kaffee, Hygieneprodukte, sinnlosen Kitsch oder Bücher im Angebot hatten. Einige zogen durch die Abteile, andere Geschäfte wurden in Sekundenschnelle durch die Zugfenster abgewickelt. Der Blick aus dem Fenster bereitete mir oft Unbehagen. Viele Menschen hatten sich am Rande der Eisenbahngleise angesiedelt und kämpften dort offensichtlich ums Überleben.

Jaipur

Am Bahnhof von Jaipur sprachen uns zwei junge Rikschafahrer an. Saddam und Raja halfen uns, ein günstiges Hotel zu finden. Geld lehnten sie ab. Stattdessen luden wir sie auf ein Bier ein. Sie sagten, sie würden gerne ausländische Freunde finden.

Craig vereinbarte mit den beiden, dass sie ihn am nächsten Morgen wieder zum Bahnhof fahren würden. Er wollte weiter nach Pushkar, um den *Camel Fair*, den größten Kamelmarkt der Welt, zu sehen. In seiner Heimat Australien verdiente er sein Geld mit Kameltouren in der Nähe von Perth und freute sich wie ein Kind auf das Fest. Ich beschloss bald nachzukommen, um mir ein eigenes Bild zu machen.

Nachdem sie Craig versetzt hatten, tauchten Raja und Saddam am späten Vormittag doch noch auf. Ich vereinbarte mit ihnen eine Fahrt zu den Sehenswürdigkeiten der Stadt, um sie nicht zu verprellen.

Zunächst machten wir einen Abstecher zu einer kleinen Anhöhe am Rande der Innenstadt, die von einem halb verfallenen Affentempel gekrönt wurde. Die dort lebenden Affen wurden als Verwandte des Gottes *Hanuman* verehrt. Das Gleiche gilt für die fünfbeinigen oder Albinokühe, die den Gläubigen hier gegen eine Spende präsentiert wurden. Von oben bot sich ein umfassender Blick auf die Stadt.

Unterwegs präsentierten sich viele Straßenabschnitte in erschreckendem Zustand: Das Abwasser lief in offenen Kanälen am Rande der Straße entlang, bei starkem Regen wurden sie überflutet. Die Einheimischen schienen die chaotischen Straßenverhältnisse auszublenden. Halb zerfallene Alt- und fantasielose Neubauten standen neben imposanten Prunkbauten, die an glanzvolle Zeiten erinnerten. Ein spannender, aber auch verstörender Kontrast. Es war wie eine andauernde Zeitreise. Unwillkürlich fragte ich mich, wie es möglich war, dem offensichtlichen Zerfall zuzusehen, ohne einzuschreiten.

Inneres Gleichgewicht scheint wichtiger zu sein als reine Äußerlichkeiten, denen keine größere Bedeutung beigemessen wird.

Diese Einstellung spricht mich durchaus an. In der westlichen Kultur erlebe ich es umgekehrt. In unseren Breitengraden scheint es wichtiger, den äußeren Schein zu wahren, als sich mit sich selbst und seinem Wirken auseinanderzusetzen. Doch auch in Indien wird Materialismus immer wichtiger.

Danach steuerten wir das Zentrum Jaipurs an. Die Hauptstadt Rajasthans wurde erst 1727 gegründet. Wegen der einheitlich rosaroten Farbe der Fassaden im Altstadtviertel nennt man sie auch die »rosa Stadt«. Den Anstrich erhielten die Gebäude 1876 in Vorbereitung auf den Besuch des Prinzen von Wales Albert Eduard. Rosa ist traditionell die Farbe der Gastfreundschaft in Rajasthan.

Das Wahrzeichen der Stadt ist der Palast der Winde. Er gehört zum Stadtpalast und beeindruckt mit einer imposanten Fassade, geziert von Balkonen und Erkern. Der Bau diente den Frauen des Harems dazu, das Leben auf den Straßen zu beobachten, ohne selbst gesehen zu werden, denn es war ihnen verboten, sich zu zeigen.

Die Innenstadt war ein einziger großer Basar; die Händler selbst für indische Verhältnisse extrem aufdringlich. Der Verkehr an den zentralen Kreuzungen war atemberaubend. Jaipur hat inzwischen drei Millionen Einwohner und ist als Handels-, Regierungs- und Wirtschaftszentrum die wohlhabendste Stadt in Rajasthan. Gleichzeitig zählt sie zu den 25 am schnellsten wachsenden Städten der Welt und ist einer der lebendigsten Handelsplätze Asiens.

Raja und Saddam wollten mir ihren Onkel vorstellen. Ich hatte kein gutes Gefühl dabei. Doch es fiel mir noch immer schwer, mich von der Übergriffigkeit der Nepper und Schlepper abzugrenzen. Ich hatte noch immer nicht gelernt, deutlich »Nein« zu sagen.

Die endlose Fahrt durch verwinkelte Straßen und immer ärmlichere Viertel erhöhte mein Bauchgrimmen. Längst befanden wir uns weit außerhalb der touristischen Gebiete von Jaipur.

Schließlich erreichten wir wieder ein wohlhabenderes Viertel. Onkel Krishna arbeitete in einem Juwelierladen. Ich blickte in wache und intelligente Augen, und nachdem wir einige Sätze ausgetauscht hatten, wusste ich, dass Vorsicht geboten war. Krishna machte einen sehr selbstbewussten Eindruck. Er würde mich gerne zum Essen einladen. Meine Neugier war groß, ich willigte ein. Es wäre auch unmöglich gewesen, abzulehnen, ohne ihn vor den Kopf zu stoßen.

Saddam und Raja zogen sich zurück, und ich begleitete Krishna zu einem Apartment. Dort wohnte ein holländisches Pärchen. Es wirkte ganz so, als seien die beiden Junkies und stünden vollständig unter Krishnas Einfluss.

Krishna begann, wohlüberlegte Fragen zu formulieren: Warum war ich nach Indien gekommen, wie hatte ich das Land erlebt und was schwebte mir für meine Zukunft vor. Ich trank mein Bier bedächtig. Es war sicher nicht der richtige Moment, um sich zu betrinken. Seine Fragen steuerten auf ein bestimmtes Ziel zu.

Wie aus dem Nichts gesellten sich zwei grimmig blickende Männer hinzu. Jetzt begann Krishna von Geschäften zu reden. Er kooperiere mit einigen Juweliergeschäften in Europa und suche einen vertrauenswürdigen Partner, der für ihn Juwelen außer Landes bringen könne. Er wolle eine langfristige Zusammenarbeit entwickeln. Der Transport über die Grenze sei überhaupt kein Problem. Ein Tourist dürfe Waren im Wert von 10 000 Euro ausführen, ohne sie zu versteuern. In Europa müsse ich sie nur einem Kontaktmann übergeben und würde eine saftige Prämie kassieren.

> Sehr freundlich dankte ich ihm für sein großzügiges Angebot, versicherte ihm jedoch: *»I am not a business man and I will never be!«*

Ich bot ihm an, für das Bier zu zahlen, das Essen war zu diesem Zeitpunkt ohnehin kein Thema mehr. Er gab nicht gleich auf, sondern versuchte weiter, mir unser Geschäft schmackhaft zu machen. Irgendwann ließ er davon ab, er spürte, dass er nicht weiterkam.

Wie ich später erfuhr, handelt es sich bei dieser Betrügerei um einen altbekannten Dauerbrenner, besonders in Jaipur, dem Zentrum von Indiens Edelsteinindustrie. Der Lockvogel – nicht selten ein Rikschafahrer – bringt die Auserwählten unter einem Vorwand in einen Juwelierladen und bekommt dafür eine Provision, die sich je nach Grad des eingefädelten Deals weiter steigern kann. Nun hängt alles am Geschick des Verkäufers. Er versucht zur Teilnahme an einem angeblich fabelhaften Geschäft zu animieren. Fantastische Gewinne von mehreren 100 Prozent werden versprochen. Das Geschäft wird als völlig risikolos dargestellt, und zur Untermauerung werden dem Käufer Adressen und gerne auch Visitenkarten von Händlern in dessen Heimat gegeben, die die Steine sofort zum doppelten Preis kaufen würden. Es wird einem vorgegaukelt, der indische Lieferant und sein europäischer Kunde bräuchten nur einen Kurier, der die Ware gegen eine hohe Provision durch den Zoll transportiert, um die Gebühren zu umgehen. Der Schock erwartet den Betrogenen dann entweder bei der Nachversteuerung seiner Ware oder spätestens beim Partnerjuwelier, wo er feststellen wird, dass die Qualität der Juwelen nicht stimmt.

Die Masche erschien mir noch verhältnismäßig human. In Agra gab es lange Zeit die miese Abzocke, einen Gast in einem Restaurant absichtlich zu vergiften. Der plötzlich auftauchende »Helfer« sorgte dafür, dass sich der Zustand auch im Krankenhaus nicht gleich besserte, sondern erst dann, wenn der Tourist ausgemolken war.

Ins Geschäft kamen Krishna und ich jedenfalls nicht, ich notierte mir aber noch seine Hotelempfehlung für Pushkar, da ich jedoch die (unbegründete) Sorge hatte, wegen des Festes kein Zimmer zu bekommen. Das Hotel, das er mir nannte, stand auch im *Lonely Planet.* Es sollte das letzte Mal sein, dass ich darauf etwas gab. Um grundlegende Informationen über einen Ort zu erhalten, mochte der Reiseführer ganz hilfreich sein. Doch die Bewertungen waren selten etwas wert. Zu viele Backpacker waren damit unterwegs, sodass die empfohlenen Hotels und Restaurants überfüllt waren. Mancher Hotelbesitzer scherte sich einen Dreck darum, ob das Hotel verkam. Die »Auszeichnung« brachte genug Touristen. Selbst für einen ehrlichen Autor war es unmöglich, alle Empfehlungen regelmäßig zu überprüfen.

Meine »Freunde« Saddam und Raja wollten nun natürlich doch Geld, nachdem die Nummer mit ihrem feinen *Onkel* nicht zum erhofften Erfolg geführt hatte. Es war höchste Zeit, weiterzureisen.

Pushkar Festival

Das Hotel, das mir Krishna empfohlen hatte, machte erst mal einen guten Eindruck. Mit Frank, einem Gast aus Finnland, verstand ich mich auf Anhieb blendend. Er war bereits seit einigen Wochen in Pushkar und nahm mich gleich mit zu einer Erkundungstour. Die Geschäfte und Straßen waren reich und bunt dekoriert. 150 000 Menschen waren in der Kleinstadt am Rande der Wüste versammelt, die normalerweise gerade einmal 20 000 Einwohner zählt. Während der Feierlichkeiten ist Pushkar nichts für Menschen, die unter Platzangst leiden. Auch ich fühlte mich sehr beengt.

Mein innerer Kompass war schon lange ins Trudeln gekommen. Rajasthan wirkte nach dem muslimischen Kaschmir und dem tibetisch geprägten Dharamsala sehr orientalisch. Einerseits genoss ich die wechselnden Impressionen, doch es ging alles zu schnell, und ich kam nicht dazu, das Erlebte auch nur ansatzweise zu verarbeiten.

In Pushkar versammelten sich jedes Jahr Kamelbesitzer und -händler mit ihren Familien. Ursprünglich gelangten die Kamele im 16. Jahrhundert von Afghanistan aus nach Indien. Als Transport- und Arbeitstiere in der Landwirtschaft spielen sie noch immer eine wichtige Rolle, ebenso wie bei der Grenzsicherung durch das Militär. Der Dünger der Tiere wird sehr geschätzt. Gefragt sind auch Kameldecken und Teppiche, Milch und Käse.

Auf dem Markt werden die Kamele reich geschmückt und mit Henna verziert. Neugierige, Schausteller, Kleinkünstler, Züchter, Pilger, Gaukler, fliegende Händler, Nomaden, Schlangenbeschwörer, einheimische und ausländische Fotojäger, Minnesänger, Tänzer, Musiker und unzählige andere folgen dem Ruf des Festes und strömen in die Stadt. Sogar das indische Fernsehen ist vertreten. In den letzten Jahren ist das Spektakel auch unter Touristen immer populärer geworden.

Abends sah ich verschiedene Vorstellungen auf einer Bühne. Traditionelle Tänze, Folklore und Musik wurden aufgeführt.

Es gab sogar einen Wettbewerb um den »schönsten Bart«. Die Kamele maßen sich in Wettrennen und Schönheitswettbewerben.

Der größte Teil des Kamelhandels war zu meiner Enttäuschung jedoch schon vorbei, die Veranstaltung ging nahtlos in ein Volksfest samt Riesenrad über.

Nach sieben Tagen zogen die Händler und Züchter wieder zurück in ihre Heimat in Indien, Pakistan oder den Golfstaaten. In Pushkar kehrte wieder Frieden ein. Für mich war das Fest eine bizarre Erfahrung. Ich fühlte mich, als wäre ich auf einem anderen Planeten gelandet. Es fiel mir schwer, mich ganz darauf einlassen. Ich blieb, sofern das in der Menschenmenge überhaupt möglich war, eher distanzierter Beobachter.

Pushkar ist auch eine besondere Stadt für Hindus. Gläubige pilgern aus ganz Indien hierher, um sich im heiligen Pushkarsee zu baden. Der Legende zufolge ließ der Schöpfergott *Brahma* ein Lotusblatt auf die Erde fallen. An der Stelle, an der die drei Lotusblüten zu Boden fielen, entsprang mitten in der Wüste Wasser. Pushkar (Sanskrit für »Lotusblüte«) war entstanden. Der See ist bis heute eine von Indiens heiligsten Stätten. Während einer Glück verheißenden Vollmondphase im Oktober oder November soll ein Bad die Seele von allen Verfehlungen reinigen.

In diesem Jahr war der See vollständig ausgetrocknet. Deshalb hatte man für die Pilger einen Swimmingpool aus Plastik im trockenen See aufgestellt, was auf mich zwar äußerst merkwürdig wirkte, aber von den Pilgern stoisch akzeptiert wurde.

Aufgrund der Dürre in Rajasthan fiel auch das Festival in diesem Jahr kleiner aus als gewöhnlich. Es stand nicht genug Wasser zum Tränken der Tiere zur Verfügung.

Seit einigen Jahren verschärft sich die Lage für die Kamelnomaden vom Volk der *Raika*, die auf der Suche nach guten Weiden und Ansammlungen des dornigen Khejribaums durch Wüsten und Gebirge ziehen. Sie sind Halbnomaden und kehren zu Familienfesten zurück in ihre Dörfer. Bis zur Unabhängigkeit Indiens hatten die *Raika* und andere Nomaden verbriefte Weiderechte. Über Generationen züchteten sie die edelsten Kamele Indiens. Abnehmer waren einst die Maharadschas.

In den fruchtbaren Tälern des Aravalli-Gebirges wachsen dichte Wälder. Sie sind Lebensgrundlage der Kamelherden, doch die Baumbestände schrumpfen dramatisch. Die traditionellen Wege, die auch in benachbarte Staaten führen, werden immer stärker von menschlichen Ansiedlung durchschnitten. Auch die Preise für die Kamele sinken dramatisch.

Ein weiteres Problem stellen radikale Hindus dar. Sie behindern Transport und Handel mit Kamelen. Angeblich wollen sie Schlachtungen verhindern. Tatsächlich sind es ethnisch und religiös angeheizte Konflikte, die durch den RSS befeuert werden. Der RSS ist eine nationalistische Hindubewegung, die nur Hindus als Inder akzeptiert und der auch der aktuelle indische Präsident Modi nahesteht. »Kuhschützer« organisieren auch häufig Mobs gegen Muslime, die Kühe schlachten.

Die *Raika* erhalten keine Unterstützung durch die Regierung, obwohl die Kamelherden große ökonomische Bedeutung haben. Man behauptet stattdessen, die *Raika* würden altmodisch wirtschaften. Dabei handeln sie ökologisch, sozialverträglich und tiergerecht. Doch durch die steigende Bevölkerung und die zunehmend intensivierte Landwirtschaft gehen immer mehr Weidegründe verloren. Die Sesshaften behindern die Nomaden auf ihren traditionellen Routen und diskriminieren sie immer stärker. Diese Ureinwohner Indiens (*Adivasi*) haben es generell sehr schwer. Ähnlich wie die kastenlosen *Dalits* werden sie wie Ausgestoßene behandelt. Auch ein Grund, warum vor allem im Osten Indiens *Adivasi* häufig mit den paramilitärischen Guerillatruppen der maoistischen *Naxaliten* sympathisieren, die einen blutigen Bürgerkrieg gegen die indische Regierung führen.

Die Kulturen der *Raika* und anderer Nomaden sind existenziell bedroht. Wie überall auf der Welt stehen nomadische Viehzüchter unter wirtschaftlichem und sozialem Druck, ihre Lebensweise aufzugeben.

Die *Raika* sind nicht die einzigen Verfechter traditioneller Lebensweisen. Die *Bishnoi* sind eine religiöse Gemeinschaft, die von Guru Jambheshwar (1451–1536) begründet wurde. *Bishnoi* bedeutet »neunundzwanzig« und steht für die 29 ökologischen und spirituellen Gebote, die sich die Religionsgemeinschaft auferlegt hat. Diese ethischen Grundsätze verbieten etwa das Töten von Tieren, den Verzehr von Fleisch und das Fällen von Bäumen, betonen Gleichberechtigung und Mitgefühl mit Mensch und Tier. Seit mehr als 500 Jahren überleben die

Bishnoi so unter schwierigen klimatischen Bedingungen. Sie leben strikt lakto-vegetarisch, essen also nur, was ihnen die Natur »freiwillig« überlässt, und vertreiben Jäger und Wilderer aus ihren Gebieten. Um das Jahr 1730 sollen sich *Bishnoi* im Dorf Khejarli gegen die Abholzung von Khejribäumen durch Soldaten des Maharadschas von Marwar gewehrt haben. Angeblich wurden 363 Dorfbewohner getötet, die sich zum Schutz vor die Bäume gestellt hatten. Der Protest war letztlich erfolgreich, und der Maharadscha erließ ein Dekret gegen die Abholzung. Diese Protestaktion gilt als Vorläufer der *Chipko*-Bewegung, in der indische Frauen seit den Siebzigerjahren Widerstand gegen Waldzerstörung leisten.

Die Größe des Kamelmarkts schrumpft immer weiter. Heute werden »nur« noch 5000 Kamele gehandelt, bei meinem Besuch war es noch die doppelte Anzahl.

Am Pushkarsee warteten Sadhus, um den Touristen gegen eine kleine Spende Lotusblüten zu überreichen. Sie in den See zu werfen soll Glück bringen. Wer sich bedrängen ließ, konnte sich leicht zu einer größeren Spende genötigt fühlen.

Ich ließ mich von Frank überreden, einen *Bhang Lassi* zu probieren, das berühmt-berüchtigte Getränk aus den getrockneten Blättern und kleinen Blütenständen der Cannabispflanze. Die Pflanzenteile werden zu einer zähen Masse verdickt und anschließend in Milch zerstoßen. In Jaisalmer und Varanasi gibt es sogar von der Regierung autorisierte Shops, die *Bhang* verkaufen dürfen. Mir war jedoch nicht klar, dass *Bhang Lassi* zu extremer Paranoia führen kann. Das liegt auch an der häufig praktizierten Beimischung von *Datura*, dem Stechapfel.

Die Originalzeilen meiner Aufzeichnungen von diesem Abend lesen sich stellenweise wie der Bericht eines Wahnsinnigen, der aus dem Gefängnis ausbrechen will, und sehen auch so aus.

Als die Wirkung einsetzte, steigerte sich die Reizüberflutung noch um ein Vielfaches. Viel zu viele Eindrücke prasselten auf mich ein, und ich konnte sie unter dem Einfluss der Droge nicht mehr verarbeiten. Meine Filter versagten endgültig. Mich überkam massive Orientierungslosigkeit. Da Frank gut und gerne das doppelte Körpergewicht auf die Waage brachte, war er aufgrund der langsameren Metabolisierung noch recht guter Stimmung, als ich bereits tief in Paranoia versunken war. Ich fühlte mich, als hätte ich keinen festen Boden mehr unter den Füßen. Frank amüsierte sich bei unserem Gang durch die hoffnungslos überfüllte Stadt herrlich über mich und meinen panischen Gesichtsausdruck und kriegte sich kaum ein vor Lachen. Ich amüsierte mich entschieden weniger. Doch auch ihm gelang es bereits nicht mehr, den Weg zu unserem Hotel zu finden. Manchmal meinte er den Weg für einen Augenblick wiederzuerkennen, um kurz darauf laut und schallend lachend zu verkünden, er habe nicht die geringste Ahnung, wo wir uns befänden und es sei ihm auch herzlich egal.

Bettler zerrten an meinem Arm, Händler bedrängten mich von allen Seiten, und *Gypsies* schmierten mir ungefragt eine Mischung aus Kameldung und Hennafarbe auf meine Hände, um darauf Mandalas zu malen. Das unterließen sie erst nach heftigem Protest. Ich fühlte mich dermaßen unwohl, als würde ich in einen Trichter von Wahnsinn gesaugt. Zu allem Überfluss fiel auch noch der Strom aus, die Lichter erloschen, und mein inneres Chaos war perfekt. Ich fühlte mich völlig verloren und wollte nur noch ins Hotel – in eine sichere Umgebung.

Als wir gar nicht mehr weiterwussten, teilten wir uns eine Fahrradrikscha, um endlich wieder zurückzufinden. Mit fast 200 Kilo auf der Rückbank musste der Unglückliche uns den Berg raufradeln. Er tat mir leid, und ich schämte mich dafür, seine Dienste in Anspruch nehmen zu müssen, sodass ich ihm ein üppiges Trinkgeld in die Hand drückte. Sofort zog ich mich in mein Zimmer zurück und verließ es bis zum nächsten Tag nicht mehr. Ich schrieb noch ein paar wirre Zeilen und verputzte unvorsichtigerweise Erdnüsse in meinem Bett. Am Morgen erwachte ich in einem Meer von Ameisen, die ich mit den Schalen angelockt hatte.

Frank schaffte es nach seinem Bericht noch auf die Dachterrasse, konnte sich dort knapp zwei Stunden nicht mehr bewegen und lachte ohne Pause.

Er war ohnehin ein ulkiger Bursche mit einer kranken Lache. Lange war Frank harter Trinker und Kiffer gewesen und hatte sich auf Metal-Konzerten rumgetrieben. Als er mal wieder seine große Klappe nicht halten konnte, hatte ihm ein mächtiger Rocker so derbe Schläge verabreicht, dass er es fast nicht überlebt hätte. Frank sprach von *»brain damage«*. Das war nicht ganz von der Hand zu weisen. Das Gute war, dass er das Trinken drangegeben hatte und inzwischen nur noch Cheech und Chong Konkurrenz machte.

Als wir tags darauf den heiligen »Berg« besuchten, schnaufte Frank wie eine Dampflok. Seit Wochen plante er diesen Ausflug, war aber nie weit gekommen. Er war einfach schon zu lange in Pushkar hängen geblieben.

Auf dem Rückweg hielten wir noch mal bei der Teestube, in der wir den *Bhang Lassi* getrunken hatten. Ich wollte wissen, was uns da kredenzt worden war. Nachdem der zahnlose Verkäufer uns grinsend den riesen Bollen *Bhang* zeigte, der in unsere Getränke gewandert war, wunderte mich nichts mehr. Der Sohn des Besitzers meinte, er würde deutlich weniger verwenden. Sein Vater ging hingegen von seiner eigenen Toleranzentwicklung aus. Der alte Mann hatte gut reden, er trank nach eigener Aussage seit Jahrzehnten jeden Tag *Bhang Lassi,* und ein Blick in seine blutroten Augen bestätigte das hinreichend. Mir war die Lust gründlich vergangen. Frank saß hingegen schon vor seinem nächsten Becher.

Auf der Dachterrasse versammelten sich jeden Abend die Besitzer verschiedener Gasthäuser aus der Umgebung. Es war eine ausgesprochen unangenehme Männerrunde aus schmierigen, selbstsüchtigen und arroganten Typen. Jeden Abend betranken sie sich hemmungslos mit räudigem indischen Whiskey, führten sich auf wie die Schweine und machten jungen Touristinnen unverhohlene Avancen.

Suwai erschien mir im Gegensatz zu den anderen recht sympathisch, drückte sich gebildet aus, besaß Humor und verzichtete auf Gehässigkeiten. Ich versprach, mir sein *Hotel Desert* in Jaisalmer anzusehen, das mit äußerst günstigen Preisen lockte. Allerdings warnte er mich: Es gäbe Leute, die von seinem Hotel abraten würden. Das entspränge ihrem Neid auf sein erfolgreiches Unternehmen.

In diesen Tagen hatte ich manchmal die Befürchtung, Indien würde mich mit Haut und Haaren verschlingen. Mir fehlte jede Privatsphäre. Eigentlich hätte ich mir Zeit nehmen müssen, um einen sicheren und angenehmen Ort zu finden, an dem ich wieder etwas zu mir fand. Doch ich fühlte mich getrieben und wollte vorankommen.

Manchmal fürchtete ich in diesen Tagen, ich würde verrückt werden und wusste nicht, wem ich noch vertrauen konnte. Das kostete unheimlich viel Kraft.

Wie schrieb ein Freund so schön: »*Wenn du das Gefühl hast, alles fliegt dir um die Ohren, und eine fremde Kraft, die sich deiner Kontrolle längst entzogen hat, spült dich durch das Land und die Leute, dann halte kurz inne. Genieße diese Kraft, atme sie, schmecke sie, das ist der Zauber, das ist das, was dich süchtig macht und was du vermissen wirst. Chaos und Kreativität, Unberechenbarkeit. Versuche das zu durchdringen und zu verstehen.*«

Doch das gelang mir zu selten. Ich war vollauf damit beschäftigt, grenzparanoid durch Indien zu stolpern. Meine lang ersehnte Reise war phasenweise zu einem einsamen Durchhaltemarathon verkommen. Nach dem schwierigen Start war ich weit von meinem inneren Gleichgewicht entfernt. Es gelang mir einfach nicht, mich abzugrenzen, wo ich doch eigentlich die Menschen an mich heranlassen wollte, ihnen nahekommen, sie verstehen wollte. Doch da ich kein ausgewogenes Verhältnis fand, hatte ich oft das Gefühl, nur reagieren zu können und nicht das Heft in der Hand zu halten. Es war mehr ein Befehl, den ich mir selbst auferlegt hatte – nämlich um jeden Preis durchzuhalten. Dieser Stolz hielt mich davon ab, die Reise abzubrechen.

Doch trotz und sogar inmitten katastrophaler Erfahrungen in einem Land, das mich ständig überforderte, begann ich es innig zu lieben.

Das Chaos war zwar nur schwer auszuhalten, zugleich machte es süchtig, weil es vor Absurditäten nur so strotzte.

Ich spürte, dass mich diese instinktive, scheinbar absurde Liebe nie wieder loslassen würde. Ich wusste zugleich, dass ich niemand begreiflich machen konnte, was ich hier erlebte. Die abgrundtiefen Kontraste zogen mich an und stießen mich ab, die Menschen verwirrten und begeisterten mich, die bittere Armut erschütterte mich, und die Hoffnung rührte mich fast zu Tränen.

Die dauerhafte Reizüberflutung für alle Sinne begrub mich unter sich, spuckte mich aus und verführte mich dann wieder zu einem schelmischen Grinsen. Als ich das Buch *Kulturschock in Indien* las, brach ich regelmäßig in schallendes Gelächter aus. Ich erkannte noch deutlicher, in welche Fettnäpfchen ich schon getreten war. Zugleich entspannte es mich, hier einige meiner eigenen Gefühle beschrieben zu sehen.

Außerdem erlebte ich Gastfreundschaft, Güte, unbändigen Lebensmut und eine riesige Vielfalt von Religionen, Sprachen und Völkern. Es war in der Vergangenheit immer wieder zu fürchterlichen Pogromen gekommen, und doch musste ich staunen, in welch relativem Frieden und Koexistenz so unterschiedliche Menschen selbstverständlich miteinander leben. Indien ist der größte Schmelztiegel der Welt.

Das Land war so ambivalent wie ich selbst und hielt mir ständig den Spiegel vor. Ich fühlte mich manchmal, als wäre ich in einen Sog geraten, der mich in die Tiefe zu ziehen drohte und doch unwiderstehlich war. Der Sog war zu schnell, zu mächtig, er ängstigte mich, aber er eröffnete mir auch unbekannte Welten. Dieses ursprüngliche, unbändige Leben mit all seiner Wucht war etwas, was mich für immer gefangen nehmen sollte. Diese Kraft vermisste ich nach meiner Rückkehr, und die Ordnung und Stille in unseren Breiten kam mir dann vor wie der Tod.

Mich zog es weiter nach Jaisalmer. Als ich das Büro des Busunternehmens erreichte, erfuhr ich, dass Suwai nicht zu viel versprochen hatte. Sofort tauchte ein Fremder auf und warnte mich eindrücklich davor, im *Hotel Desert* abzusteigen. Ich hatte mein Ziel mit keiner Silbe erwähnt. Aus diesem Stoff ist die Paranoia gesponnen!

Jaisalmer

Es folgte die Nachtfahrt nach Jaisalmer in einem dieser ramponierten Busse, die in Europa vor 30 Jahren ausgemustert worden waren. Sie machten keinen besonders vertrauenerweckenden Eindruck. Über den Sitzplätzen gab es Sleeperboxen, in denen man schlafen konnte. Ich reiste fast immer nachts, um Zeit und Geld zu sparen. Nun hatte ich erstmals das Vergnügen, als *Schläfer* zu reisen. Da es einen Vorhang gab, nutzte ich die seltene Freiheit dazu, bei weit geöffnetem Fenster einen Joint zu rauchen. Aus dem Fenster konnte ich bereits auf die Thar-Wüste blicken.

Mir gefiel der erhabene Blick aus dem »zweiten Stock«. Da die Busse in jeder noch so kleinen Ortschaft hielten, um Leute einzusammeln und auszuspucken oder für kurze Verpflegungspausen, bekam ich Einblicke in den Alltag der Menschen.

Jeder Millimeter im Bus wurde genutzt. Neben Tonnen von Waren befanden sich auch lebendige Tiere an Bord. So besserten die Busfahrer ihr mickriges Gehalt auf, sie luden das Fahrzeug voll, bis die Achse brach. Kaum in Jaisalmer angekommen, ging der Wahnsinn weiter.

Kurz vor der Ankunft im Morgengrauen rannte ein Mann hektisch durch den Bus, klopfte an jede Scheibe der Sleeperboxen und blaffte hinein: *»Don't trust the people from Hotel Desert«*. Jäh fragte ich mich ob die Gauner im *Hotel Desert* saßen oder die waren, die vor ihnen warnten. Oder waren am Ende alle Gauner?

Am Busbahnhof wurde ich bereits von einem Angestellten des *Hotel Desert* erwartet. Mit gemischten Gefühlen fuhr ich zum Hotel. Ich war eigentlich ganz froh, nicht der aggressiven Meute von Hotelschleppern ausgeliefert zu sein, die sich am Busbahnhof versammelt hatte. Mich wunderte nur, dass man mir nicht das Gepäck aus der Hand riss und mich forttrug.

Jaisalmer liegt im Westen der Wüste Thar, die sich bis ins 100 Kilometer entfernte Pakistan zieht. Bereits von Weitem ragt das monumentale Fort aus der Wüste. Es wurde 1156 als neue Hauptstadt des *Bhakti*-Fürstentums von Rawal Jaisal auf einem 120 Meter langen und 500 Meter breiten Felsen aus gelbbraunem Sandstein erbaut, der in der Abendsonne leuchtet. Daher wird Jaisalmer auch als »die goldene Stadt« bezeichnet.

Das *Hotel Desert* befand sich direkt in einer der mächtigen Fortmauern. Aus meinem Fenster konnte ich auf die »Unterstadt« und in die Wüste sehen.

Die Architektur von Jaisalmer überwältigte mich und wirkte fast wie eine Fata Morgana. Die Märchen aus *Tausendundeine Nacht* wurden in dieser historischen Kulisse lebendig. Besonders die in die Festungsmauer integrierte Residenz der Fürstenfamilie, die später zu Maharadscha-Ehren kam, die filigranen *Jaina*-Tempel und die vielen *Havelis* (Wohn- und Geschäftshäuser reicher Kaufmänner) beeindruckten mich nachhaltig. Jaisalmer war einst wichtige Station für Karawanen auf der Seidenstraße. Die Stadt war wichtiger Umschlagplatz für Seide, Opium, Edelsteine und Gewürze und gründete darauf ihren Reichtum. Heute wuchert die moderne Stadt außerhalb des Festungsrings, und in Jaisalmer leben inzwischen 70 000 Menschen.

Nachdem zwei Franzosen und ein US-Amerikaner im Hotel eingecheckt hatten, schloss ich mich mit ihnen zu einer Kamelsafari zusammen. Eine Übernachtung in der Wüste wollte ich mir auf keinen Fall entgehen lassen. Gemeinsam fuhren wir mit dem Jeep 60 Kilometer bis in den Desert National Park.

Erst hier verwandelte sich die Stein- in eine Sandwüste. Wir besichtigten zunächst ein kleines Wüstendorf. Dann ritten wir über eine Stunde auf Kamelen zum Sonnenuntergang in unserem Lager. Das Kamelreiten war ein Härtetest fürs Knochengerüst. Mancher Reiter wird seekrank von dem schaukelnden Gang der Tiere – nicht umsonst nennt man sie »Wüstenschiffe«. Am Lagerplatz angekommen, bereiteten unsere drei einheimischen Begleiter ein einfaches Mahl zu. Anschließend spielten sie nomadische Musik auf Trommeln und schlichten Saiteninstrumenten und sangen dazu.

Akim stahl ihnen fast die Show. Durch seine Reisen in der algerischen Wüste, der seine Vorfahren entstammten, kannte er das Terrain. Bei einem Motorradunfall hatte er vor einigen Jahren ein Bein verloren. Doch er hatte sich zurück ins Leben gekämpft und ließ sich nicht von Fernreisen abbringen. Nun tanzte er ausgelassen auf einem Bein. Ich bewunderte seine Kraft und seinen Lebensmut.

> Wir übernachteten auf dem Wüstenboden und waren von einer himmlischen Ruhe umgeben, die ich nach all dem Lärm tief in mich einsog.

Durch den Vollmond fast taghell beleuchtet, fühlte ich mich bei einer kleinen Wanderung so, als würde ich über den Mond laufen. Nur war ich nicht schwerelos. Im Gegenteil – es war ziemlich anstrengend zu laufen, während ich immer tiefer in den Sand einsank. Ich fühlte mich von der Weite der Wüste magisch angezogen. In den neu erworbenen weißen Gewändern und mit dem langen Bart sah ich auch aus wie ein Sohn der Wüste.

Am nächsten Morgen beschloss ich, das Hotel zu wechseln, um der Vetternwirtschaft zu entkommen, in der ich mich seit Jaipur bewegte. Bei meinem Auszug wollte mein »Freund« Suwai wissen, wohin es mich zog.

Ich hatte keine Lust, ihm das zu sagen. Meine anfängliche Sympathie für ihn war vollständig verschwunden. Wieder hatte ich mich gründlich getäuscht. Er war kein Deut besser als die anderen Hotelbesitzer aus der Runde in Pushkar. Hinter der freundlichen Fassade lauerte ein eiskalter Geschäftsmann, der sich einen Dreck für andere Menschen interessierte. Er verlangte nun mehr Geld für das Zimmer als vereinbart. Aber ich ließ mir das nicht gefallen. Innerlich wurde ich stärker.

Nach dem Umzug besichtigte ich die *Jaina*-Tempel von Jaisalmer. Es handelt sich um einen Komplex von sieben Tempeln innerhalb des Forts, die durch Korridore verbunden sind und unglaublich filigrane bildhauerische Motive aufweisen. Die Tempel sind komplett aus dem Sandstein gehauen.

Die Gemeinschaft der *Jaina* ist eine Hindu-Reformbewegung mit starken Anleihen aus dem Buddhismus. Ähnlich wie viel später *Sikhs* und *Bishnoi* berufen sie sich auf die Lehren von Gurus, die diese im Spannungsfeld zwischen Hinduismus und Islam entwickelten. Auf ihrer Pilgerschaft zu den heiligen Stätten wie Mount Abu liefen sie weite Strecken zu Fuß und schützten ihren Mund mit einem Tuch, um keine Insekten einzuatmen. Mit dem Wedel reinigten sie den Weg vor sich, um keinem Wesen Leid zuzufügen und damit ihrem Karma zu schaden.

Nachdem mir Jaisalmer in den ersten Tagen wie eine himmlische Oase vorkam, gingen mir die Händler zunehmend auf die Nerven. Manche waren unverschämt aufdringlich und hatten offenbar kein Gefühl dafür, dass ihr wenig subtiles Auftreten ihre Verhandlungsposition keineswegs stärkte. Es war ein schwieriges Jahr für die Händler, die Touristenzahlen schwächelten.

Doch zugleich liebte ich die Offenheit der Menschen. Regelmäßig blieb ich irgendwo stehen und unterhielt mich zehn Minuten mit einem Wildfremden. Oft blieben die Gespräche zwanglos.

> Wo Worte fehlten, ersetzten Gesten und Lächeln die Botschaft.

Ich mochte die Gelassenheit und die stoische Ruhe der alten Männer, die sich durch nichts aus der Fassung bringen ließen.

Andere Gespräche liefen sehr routiniert ab. Ein wahrer Fragenkatalog wurde auf mich abgefeuert: *What is your good name? Where are you from? What is your profession? Are you married?* Auch meine Weltoffenheit stieß irgendwann an Grenzen. Außerdem war die Wahrscheinlichkeit hoch, dass als Nächstes die schrille Einladung in den nächstgelegenen Shop folgte. Ich gab mir größte Mühe, höflich zu bleiben.

Zu einem gewissen Grad verstand ich mich als Botschafter. Ich sah zu viele Touristen, die sich ignorant und unverschämt verhielten, so als seien sie wegen der mickrigen Scheine in ihren Taschen die neue Kolonialelite. Sie schritten unnahbar und mit Tunnelblick durch die Straßen. Dem wollte ich etwas entgegensetzen. Schließlich war ich nach Indien gereist, um vor allem die Menschen kennenzulernen und so viel wie möglich über die Kulturen des Landeszulernen.

Es hatte nicht lange gedauert, bis Suwai wusste, wo ich mich aufhielt und sich regelmäßig selbst ins neue Hotel einlud. Immer deutlicher kam ein unerträglicher Prahler zum Vorschein. Was mich aber an dem eitlen Zirkel von Gasthausbesitzern am meisten abstieß, war ihre vollständige Missachtung der Menschen, die für sie arbeiteten. *Everything is possible in India,* sagten sie ständig. Doch ihre Bediensteten behandelten sie wie Dreck, so als wären sie noch immer Könige. Für sie war tatsächlich vieles möglich, aber auf Kosten anderer. Diese bodenlose Ignoranz machte mich wütend. Hinter den Kulissen schufteten Niedriglöhner, um die Fassade für die Mittel- und Oberschicht aufrechtzuhalten. Diese Ungerechtigkeit konnte ich nur schwer ertragen. Das Kastensystem war offiziell längst abgeschafft, aber es spielt noch immer eine große Rolle im alltäglichen Leben. Auch die Farben der Turbane weisen bis heute auf Herkunft, Kaste und Beruf hin.

Noch immer werden Menschen brutal ausgebeutet und schikaniert. Die Korruption stinkt zum Himmel. Die hygienischen Bedingungen für die Armen sind noch immer katastrophal, und das Bildungssystem bietet viel zu wenig Aufstiegschancen. Über den Slums der Großstädte protzen riesige Werbeschilder. Sie bewerben Luxusprodukte und Privatschulen und wirken wie blanker Hohn.

Ghandis Erbe wird zunehmend vergessen. Dabei liegt die größte Herausforderung für Indiens Zukunft darin, endlich die bitterarmen ländlichen Gebiete so zu fördern, damit die Menschen dort eine Zukunft haben. Wird die Landflucht nicht gestoppt, drohen die Städte zu unkontrollierbaren Molochen zu verkommen.

Als ich Suwai meinen Abschied aus Jaisalmer ankündigte, fragte er mich, ob ich schon in Jaipur gewesen sei. Als ich das bejahte, hakte er nach, ob ich nicht noch mal hinfahren wolle. Er würde mich gerne jemandem vorstellen und würde für Unterkunft und Fahrtkosten aufkommen. In diesem Moment war ich mir zu 100 Prozent sicher, wen ich da wohl treffen würde. Das konnte nur mein Freund Juwelen-Krishna sein. Aus dieser Laune heraus sagte ich ihm, ich wisse, wen ich da treffen würde, und für einen Moment war er völlig baff. Ich hatte ins Schwarze getroffen. Suwai war entgangen, dass ich den Kreis vom Ende her aufgerollt hatte. Er gab mir eine Gasthausempfehlung für Jodhpur und versprach mir, ich könne ihn immer anrufen. Egal, wo ich mich in Indien befände – zehn Minuten später sei jemand mit meinem Namen auf einem Schild in meiner Nähe. Keine sonderlich beruhigende Vorstellung!

Sicher, es war höchst absurd, dass ich tatsächlich auch in Jodhpur in dem von ihm empfohlenen Gasthaus abstieg. Es war wohl mein verquerer Stolz, mich ohne Gesichtsverlust aus der Geschichte ziehen zu wollen. Vielleicht hatte ich seit dem Clou mit Suwai auch ein wenig Spaß an dem absurden Spiel bekommen.

Die Hausherrin des Gasthauses forderte mich dazu auf, den Preis für mein Zimmer selbst zu bestimmen, war dann aber mit dem Gebot nicht zufrieden. Wenige Minuten später reichte sie mir das Telefon, Suwai wolle mich sprechen. Ich würde zu wenig zahlen, wies er mich zurecht. Ich pochte darauf, dass dies nur die Hausherrin und mich anging. Er forderte mich auf, im Gegenzug Werbung für sein Hotel zu machen.

Trotz meiner zunehmenden Stärke fühlte ich mich weiter sehr einsam. Ich wünschte mir sehnlichst die Begegnung mit anderen Reisenden, mit denen ich ein Wegstück teilen konnte. Verzweifelt sinnierte ich, ob ich mich mit einem Schild auf den Marktplatz stellen sollte, mit der Aufforderung, mich einzusacken.

Am Omlette Shop traf ich tatsächlich auf Neo. Er stammte aus den USA und war mit einem befreundeten Pärchen unterwegs. Nachdem ich ihm von den Fallstricken meiner Reise berichtet hatte, bot er mir an, ich könne mich ihnen anschließen. Nachdem ich mich auch mit dem Pärchen gut verstand, willigte ich hocherfreut ein und konnte noch ein Ticket für denselben Bus nach Mount Abu erstehen.

Meiner Hausherrin erzählte ich, ich würde wie geplant nach Udaipur weiterreisen, und ließ mir ein Hotel empfehlen, um es meiden zu können. Damit schloss sich dieser Kreis, und ich war nicht traurig, Suwai und Konsorten fortan nicht mehr zu begegnen. Suwais Visitenkarten nutzte ich nur, um vor seinen Machenschaften zu warnen.

Türkei

DIE HAUPTSTADT DER WELT

In Istanbul treffen Europa und Asien aufeinander. Hier kommen muslimische Traditionen und moderner Fortschrittsglaube zusammen. Hektik und Gelassenheit führen hier eine Koexistenz. Die Stadt steckt voller Energie und voller Gegensätze. Eine magische Mischung.

Von Rochssare Neromand-Soma und Morten Hübbe

İstanbul'a hoş geldiniz – Willkommen in Istanbul

Wir stehen schweigend an einer Tankstelle irgendwo mitten in Bulgarien. Ein blauer Himmel überspannt uns, doch in unseren Köpfen ist es düster. Zu lange stehen wir bereits in dieser Einöde. Vor Stunden haben wir die Hauptsadt Sofia auf der Rückbank eines in die Jahre gekommenen Wagens verlassen. Doch seitdem wir uns von unserer Mitfahrgelegenheit, einem jungen Paar aus der Hauptstadt, an dieser Tankstelle kurz vor Plovdiv verabschiedeten, versagt uns das Glück jede weitere Unterstützung.

Doch dann, endlich, blitzt ein schneeweißes Auto am Horizont auf, setzt den Blinker und parkt an einer der Zapfsäulen. Drinnen sitzen Deniz und Gilbert, Plug-in-Entwickler aus Albanien. Sie sind auf dem Weg nach Istanbul und gerne bereit, uns die noch ausstehenden 400 Kilometer mitzunehmen.

So reisen wir durch den bulgarischen Südosten, folgen dem Navigationsgerät, das uns über verschiedene Abkürzungen schickt, und sind mehrfach überzeugt, uns ganz furchtbar verfahren zu haben. Doch irgendwann erreichen wir die türkische Grenze. Eine riesige rote Flagge mit weißem Halbmond und Stern grüßt uns schon aus weiter Ferne. Wir schütteln einem freundlichen Grenzbeamten die Hand und setzen unseren Weg gen Osten fort.

Es dauert nicht lange, bis wir in die Geheimnisse des türkischen Straßenverkehrs eingewiesen werden. Es gibt keine Regeln, lediglich Richtlinien. Auf einer zweispurigen Straße haben auch drei Autos nebeneinander Platz. Gegenverkehr ist kein Grund, nicht zu überholen. Parkplätze gibt es überall. Lichtsignale sind nur optionale Ergänzungsmittel.

Deniz und Gilbert verstehen die Kunst der türkischen Fahrschule. Sie finden jede Lücke (und nutzen sie), und so rasen wir unserem Ziel Istanbul entgegen.

Die Sonne ist bereits hinter dem Horizont verschwunden, als wir die Metropole am Bosporus erreichen. Millionen Lichter leuchten uns entgegen. Hochhäuser ziehen an uns vorbei, Wohnviertel, Konsumtempel. Der Verkehr gleicht gigantischen rot und gelb strahlenden Würmern, die auf den asphaltierten Bahnen der Stadt herumkriechen.

Mehr als 40 Minuten fahren wir bereits durch Istanbul, die 15-Millionen-Metropole. Plötzlich ist das Häusermeer um uns herum verschwunden. Wir überqueren den Bosporus auf einer von drei Brücken, die Europa und Asien verbinden. Ein kurzer Moment der Stille, dann jubelt es in unseren Köpfen. Asien. Wir betreten soeben einen neuen Kontinent.

Wir fahren weitere 20 Minuten durch die asiatische Seite der Stadt, bis wir uns von Deniz und Gilbert verabschieden und unserem Couchsurfing-Gastgeber Osman die Hand reichen. Osman wohnt in einem Gebäudekomplex mit Sicherheitsservice, Swimmingpool, Golfanlage und Tartanbahn. Sein Pkw steht im Parklift, und von seinem lang gestreckten Balkon im sechsten Stock überblicken wir die Umgebung.

Osman, ein bisschen verschnupft vom Wetterumschwung der letzten Tage, heißt uns mit einem *Rakı*, dem türkischen Nationalgetränk, willkommen. Wir lassen uns den Anisschnaps schmecken, während Osman unsere Vorfreude auf Istanbul mit jeder Minute unseres Gespräches wachsen lässt.

Der Verkehr in Istanbul ist auch am nächsten Morgen chaotisch. Am Fähranleger in Üsküdar nehmen wir ein Boot, überqueren den Bosporus und sind wieder zurück in Europa.

Istanbul lernen wir zuerst mit dem Blick der unzähligen Besucher kennen, die aus allen Teilen der Welt in die einstige osmanische Hauptstadt reisen. Unsere ersten Stationen sind klassisch. Wir befinden uns im Stadtviertel Sultanahmet, der historischen Altstadt Istanbuls. Zwischen Blauer Moschee und Hagia Sophia herrscht dichtes Gedränge. Schon früh am Morgen spucken Reisebusse Touristengruppen aus. Darunter mischen sich Souvenirverkäufer, private Guides suchen nach Gutgläubigen, Flötenspieler verdienen sich ein paar Lira. *Çay*, der allgegenwärtige türkische Tee, wird in großen Mengen verkauft.

In der Blauen Moschee endet gerade eines von fünf täglichen Gebeten, und sofort bildet sich eine lange Schlange Menschen, die das Gotteshaus von innen sehen wollen. Auch wir stehen in der Masse. Vor uns kichern asiatische Frauen verlegen, als man ihnen große Tücher reicht, damit sie ihre Haare darunter verbergen. Hinter uns warten ein paar sonnenverbrannte Briten.

Wie es muslimischer Brauch ist, entledigen wir uns vor dem Eintreten in die Moschee unserer Schuhe und tragen diese in kleinen Plastiktüten mit uns herum. Dicker Teppich dämpft unsere Schritte. Istanbuls Hauptmoschee ist riesig. Unter einer weiten, mit Ornamenten reich verzierten Kuppel hängt ein ausladender Leuchter, der den hallengleichen Innenraum in warmes Licht taucht.

Ein hölzernes Geländer trennt die Besucher von den Gläubigen. Hier ist der Andrang groß. Kameras werden in alle Richtungen gehalten, das monotone Klicken der Auslöser ist Teil der Erfahrung, die wir in der Blauen Moschee machen. Ein britischer Opa mopst einem türkischen Opa den Pullover. Der Bestohlene guckt erst verdattert und läuft dann dem Dieb hinterher. Es kommt zu einer kleinen Diskussion, die aufgrund unterschiedlicher Sprachen zu keinem Ergebnis führt. Erst der Sohn des einen kann in dem Konflikt vermitteln, und plötzlich stellt der Brite fest, dass er versehentlich den falschen Pullover gegriffen hat. Beschämt lachend und mit plötzlich knallrotem Kopf erkennt er seinen Irrtum und gibt das Diebesgut kleinlaut zurück. Doch auch der türkische Opa hat schnell seinen Humor wiedergefunden und schüttelt dem Reumütigen eifrig die Hand.

Auf der Seite der Gläubigen geht es viel entspannter zu.

Das Gebet ist seit einigen Minuten beendet, und noch immer liegen ein paar Männer ausgestreckt auf dem Teppich. Einen Plausch haltend, lässt sie das Treiben auf unserer Seite der Absperrung augenscheinlich völlig kalt. Ein kleiner Junge tollt in ihrer Nähe, schlägt einen Purzelbaum und rollt sich fröhlich über den weichen Boden.

Draußen vor dem Gebäude wird uns bewusst, wie angenehm kühl es im Inneren der Moschee war. Die Sonne steht mittlerweile im Zenit. Gleißendes Licht blendet uns. Noch immer wuselt eine homogene Touristenmasse durch die Gegend. Sie erstreckt sich von der Blauen Moschee über den Sultanahmet-Park bis zur Hagia Sophia auf der anderen Seite. Wir fügen uns in den Strom, treiben vorbei an alten, rundlichen Frauen, die uns wortlos Blumenkränze entgegenstrecken, Guides, die wortreich Bootstouren auf dem Bosporus anbieten, und einem Mann mit hohem Turban und rotgelbem Gewand, der bereits aus der Ferne die meiste Aufmerksamkeit gewinnt. Er ist für jedes Foto zu haben und hat gleich die passenden Accessoires dabei, damit er nicht alleine wie der Sultan aussehen muss.

Dann stehen wir vor der Hagia Sophia. Einst byzantinische Kirche, später muslimische Moschee und seit 1935 ein Museum, das Spuren beider Religionen ausstellt. Minarette zieren die einstige Kirche, ein riesiges Mosaik zeigt Jesus Christus, die Gottesmutter Maria, und Johannes den Täufer in der früheren Moschee. Ein gigantisches Medaillon mit der Inschrift *»Allah«* hängt neben der Jungfrau Maria und dem neugeborenen Jesus.

An jeder Ecke Zeichen der einen oder der anderen Religion – meistens jedoch beider zugleich. Da gibt es eine muslimische Gebetsnische und das vermutlich größte christliche Taufbecken der Welt. Die byzantinische Kuppelbasilika, in ihrer Zeit als epochales Kunstwerk gefeiert, gilt als Inspirationsquelle für den Bau späterer Moscheen.

Es dauert eine Weile, bis wir begreifen, wie in der Vergangenheit hier zwei Religionen aufeinandertrafen und wie verschlungen sie heute in diesem Gebäude miteinander sind. Dank dafür gebührt den damals einfallenden Osmanen, die die Kirche nicht zerstörten, sondern sie einfach in ihrem Interesse nutzten.

Unterwegs mit Sultan Murad III. – Mortens orientalischer Traum

Heiß ist es. Die Touristen strömen, sprechen englisch, russisch, deutsch. Ein paar Spanier und Italiener sind auch zu hören. Dazwischen steht noch immer der eifrige Sultan in seidenem Gewand. Der Gesang des Muezzins schwingt sich über die Dächer der Stadt.

Wir setzen uns auf eine der vielen Bänke vor der Blauen Moschee. Die Hitze drückt unsere Augenlider nieder. Doch nur für einen Augenblick, dann schrecke ich wieder hoch. Die Touristen sind verschwunden, der Muezzin verstummt. Nur der Sultan steht noch immer da und winkt mir eifrig zu.

Er stellt sich als Murad III., Sultan des Osmanischen Reiches, vor. Murad ist ein netter Typ. Seine freundlichen Augen leuchten hingebungsvoll, sein Lächeln ist milde und sanftmütig, der dunkle Rauschebart reicht ihm bis auf die Brust. Wir plaudern ein bisschen über dies und das und verstehen uns so gut, dass er mich schließlich in seinen Palast einlädt. Der Weg ist nicht weit. Hinter der Hagia Sophia breitet sich das großflächige Areal des Topkapı-Palasts aus. Mehrere Gebäude und große Gärten prägen die Anlage. Diener laufen geschäftig durch die Säulengänge. Die Wachen blicken misstrauisch auf mich herab, wagen aber im Angesicht ihres Herrschers keine einzige Bemerkung. Murad zwinkert mir zu und schmunzelt: »Sultan zu sein hat viele Vorteile.«

Als wir in den zweiten Innenhof treten, eilt eine ehrwürdige Gestalt mit zügigen Schritten auf uns zu. Der Großwesir, ein Mann edler Erscheinung, verbeugt sich knapp und beginnt staatsmännisch auf meinen neuen Freund einzureden. Doch Murad bleibt gelassen, bedeutet seinem ersten Staatsdiener mit einer gebieterischen Bewegung zu gehen. Der Mann, eben noch voller Tatendrang, schleicht ein bisschen bedröppelt davon.

Murad verdreht die Augen. »Es ist immer das Gleiche«, sagt er, »ständig will er irgendwelche Anordnungen von mir. Warum habe ich denn einen Großwesir, wenn ich sowieso alles alleine machen muss?« Ich zucke mit den Achseln, staatsmännische Verantwortung hatte ich bisher noch nicht zu bewältigen. Dennoch werfe ich ein, dass ein Sultan sich nicht alles aus der Hand nehmen lassen sollte. Denn wozu braucht man anderenfalls einen Sultan?

Daraufhin nimmt mich Murad an die Hand. Beinahe forsch zieht er mich hinter sich her, und zusammen eilen wir dem Großwesir nach. Bald darauf stehen wir vor einer reich verzierten Halle, doch anstatt durch das Haupttor betreten wir das Gebäude über einen kleinen Nebeneingang, setzen uns hinter ein hölzernes Gitter und beobachten die Versammlung in der Mitte der Halle. Gerade spricht der Großwesir zu den übrigen Anwesenden. »Der Großwesir und die Minister. Sie beraten über den Zustand meines Reiches, reden über Finanzen und Wirtschaft, Krieg und Frieden«, gähnt Murad in mein Ohr. »Außerdem haben sie keine Ahnung, dass ich hier bin«, fügt er mit einem leisen Lachen hinzu.

»Aber komm, ich zeige dir etwas wirklich Interessantes«, flüstert Murad, nimmt mich erneut am Arm, und zusammen verschwinden wir kurze Zeit später in einem anderen Gebäude. Ein schattiger, mit bunten Fliesen und Malereien verzierter Gang liegt vor uns. Wir begegnen ein paar Dienern, die gerade riesige Stapel schmutzigen Geschirrs auf ihren Armen balancieren, bei meinem Anblick aber vor Schreck alles fallen lassen. Ein lautes Klirren schallt durch den Korridor. Murad lacht und entschuldigt den Vorfall. »Hier sieht man niemals ein fremdes Gesicht wie deines. Dieser Teil des Palastes ist absolut tabu für jedermann, der nicht meine persönliche Erlaubnis besitzt. Willkommen in meinem Harem.«

Das ist er also, der Harem des Sultans. Die Privatgemächer Murads und seiner Frauen und Kinder. Wir schlendern ein wenig durch die mit Vorhängen, Polstern und Kissen geschmückten Räume. Vergoldete

Zimmerdecken leuchten von oben herab, dicke Teppiche dämpfen unsere Schritte, detailreiche, aus Gold und Silber gearbeitete Lampen und Gefäße dekorieren die Gemächer. Überall schimmern Juwelen und Diamanten. Chinesisches Porzellan und europäische Uhren – kleine Accessoires im Luxusleben meines Freundes Murad. Eunuchen wedeln mit riesigen Fächern etwas frische Luft herbei, Bedienstete servieren uns *Çay* und Granatäpfel. Als wir uns in einem der Gemächer auf einen dicken, mit Goldfäden bestickten Diwan setzen, bleiben wir nicht lange allein. Etwa ein Dutzend wunderschöner Frauen gesellt sich zu uns. Noch ein Vorteil, Sultan zu sein, denke ich, und als hätte Murad meine Gedanken gelesen, zwinkert er mir gleich mehrfach zu.

Bis zu 300 Konkubinen leben in Murads Harem. Sie kommen aus allen Teilen des Osmanischen Reiches, sind Geschenke ausländischer Fürsten oder schlicht Handelsware. Im Harem erhalten die jungen Frauen eine umfassende Ausbildung, die vor allem darauf abzielt, ihre ohnehin schon außerordentliche Schönheit noch weiter anzureichern. Musik, Tanz, Lesen, Schreiben und höfische Etikette gehören ebenso zum Lehrstoff wie die Kunst des Make-ups. Murad ist mit seinen Frauen offensichtlich sehr zufrieden.

Um unser Wohlbefinden noch zu steigern, reicht man uns zwei Opiumpfeifen. Murad ist als großer Raucher bekannt, und schon bald hängen dichte Rauchschwaden über unseren Köpfen. Debil grinsend starre ich vor mich hin. Ich bin berauscht, ohne genau zu wissen, ob es an den Haremsdamen oder der Droge liegt.

Doch dann schwebt eine weitere Person in den Raum. Elegant, anmutig und grazil tritt eine junge Dame mit strengem Gesicht an uns heran. Die anderen Frauen, eben noch albern kichernd, fliehen eilig in den angrenzenden Park.

Murad stellt mir seine Favoritin, seine Hauptfrau Safiye, vor. Hinter der Schönen versteckt sich ein kleiner Junge, vielleicht fünf Jahre alt, und blickt schüchtern zu uns herüber. Plötzlich strahlt Murad übers ganze Gesicht. »Mehmed, mein Sohn!«, ruft er freudig, und Mehmed strahlt mit breitem Lächeln zurück. »Er wird einmal mein Nachfolger«, erklärt mir Murad euphorisch, »vorausgesetzt, er kann sich gegen seine 111 Geschwister durchsetzen. Aber daran habe ich eigentlich keinen Zweifel.« Dann nimmt mich Murad beiseite und erklärt mir die traditionelle Amtsübernahme eines Sultans. Zunächst geht es recht gleichberechtigt zu. Eine Erbfolge gibt es nicht. Jeder Sohn des Sultans hat das Recht, seinem Vater im Amt zu folgen. Was dann kommt, ist allerdings ein Blutbad. Da es nur einen Sultan geben kann, attackieren sich die Brüder gegenseitig. Auch Murad ließ einst seine fünf Brüder mit einer Bogensehne erdrosseln.

Mir fehlen die Worte, und so schlürfe ich einfach an meinem *Çay*, bis eine weitere Frau ins Zimmer tritt. Sie ist nicht minder elegant als Safiye, allerdings bedeutend älter und mit noch strengerem Gesichtsausdruck ausgestattet. Als sie den Raum betritt, sinkt die Temperatur. Plötzlich herrscht eine eisige Kälte. Murad neigt ehrerbietig den Kopf, doch Safiyes Blick wird kalt und hart. Die beiden Frauen taxieren sich einen Augenblick, dann verlässt die ältere wortlos das Zimmer.

»Meine Mutter«, flüstert Murad. Und mit einer Kopfbewegung auf seine Frau deutend, fügt er hinzu: »Sie verstehen sich nicht besonders.« Plötzlich wird mir klar, wer hier im Palast das Sagen hat. Murad ist es jedenfalls nicht. Stattdessen herrscht ein erbitterter Kampf um Macht und Einfluss zwischen den beiden Frauen an seiner Seite.

Die Mutter des Sultans hat als Hüterin des Harems eine besondere Stellung im Palast. Ihr Einfluss ist weit größer als der aller Minister zusammen. Jede der vier Frauen des Sultans brennt darauf, irgendwann diese Position zu bekleiden. Daher buhlen sie schon lange vorher um mehr Macht und Mitbestimmung.

Als Letztes geht es dann darum, den eigenen Sohn in der Thronfolge nach vorne zu bringen. Dabei schrecken sie auch vor brutalen Mitteln nicht zurück. Elegante Bestien.

Murad und ich wandern noch ein bisschen durch die labyrinthhartigen Korridore des Harems und hinaus in den prachtvollen Garten. Ein kühler Wind streicht über mein Gesicht. Reflexartig schließe ich die Augen.

Als ich sie wieder öffne, ist Murad verschwunden. Auch der Garten ist nicht mehr da. Stattdessen finde ich mich auf einer Bank vor der Blauen Moschee wieder. Touristenmassen strömen um mich herum. Sie sprechen englisch, russisch und deutsch. Ein paar Spanier und Italiener sind auch zu hören. Die Sonne brennt heiß vom Himmel herab. Tüchtige Verkäufer bieten allerlei Unnötiges zum Verkauf an, und da drüben, neben dem Springbrunnen, steht ein Typ mit Rauschebart und der traditionellen Kleidung des Sultans und zwinkert mir auffällig vertraut zu.

Spaziergang durch bunte Welten – Das europäische Istanbul

Wir wenden dem hoheitlichen Anwesen den Rücken zu und schlendern bis zum Großen Basar, dem Kapalı Çarşı. Seit dem 15. Jahrhundert wird unter dem Dach der riesigen Markthalle gefeilscht, gehandelt und geschachert. Seit 600 Jahren wechseln hier Waren und Güter ihre Besitzer.

Angezogen von einer so langen Händlertradition betreten wir das Gebäude. Unsere Erwartungen werden aber sehr schnell enttäuscht. Statt lokaler Produkte finden wir vor allem Massenimporte aus China. Gefakte Trikots von Messi, Ronaldo, Götze und Balotelli hängen hier an den Wänden. Verkäufer orientalischer Lampen und Keramik häufen ihre Auslage vor den kleinen Geschäften. Juweliere sitzen vor bruchsicherem Glas und warten auf Kundschaft.

Die Gänge sind breit, hell erleuchtet und ausschließlich von Touristen bevölkert. Istanbuls Kapalı Çarşı hat nicht mehr viel mit einem Basar zu tun. Es ist eine Ansammlung von Souvenirshops auf

31 000 Quadratmetern. Es ist kein Ort, an dem wir uns lange aufhalten wollen.

Wir verlieren uns lieber in den umliegenden Straßen und Gassen. Plötzlich stecken wir mittendrin im geschäftigen Istanbul. Hier wird alles verkauft. Nützliches, Brauchbares, Notwendiges, Leckeres. Wir quetschen uns durch die Menge und bleiben vor einem Mann stehen, der auf einem hölzernen Wagen Dutzende Granatäpfel aufgeschichtet hat. Vor ihm befindet sich eine Saftpresse, und für zwei Lira (etwa 70 Cent) trinken wir unseren ersten frisch gepressten Granatapfelsaft. So lecker, wie man ihn wohl nur an einem kleinen Straßenstand mitten in Istanbul bekommen kann.

Dann schlendern wir hinab zum Ufer des Bosporus. Sanft wippen die Wellen gegen die Bootsanleger der Fähren. Auf ihren Sonnendecks schaukeln Tausende Menschen täglich von der europäischen auf die asiatische Seite der Stadt und wieder zurück. Im blau schimmernden Wasser schwimmen ein paar Fische träge herum, Motoren dröhnen, Wasser schäumt, und mit gleichmäßiger Kraft schieben sich die stählernen Körper von Kontinent zu Kontinent. Etwa 20 Minuten dauert die Überfahrt.

Wir bleiben in Europa und folgen einer Menschentraube wieder hinein in die Stadt, lassen uns von unseren Spürnasen durch die nahegelegenen Gassen und Straßen führen. Bereits nach kurzer Zeit haben wir uns im Gewimmel verlaufen. Orientierung bietet lediglich die geografische Lage: Bergab geht es zurück zum Bosporus, bergauf weiter hinein in die Stadt. Und so folgen wir der Straße immer weiter hinauf, weichen entgegenkommenden Motorrädern aus, machen Platz für Träger und Sackkarrenlenker.

Teppichläden säumen unseren Weg, Lampengeschäfte und Süßwarenbäcker. Immer wieder begegnen wir mobilen Ständen, an denen frisch gepresster Orangen- und Granatapfelsaft angeboten wird. Noch häufiger sehen wir die *Simit*-Verkäufer am Straßenrand. In großen gläsernen Kästen türmen sich die ringförmigen, mit Sesam bestreuten

»Pferde sind die Flügel des Menschen«, heißt es bei den Kirgisen. Denn ohne ihre Reittiere wären sie verloren im mächtigen Tienschan-Gebirge. Adriane Lochner reitet mit und begreift, dass man kein Nomadenleben führen muss, um zu fühlen, was Freiheit ist.

In Wales stehen Aylin und Stefan Krieger einem Problem gegenüber: die walisischen Ortsnamen so auszusprechen, dass der Busfahrer erahnen kann, wo er anhalten soll. Auf dem Mount Snowdon kommen sie der Natur sehr nahe – und der Antwort auf die Frage, warum Menschen eigentlich wandern.

»Das Land war so ambivalent wie ich selbst und hielt mir ständig den Spiegel vor. Ich fühlte mich, als wäre ich in einen mächtigen Sog geraten, der mich ängstigte, mir aber zugleich unbekannte Welten eröffnete.« Oleander Auffarth reist durch Indien.

Katharina Wulffius und Johannes Klaus machen mit ihren Familien Ferien in Deutschland. Und entdecken auf einem Hausboot das blaue Paradies.

Das Wasser unter ihrem Kiel gehört zum größten Gewässernetz Europas. Tage, sogar Wochen kann man auf der Mecklenburgischen Seenplatte unterwegs sein.

»Ich flaniere die breite Straße entlang, obwohl es eigentlich nichts zu flanieren gibt.«

Anne Steinbach reist nach Yamoussoukro, Hauptstadt des westafrikanischen Staates Elfenbeinküste und menschenleeres Megamonument eines größenwahnsinnigen Staatspräsidenten.

Auf der Fähre von Korčula nach Dubrovnik, Kroatien: Nach einem tränenreichen Abschied findet sich Susanne Helmer plötzlich neben dem Kapitän wieder und spricht mit ihm über die Liebe.

Die Hagia Sophia in Istanbul – einst byzantinische Kirche, später muslimische Moschee, heute ein Museum beider Religionen. In Istanbul treffen Kontinente, Religionen, Welten aufeinander. Diese Mischung ist magisch, finden Rochssare Neromand-Soma und Morten Hübbe.

In Lissabon pressen starke Wellen an das Ufer des Tejo. Sie erzählen von »saudade«, von Nostalgie und Weltschmerz. Markus Steiner ist die Stadt manchmal unheimlich, denn sie spiegelt zu jeder Zeit seine Stimmung wider: Sehnsucht nach Heimat und zugleich nach Rückkehr in die Welt.

Brote aus Hefeteig. Sie gehören zur Grundversorgung. Kaum ein anderes Lebensmittel ist so schnell erreichbar und hilft so effektiv gegen den einsetzenden Hunger.

Mit Granatapfelsaft in der einen und einem *Simit* in der anderen Hand wandern wir weiter den Hügel hinauf. Die Gassen werden immer schmaler und immer belebter, das Vorwärtskommen immer schwieriger. Mittlerweile bieten die Geschäfte um uns herum vor allem Kleidung, Elektronik, Lederwaren und Goldschmuck an. *Çay*-Verkäufer laufen mit großen Tabletts von Geschäft zu Geschäft.

Auf der Kuppel des Hügels angekommen, treffen wir uns mit Hidayet. Er lädt uns zum *Çay* in ein Café in unmittelbarer Nähe der Süleymaniye-Moschee ein. Wir entkommen der überquellenden Straße und steigen gemeinsam eine schmale Treppe hinauf bis zu einer Dachterrasse, von wo sich uns ein berauschender Blick bis weit über den Bosporus bietet.

Wir unterhalten uns mit Hidayet über die moderne türkische Geschichte und interessieren uns vor dabei allem für eine Person: Atatürk. Am Konterfei des Staatsgründers kommt man hier nirgendwo vorbei: man begegnet ihm in Imbissbuden, Supermärkten, Stadtbussen, auf Flaggen, Postern und Häuserwänden. Er steht auf einer Heldenstufe mit Batman, Herkules und Popeye. Jedes Kind kennt ihn, und jeder liebt ihn, so scheint es.

Als Befehlshaber führt Mustafa Kemal Pascha, so der frühere Name Atatürks, einen erfolgreichen Unabhängigkeitskrieg gegen die alliierten Invasionsmächte Großbritannien und Griechenland, er reformiert das Osmanische Reich, schafft Sultanat und Kalifat ab, gründet eine Republik, führt die Demokratie ein, trennt Religion und Staat, fördert die Emanzipation der Frauen und gestaltet die Rechtsprechung nach europäischem Vorbild um.

Atatürk ist weit mehr als der Gründungsvater der Türkei. Er ist das Symbol für Demokratie, Selbstbewusstsein und Fortschrittsglaube der ethnischen Türken. Kritik an seiner Person ist selbst auf höchster

Ebene unmöglich, was vor allem dem amtierenden türkischen Staatspräsidenten Erdoğan, alles andere als ein Reformer im Zeichen Atatürks, in seinen Reden einiges an diplomatischem Geschick abverlangt. Hier hält Hidayet inne, legt den Kopf zur Seite, so als müsse er nachdenken. Erdoğan, so sagt er, sei ganz anders als Atatürk. Ob das gut oder schlecht sei, wird die Zukunft zeigen.

Mittlerweile sind wir von der Dachterrasse wieder zurück in den Gassen Istanbuls und spazieren eher ziellos durch die abschüssigen Straßen wieder hinunter zum Bosporus, Hidayet an unserer Seite. Ihm verdanken wir es, dass wir plötzlich mitten in einer kühlen Markthalle stehen. Satte Rot- und Gelbtöne leuchten um uns, es duftet nach Kardamom, Curry, Zimt und hundert anderen Gerüchen, die wir nicht zuordnen können. Ein undurchdringliches Sprachgewirr erfüllt den Raum. Curry, Chili und Safran türmen sich hier bergeweise übereinander. Zimtstangen und Nüsse stützen sich gegenseitig. Getrocknete Feigen, Bananen und Aprikosen lassen uns das Wasser im Mund zusammenlaufen. Türkische Zuckerwaren, karamellisierte Nüsse und verschiedene Teesorten reihen sich in großen Mengen aneinander. Wir bestaunen traditionelle Teeservices, detailreich verzierte Kochtöpfe für den türkischen Kaffee, kunstvolle orientalische Lampen, Stoffe und Kleider. Wir befinden uns auf dem historischen Gewürzmarkt Istanbuls. Ein Ort wie aus einem wahr gewordenen orientalischen Märchen.

In meiner Fantasie reibe ich bereits an einer Öllampe und befreie einen mächtigen Dschinn, der mich und meinen treuen Affen mit dem lustigen Hut bis ins Wildkatzengehege des Sultans befördert. Doch statt mächtigen Brüllens erklingt nur empörtes Miauen, und ich stolpere über einen kleinen flauschigen Körper zurück in die Realität.

Es ist kein Tiger, der mich nun merklich verärgert anfaucht, sondern eine von wahrscheinlich Tausenden Straßenkatzen in Istanbul. Überall lungern sie herum. Stets elegant und grazil. Manchmal maunzt es fürstlich aus einem Müllcontainer, manchmal herrschaftlich von einem verwinkelten Mauerabschnitt. Die Katzen streichen um Imbissbuden, schleichen von Geschäft zu Geschäft, lassen sich hier und da ein wenig streicheln und wenden sich arrogant ab, wenn sie keine Lust mehr haben. Dann spazieren sie hinunter zur Galatabrücke und stibitzen den einen oder anderen Fisch aus den Eimern der vielen Angler, die hier dicht an dicht an der Brüstung stehen.

Wir folgen den vornehmen Tieren zum Goldenen Horn, einer lang gestreckten Bucht des Bosporus, an dessen Ufer sich das europäische Istanbul schmiegt. Unterhalb der Angler, deren Ruten zu Dutzenden über die Galatabrücke hinausragen, befinden sich die Terrassen einiger Restaurants und Bars. Touristen und Einheimische lassen sich hier kleine Snacks und das eine oder andere kalte »Efes«-Bier schmecken. Auch wir kommen immer wieder hierher – besonders zum Sonnenuntergang, wenn der Feuerball rot glühend hinter der Silhouette Istanbuls versinkt.

Auf der anderen Seite der Galatabrücke liegt der Stadtteil Beyoğlu. Über ein paar schmale Gassen steigen wir hinauf bis zum Galataturm und erreichen die İstiklâl Caddesi. Diese Straße ist vielleicht der berühmteste Boulevard Istanbuls. Gesäumt von Gebäuden aus dem Jugendstil ist sie eine der wichtigsten Einkaufsstraßen der Stadt. Am Vormittag ist die İstiklâl Caddesi beinahe menschenleer. Doch am Nachmittag ist selbst der breite Boulevard zu schmal für all die Menschen, die er aufnehmen muss. Abertausende Besucher flanieren von Geschäft zu Geschäft, Musiker und Straßenkünstler scharen riesige Trauben Schaulustiger um sich, eine historische Straßenbahn rollt langsam durch die Masse. Es geht kaum vorwärts, so voll ist es. Zwar versuche ich immer wieder, eine Lücke in der Menge zu finden und winde mich, so gut es geht, zwischen Einheimischen und Touristen hindurch, doch bin ich deshalb nicht wesentlich schneller. Der Aufwand lohnt sich nicht, und wir beschließen, uns nur noch treiben zu lassen. Eine Weile werden wir im Strom der Menschen dahingeschoben – ohnmächtig, uns entgegen der Masse zu bewegen.

Doch dann erreichen wir das Ende der Straße und den Taksim-Platz. Stets ein Ort politischer Kundgebungen, erregte der Platz letztmalig 2013 die Aufmerksamkeit der Weltöffentlichkeit. Von den damaligen regierungskritischen Demonstrationen gibt es heute jedoch kein Zeugnis mehr. Nur das weithin sichtbare Denkmal der Republik, das prominent auf dem Platz steht, versprüht noch etwas revolutionären Geist. Unmittelbar an den Taksim-Platz grenzt der Gezi-Park. Als Ausgangspunkt für die Protestbewegung hat der Park heute sämtliche Strahlkraft verloren, wirkt unscheinbar, bedeutungslos. Ein paar Bänke stehen einsam zwischen den Bäumen.

Wir schlendern hinab nach Karaköy am Bosporus. Dort, wo die großen Kreuzfahrtschiffe anlegen und das Istanbul Modern, das Museum für moderne Kunst, beheimatet ist. Wir lassen den Bosporus zu unserer Rechten und ziehen weiter nach Beşiktaş. Eigentlich treibt uns nicht sonderlich viel hierher. Weder der Dolmabahçe-Palast, der ab der zweiten Hälfte des 19. Jahrhunderts den Topkapı-Palast als Herrschaftssitz der osmanischen Sultane ablöste, noch der bekannte Fußballverein Beşiktaş. Ausschlaggebend für unseren Besuch ist etwas anderes: *Balik Ekmek* – Fischbrötchen. In den Gassen nahe des Ufers, noch vor den Hochhäusern, Bankgebäuden und Wirtschaftszentren, wirkt Beşiktaş recht beschaulich. Kleine Restaurants und Bars reihen sich aneinander, und in der unmittelbaren Nähe eines ebenso kleinen Fischmarktes lassen wir uns recht große und sehr leckere Fischbrötchen schmecken.

Gestärkt besteigen wir eine Fähre und schippern den Bosporus an der europäischen Seite hinauf und an der asiatischen Seite wieder hinab. Viel Prunk winkt uns vom Ufer entgegen. Große Swimmingpools und noch größere Häuser ziehen an uns vorbei. Bunt beleuchtete Restaurants und Jachtclubs – jeder Quadratzentimeter per Videokamera überwacht.

Als die Nacht über Istanbul hereinbricht, sind wir bereits wieder in Karaköy. Der Tag endet, wie er begann – mit *Çay*. Dazu lassen wir uns eine Wasserpfeife schmecken und spielen einige Partien Tavla. Erst Stunden später kehren wir langsam zurück nach Hause.

»Groß-Neukölln« – Das asiatische Istanbul

»Wenn es auf der Welt nur ein Land geben würde, dann wäre Istanbul wohl die Hauptstadt«, soll Napoleon Bonaparte gesagt haben. Der schlaue Franzose wusste, wovon er sprach. Istanbul ist weit mehr als eine Metropole, von denen es überall auf der Welt jede Menge gibt. Die Stadt vereint. Hier treffen Europa und Asien aufeinander.

Noch auf der Fahrt nach Istanbul wurden wir im Auto von Deniz und Gilbert belehrt. Links und rechts vom Bosporus, so berichteten die beiden albanischen Brüder, unterscheiden sich die Menschen grundlegend. Herrscht auf der europäischen Seite zwischen Bankgebäuden, Wirtschaftszentren und touristischen Attraktionen eine nie enden wollende Unruhe, so ist der asiatische Teil eher gemächlich, beinahe friedlich und entspannt. Von Hektik und Stress angeblich keine Spur. Tatsächlich ist aber auch das asiatische Istanbul derart überfüllt, dass unser lieb gewonnenes Berlin dagegen fast dörflich erscheint.

Ich spreche englisch. Mein Gegenüber türkisch. Ich suche nach einer Information. Er gibt mir eine Antwort, die ich nicht verstehe. Achselzuckend bin ich schon nach wenigen Augenblicken bereit, das Gespräch zu beenden, doch habe ich nicht mit der Hartnäckigkeit meines Gegenübers gerechnet. Dieser bedeutet mir, einen Moment zu warten, eilt zurück in sein Haus, holt die Schlüssel seines Autos, verfrachtet mich in selbiges, und schon brausen wir durch Istanbuls Straßen. Die gemeinsame Fahrzeit überbrückt er wortreich mit Geschichten und Anekdoten, von denen ich nicht einmal eine Silbe verstehe.

Bald darauf halten wir vor einem kleinen Kiosk, der Fahrer springt heraus, spricht mit dem Ladenbesitzer, und einen Moment später halte ich eine elektronische Karte für den öffentlichen Nahverkehr der Stadt in der Hand. Aufgeladen und einsatzbereit. Schon die ersten Augenblicke in Istanbul werden uns mit der hingebungsvollen türkischen Hilfsbereitschaft versüßt.

Dann sitzen wir im Bus. Etwa eine Stunde fahren wir durch die Stadtteile Ümraniye und Üsküdar. Aus dem Fenster starrend, versuchen wir so viel wie möglich von der großen, bezaubernden Stadt aufzusaugen. Doch irgendwie kommt uns ziemlich viel ziemlich bekannt vor. Die türkischen Supermärkte mit ihren nach draußen verlagerten Obst- und Gemüseabteilungen, die Dönerläden und Kebabbuden, die Bäcker und Süßwarenkonditoren, die älteren Frauen mit Kopftüchern und langen Gewändern. Dazu die türkischen Großväter mit grauen buschigen Schnurrbärten, dunklen Jacketts und Schiebermützen. In großen und kleinen Runden sitzen sie zusammen, rauchend und einen *Çay* nach dem anderen trinkend.

Das alles sieht aus wie in unserer alten Nachbarschaft in Berlin-Neukölln. Während wir damals in unserer Einzimmerwohnung in der Leinestraße oft über Klein-Istanbul philosophierten, so sprechen wir nun plötzlich über Istanbul als Groß-Neukölln.

Am Ufer des Bosporus passieren wir ein paar herrschaftliche Villen. Reichtum und Eleganz sind hinter hohen Mauern und massiven Toren versteckt. Lediglich vom Wasser aus lassen sich die Villen und eindrucksvollen Privatgrundstücke bestaunen.

Dann erreichen wir endlich den Fähranleger von Üsküdar. Den Blick auf Europa gerichtet, frühstücken wir zwischen den Anglern am Kai. Döner und Ayran zu Sonnenschein und einem fantastischen Blick über den Bosporus. Aus den Lautsprecherboxen der nahen Yeni Valide Moschee erklingt der Gesang des Muezzins, der von Moschee zu Moschee weitergetragen wird. Vor etwa 200 Jahren war Üsküdar der Stadtteil Istanbuls, der Mekka am nächsten lag, was viele osmanische Würdenträger dazu antrieb, hier ihre ganz persönlichen Gotteshäuser zu errichten.

Wir schlendern weiter durch Üsküdars Straßen und Gassen und treffen bald auf einen kleinen Wochenmarkt. Gemüse wird in großen Mengen angeboten. Dazu Obst, Nüsse und Trockenfrüchte. Lose Bonbons türmen sich zu Hunderten übereinander. Aus dem Bosporus gelangt frischer Fisch in die Auslage. Daneben liegen Berge von Oliven und Weinblättern. Im Regal dahinter stehen Einweckgläser mit sauer eingelegtem Gemüse.

Der kleine Markt ist nicht besonders überlaufen, und wir spazieren in einer angenehm ruhigen Atmosphäre durch die Gassen. Niemand überfällt uns mit übereifrigen Verkaufsgesprächen. Stattdessen grüßen wir mit unseren wenigen türkischen Brocken, die wir uns bisher aneignen konnten, und bekommen von überall ein freundliches Lächeln als Antwort.

Wir setzen uns auf einen kleinen Platz in der unmittelbaren Nähe des Marktes. Dutzende türkische Opas verfolgen bereits den gleichen Plan. Ausgestattet mit Zeitungen, *Çay* und Zigaretten verbringen sie hier den Vormittag. Einige von ihnen beäugen uns interessiert, und wir schauen ebenso neugierig zurück.

Von Üsküdar setzen wir unseren Weg ins benachbarte Kadıköy fort. Von der eher konservativen Nachbarschaft geraten wir nun mitten in Istanbuls Kreuzberg. Tatsächlich präsentiert sich Kadıköy wesentlich hipper, wesentlich westlicher als Üsküdar. Hier tragen die wenigsten Frauen ein Kopftuch, dafür gibt es Pubs und Tätowierer – Läden, die man in Ümraniye oder Üsküdar wohl nur mit viel Mühe fände. Auch in Kadıköy gelangen wir eher zufällig in die Gassen des Marktes, der jedoch wesentlich größer ist als sein Pendant in Üsküdar.

Wieder stehen wir zwischen Unmengen an frischem Obst und Gemüse. Neben den für uns üblichen Verdächtigen Kohl, Weintrauben und Erdbeeren liegen Feigen, Granatäpfel und Zuckermelonen. Daneben glotzen einige Fische ausdruckslos in die Luft. Türkische Süßigkeiten wie Baklava, Lokum und Halva gibt es im Sonderangebot. Unsere besondere Aufmerksamkeit weckt jedoch der Fleischer, in dessen

Kühltheke ganze Schafsköpfe, enthäutet und in Frischhaltefolie verpackt, auf ihre Käufer warten. Für die Eiligen gibt es die Delikatesse auch bereits fertig zubereitet.

Uns knurrt der Magen. Allerdings entscheiden wir uns gegen einen Schafskopf und probieren es mit Lahmacun. Die »türkische Pizza« bekommen wir zusammen mit zwei Plastikdosen gereicht. In der einen befinden sich gut zwei Dutzend Zitronenstücke, und die andere ist bis zum Rand gefüllt mit frischem Koriander. Wir machen es den Einheimischen um uns herum nach, drücken die Zitronenstücke über unserem Lahmacun aus, verteilen reichlich Koriander darauf, rollen den Teig zusammen und sind freudige Besitzer eines delikaten Mittagssnacks.

Wir schlendern weiter durch die Gassen Kadıköys und treffen die ersten anderen Touristen im asiatischen Istanbul. Sie kaufen Souvenirs, trinken *Çay* in durchgestylten Cafés und entdecken einen Teil der Stadt, den ihre Reiseführer vor allem mit dem Begriff »Authentizität« anpreisen. Das asiatische Istanbul gilt noch immer als Geheimtipp. Hier, so heißt es, können Reisende das wirkliche, ungetrübte Istanbul erleben. Aber sobald ein Geheimtipp den Weg in einen Reiseführer findet, bleibt von der Qualität dieses Tipps meist nicht mehr viel übrig. So ergeht es auch Kadıköy, das mit seinen Restaurants, Bars und Cafés, mit seiner jugendlichen Atmosphäre und der eigenen unbefangenen Offenheit auf dem Weg ist, eine der beliebtesten Sehenswürdigkeiten Istanbuls zu werden. Geheim ist hier schon lange nichts mehr.

Doch Kadıköy ist nicht nur modern, es ist auch oppositionell. Die regierende AKP geht hier bei Wahlen immer wieder leer aus und muss sich stattdessen mit Demonstrationen auseinandersetzen. Die Lösung heißt oft Polizeigewalt. Auch uns weht noch ein Rest von Tränengas um die Nase, das uns den Ausgang der kürzlich begonnenen Protestbewegung gegen die Gewalt an Kurden in Syrien erahnen lässt.

Doch die schmalen Straßen sind schon wieder voller Menschen. Nur die wenigsten stören sich am Reiz in den Augen. Der Alltag geht weiter. Auf dem Markt und in den abzweigenden Gassen herrscht wie immer ein dichtes Gedränge. Wir laufen an vielen kleinen Geschäften und Lokalen vorbei und treffen uns inmitten dieses Getümmels mit unserem Gastgeber Osman.

Wir sind zum Abendessen verabredet, doch zunächst führt er uns ein paarmal nach links und rechts, bis wir vor einem kleinen Café haltmachen. Hier, so berichtet Osman, gäbe es den besten türkischen Kaffee in ganz Istanbul.

Es dauert auch nicht lange, und drei kleine Tassen Kaffee stehen vor uns. Tatsächlich weckt der Mokka unsere etwas müden Lebensgeister. Mit geschärften Sinnen beobachten wir unsere Umgebung und nehmen schnell eine gewisse Eigenartigkeit wahr, die sich an den anderen Tischen des Cafés zuträgt. Beinahe sämtliche Kaffeetassen stehen umgedreht auf ihren Untertassen. Als wir Osman darauf aufmerksam machen, zieht sich ein breites Grinsen über sein Gesicht. Wir beobachten gerade das vielleicht größte türkische Freizeitvergnügen: Lesen im Kaffeesatz. Begeistert wagen auch wir einen Blick in unsere Zukunft, stülpen die Tassen auf ihre Unterteller und erkunden wenig später das Chaos, das der Kaffeesatz angerichtet hat.

Unsere Zukunft ist düster. Vielleicht ein bisschen wild. Möglicherweise ungeordnet. So genau ist das nicht zu erkennen. Doch ich fühle, dass ich dem Kaffeesatz erst einmal näherkommen muss. Bei eingehender Betrachtung glaube ich tatsächlich eine Muräne zu erkennen, auch ein umgedrehter Totenkopf wird sichtbar. Ganz klar: Dieser Kaffeesatz spricht nicht über meine Zukunft, sondern über das gestrige Abendessen und Osmans leckeres Fischgericht.

Wir lassen den Geist der Vergangenheit im Café zurück und wenden uns der Gegenwart zu, die nun im Wesentlichen vom Hunger beeinflusst wird. Zusammen betreten wir ein Kebab-Restaurant und ordern mit Şiş Kebab die Spezialität des Hauses. Auf langen Spießen wird uns gegrilltes Hühnchenfleisch serviert. Dazu gibt es Zwiebeln, scharfe Paprika, Rotkohl, Zitronen, Minze, Tomaten-Chutney, gegrillte Paprika und Tomaten. Das alles wickeln wir je nach Laune und Geschmack in papierdünnes Fladenbrot und lassen uns den Kebab schmecken. So langsam schwant mir, dass türkisches Essen auf meiner kulinarischen Prioritätenliste einen gewaltigen Sprung nach oben machen wird.

Vollgefuttert spazieren wir wieder hinaus auf die Straßen Kadıköys. Die Sonne ist mittlerweile hinter dem Horizont verschwunden, und eine leichte Brise weht vom Ufer hinauf in die Stadt

Den Abend wollen wir mit etwas Livemusik ausklingen lassen. Doch was da auf der kleinen Bühne zehn Meter vor uns im Kellergewölbe eines Clubs passiert, ist nicht gerade das, womit wir gerechnet haben. Unsere Ohren kommen in den Genuss brachialen Heavy Metals. Die Jungs an den Instrumenten wirbeln ihr Haupthaar wuchtig durch die Luft und schmettern dem kleinen, aber enthusiastischen Publikum rohe Lyrik entgegen. Osman ist das alles zu viel. Er flieht bereits nach wenigen Liedern ins Freie, und auch wir folgen ihm bald mit dröhnendem Kopf. Crimeson Hill, so der Name der Band, sollte man sich wohl merken, vorausgesetzt, es geht darum, überschüssige Energien loszuwerden.

Es ist bereits recht spät, als wir wieder auf Kadiköys Straßen stehen und zum Ufer des Bosporus hinunterschlendern. Osman, noch immer körperlich angeschlagen vom Auftritt der Band, braucht offensichtlich Beruhigung. So sitzen wir dann kurz vor Mitternacht in einem der vielen kleinen Cafés – und schlürfen *Çay*.

Kroatien

WIE ICH EINMAL SCHIFFSKAPITÄNIN WAR

Eine Insel, eine Bekanntschaft, ein Abschied voller Tränen. Dann kam Filip, Crew-Mitglied auf der Fähre nach Dubrovnik. Ein Mann mit großem Herzen.

von Susanne Helmer

Jemand aus der Schlange macht ein Foto von uns. Ich werde mich später nicht mehr erinnern, ob es ein Mann war oder eine Frau, aber zu Hause werde ich das Foto ansehen und wissen, dass ich glücklich war. Er hat den Arm um meine Schulter gelegt und mich zu sich herangezogen, wir lächeln. Hinter uns blüht pinker Oleander, vor uns im Weg steht mein Gepäck.

2. Juli 2016, 9.55 Uhr, Korčula, Kroatien

In 15 Minuten legt die Fähre nach Dubrovnik ab. Abschied nach Tagen voller zugesteckter Zettelbotschaften, heimlicher Küsse an seinem Arbeitsplatz, Verabredungen, Beteuerungen, Leichtigkeit. Die Schlange bewegt sich, auf einmal geht alles ganz schnell.

Ich verstaue meinen Koffer in der Gepäckablage im Unterdeck, gehe die Treppe hinauf und suche einen Platz. Mein Blick fällt durch die getönten Scheiben nach draußen. Auf die Insel. Auf den Hafen. Und dann auf ihn. Er steht noch immer an derselben Stelle, die Hände in die Hüften gestemmt, er steht dort und sieht hoch, sucht nach mir. Mein Herz öffnet sich sperrangelweit, mein Magen krampft. Die erste Träne läuft an meiner Wange hinunter, kaum dass ich mich gesetzt habe.

Gerührt war ich – einfach nur gerührt, nicht traurig!, werde ich später behaupten. Die Wahrheit ist: Das hier, das kenne ich schon. Die Fähre setzt sich in Bewegung. Ich bemühe mich, niemanden anzusehen.

Und dann kommt Filip. Ein Mann mit warmen, lieben Augen und grauen Locken, *»Crew«* steht auf seinem Hemd. Er kommt direkt auf mich zu, in der Hand ein Taschentuch, hockt sich vor mich und tupft die Tränen ab. Zwecklos. Wer hört schon auf zu weinen, wenn er getröstet wird.

Wie ich heiße und woher ich komme, möchte er wissen. Dass er alle fünf Minuten nach mir schauen wird, kündigt er an, drückt mir das Taschentuch in die Hand und geht.

Fünf Minuten später steht er wieder neben mir und bittet mich, ihm zu folgen. Wir gehen durch eine Tür am Ende des Ganges, *»VIP Lounge«* verrät ein Schild über ihr. Drei Reihen mit rosafarbenen Sesseln stehen hier vor einer riesigen Scheibe, dahinter glitzert die Adria in der Sonne. Filip verschwindet wieder. Um ein paar Minuten später zurückzukehren – mit einem Becher Limonade für mich und einer dicken Rolle Zellstoff. »Wie viel möchtest du? Einen Meter? Zwei Meter?«, sagt er und grinst, reißt ein Stück ab und tauscht es gegen das durchgeweichte Taschentuch in meiner Hand aus.

Ich starre in meinem Sessel aufs Meer und beschließe, das Schiff nicht zu verlassen, ohne diesen Mann zu suchen und ihm zu danken. Ich muss ihn nicht suchen. Kurz darauf steht Filip wieder an meiner Seite, wieder sagt er: »Komm mal mit!« Ich folge ihm eine Treppe hinauf. Bestimmt bringt er mich an die frische Luft, denke ich – und nehme Sekunden später vorn auf der Brücke Platz.

Ich schaue mich um. Vor mir eine riesige Armatur voller blinkender Knöpfe und Tachos, in der Mitte ein Bildschirm mit einer Landkarte. An den Wänden links und rechts hängen *»No-Smoking«*-Schilder, neben mir sitzt der Kapitän und raucht. Ein Mann Ende 40, blaue Augen, braun gebrannte Haut. Er spricht nicht viel, sieht mich kaum an, stellt nur höfliche Fragen, wenn gerade kein Funkspruch die Stille zerreißt. Vor ihm ist mir mein Auftritt peinlich.

»Die Liebe«, sagt er plötzlich leise, bläst Qualm aus und zerdrückt die Zigarette im Aschenbecher, »die Liebe ist wie das Meer.« Dann sieht er mir in die Augen. Und bittet mich, einen Knopf auf der Armatur zu drücken.

Ich spüre, wie das massige Schiff sich unter mir sachte nach links bewegt. Einige Male spielen wir das Spiel, bis Dubrovnik allmählich in der Ferne auftaucht. Zwischendurch legt mir Filip sein plärrendes

Handy in den Schoß. »Ein kroatisches Liebeslied, *Lebwohl und vergiss mich nicht*, hör es dir an!«, erklärt er, und diesmal muss ich lachen. Laut.

»Schönes deutsches Mädchen mit den Tränen. Ich wünsche dir, dass deine Geschichte gut ausgeht«, sagt er beim Abschied an der Rampe. Und nimmt mich in den Arm, als wäre ich seine Tochter.

Diese Geschichte könnte eine schöne sein. Wenn sie an dieser Stelle enden würde.

8. Oktober 2016, 20.20 Uhr, Flughafen Zadar, Kroatien

Das Boarding für den Direktflug nach Hamburg ist abgeschlossen. Ein Platz in der Maschine ist leer. Gefühle haben sich geändert. Und Pläne. Er hat sich anders entschieden, es wird kein Wiedersehen geben.

Diese Geschichte wird bleiben.

Mecklenburgische Seenplatte

DAS BLAUE PARADIES

Mit zwei Kindern, die noch nicht schwimmen können, auf ein Hausboot – Herausforderung könnte man das nennen. Oder Wahnsinn. Oder die Entdeckung des blauen Paradieses.

Von Katharina Wulffius

Meine Erfahrungen mit Booten beschränken sich auf ein paar eher ungute Erlebnisse. Als ich 16 war, überredete mich mein Vater, einen Segelschein auf dem Starnberger See zu machen. Während des Kurses bekam ich den Baum ins Gesicht, die Platzwunde unter meinem Auge musste geklebt werden. Meine Freundin kenterte spektakulär, weil ihr Segelpartner, ein Hüne von zwei Metern, sich bei einem Manöver nicht auf die andere Bootseite setzte. Anfängerfehler. Häme von den raubeinigen Seebären.

Die Prüfung zum Sportbootführerschein Binnen bestand ich nur, weil der Bootsführer heimlich die Pinne justierte.

Einer meiner größten Wünsche war es immer, einen Wal zu sehen. So fuhr ich in Kanada auf einem Schlauchboot mit hinaus auf den stürmischen Pazifik. Und wurde seekrank. Ich war nicht bleich, ich war grün. Ich schwitzte und fror, wollte nur noch von dem Boot runter. Fast wäre ich gesprungen. Zum Wal ins Wasser, der fröhlich prustend neben unserem Boot abtauchte und elegant seine Schwanzflosse hob.

Außerdem bin ich grundsätzlich ein Angsthase, einer von der anstrengenden Sorte. Aber es heißt doch:

Outside your comfort zone is where the magic happens.

Also habe ich meine Bedenken gleich wieder über Bord meines letzten Unglückskahns geworfen. Und mache jetzt mit meiner Familie Urlaub auf einem Hausboot. Zusammen mit Johannes, Marianna und ihrem Baby Marlene.

Es ist Mitte September, das Licht am Nachmittag schon ein bisschen golden im kleinen Jachthafen Marina Wolfsbruch. Fast skandinavisch sieht es hier aus, dunkelrote und hellblaue Ferienhäuschen vor dichtem Nadelwald.

Johannes und Marianna sind schon ein paar Tage auf dem Hausboot unterwegs und sammeln uns hier auf. Das Schiff des Hausbootanbieters Le Boat muss ohnehin betankt werden, Wasser muss aufgefüllt und Müll entsorgt werden. Es ist von der Bauart »Royale Classique«, hat drei Kabinen mit eigenen Badezimmern aus Plastikguss, weiße Bettwäsche, eine hübsche Innenausstattung in Teakholz-Optik und eine voll bestückte Küche mit Gasherd und Kühlschrank. Ich bin überrascht, wir haben ein kleines schwimmendes Ferienhaus – nur leider ohne Gartenzaun.

Die Kinder sind restlos begeistert – bis ich ihnen die Schwimmwesten anschnalle. Es sind orangefarbene Überlebenswesten, in die ich meine Kinder am liebsten hineinnähen würde. Denn beide können noch nicht schwimmen.

Unter den Dingern wird es schnell heiß, und die Leine, die zwischen den Beinen durchführt, stört beim Rumklettern. Mein Sohn schafft es immer wieder, sich blitzschnell seiner Weste zu entledigen. Einmal weggeschaut, wusch, und fort ist das Ding. Für kurze Zeit halte ich das Ganze für eine Schnapsidee.

Mit zwei Kindern ohne Schwimmkenntnisse aufs Hausboot, was für eine Nervenprobe.

Leinen los! Ahoi!

Johannes sitzt an Deck, hinter einem Lenkrad, einem Zündschloss und ein paar Knöpfen. Er lenkt unser großes Boot aus dem Hafen raus, als hätte er in seinem Leben noch nie etwas anderes getan.

> Meine Kinder fummeln am Steuerrad rum und rufen in einem fort »Aye, Captain Milchzahngel!«

Denn der einzige Captain, den die beiden bisher kennen, ist Captain Sharky auf der Milchzahngeltube. Jetzt kennen sie einen echten, Captain Johannes.

Dass Johannes unseren Kahn mit einer stattlichen Länge von 12,8 Metern ohne Sportbootführerschein (also ich hätte ja einen, aber das sag ich lieber nicht, sonst muss ich das Riesending noch lenken) fahren darf, liegt an der sogenannten Charterbescheinigung, die im Jahr 2000 eingeführt wurde. Sportboottouristen und Urlaubsskipper dürfen ein maximal 15 Meter langes Boot führen, das nicht schneller als zwölf Kilometer pro Stunde fährt.

Das Wasser unter unserem Kiel gehört zum größten zusammenhängenden Gewässernetz Europas und liegt in Mecklenburg-Vorpommern, Brandenburg und Berlin. Es sind rund 5000 Seen, die sich – durch Flüsse, Kanäle und Engstellen verbunden – wie ein Nervensystem über eine Fläche von fast 5500 Quadratkilometern erstrecken. Man kann hier endlos Wassersport betreiben, Boot fahren, Flößen, Segeln, Surfen, Paddeln, Kanuten. Tage, sogar Wochen kann man hier unterwegs sein.

Hinter der ersten Biegung kommt vom Captain auch schon der erste Befehl: »Da kommt eine Schleuse. Ich brauch jetzt zwei von euch, einen vorne, einen hinten!« Da sich Marianna gerade um das Baby kümmert, müssen mein Mann und ich ran. Johannes lenkt das Boot in die Schleuse, Felix steht achtern, ich klettere nervös an den Bug. Jetzt müssen wir die Leinen durch Eisenschlaufen an Land fädeln (ohne ins Wasser zu fallen). Ich schaue immer wieder nach meinen Kindern (Schwimmweste noch an?) und falle beinahe ins Wasser. Die Schleusentüren schließen sich. Wichtig ist, dass die Leinen lose sind und wir immer Seil nachgeben, denn jetzt steigt oder sinkt der Wasserspiegel. Würden wir das Boot fest anbinden, gerieten wir in Schieflage und alle purzelten womöglich über Bord. Sobald sich die Schleusentüren öffnen, heißt es fix »Leinen los!«, denn jetzt gibt Johannes gleich Gas. An den Schleusen warten selbst zu dieser Jahreszeit noch etliche Boote. Der Schleusenwärter, der mir beim hektischen Fädeln zugeguckt hat, nickt uns zum Abschied kaum merklich zu.

Die Sonne steht schon tief, als sich unser schmaler Flussweg in einen großen See ergießt. Ich bin sprachlos. Dicht über dem Wasser kreuzt uns ein großer Graureiher, an den Ufern hohes Schilf, das fast nahtlos in sattgrünen Wald übergeht. Ein kleines Boot mit Angler im Gegenlicht. Kaum ein Laut, nur von hoch oben – war das tatsächlich der Schrei eines Adlers? Eine warme Brise zerzaust meiner Tochter das Haar, den Haargummi hat sie längst abgelegt. Waren eben an der Schleuse noch zahlreiche Boote vor und hinter uns, verliert man sich schnell auf den verschlungenen Pfaden der Seenlandschaft.

»Gut, ne?« Johannes grinst breit. Dann sagt er Dinge wie hier auf dem See käme man runter. Die Großstadt könne man doch nicht dauernd ertragen. Und immer dieser Lärm. Aber hier: Ruhe. Ja, er hat recht. Wir sind kaum zwei Stunden unterwegs, und schon fühle ich mich ein bisschen ausgeglichener.

Das monotone Brummen unseres Bootes, die Geräusche der Vögel, um uns herum nur Wasser und Wald. Wunderschön. Entspannend.

Bald schon suchen wir uns einen Platz für die Nacht. Wir dürfen hier wild ankern, das heißt, etwa 30 Meter vom Ufer entfernt lassen wir den Anker runter – am Gerassel der Kette kann man ungefähr erahnen, wie tief das Wasser hier sein muss. So stören wir keine Seevögel, die im Schilf nächtigen und laufen nicht auf Grund.

Zum Abendessen schmeißen wir unseren kleinen Gasgrill auf Deck an. Wir grillen Hähnchenbrust und gefüllte Champignons. Fische springen im Abendlicht perfekte Bögen. Haubentaucher machen, was sie am besten können. Der Wald an Land ist offenbar sehr dicht. Wir rufen lustige Worte ans Ufer, und unser Echo hallt über den See.

Die Kinder machen Katzenwäsche und finden es spannend, auf einem Boot zu schlafen. Es ist einer der wenigen Abende, an dem sie ohne Murren ins Bett gehen. Es gibt ja auch keine Alternative. Um uns herum der schwarze See, kein Kinderzimmer voller Spielzeug, kein Alltag mit zahllosen Pflichten und Terminen. Kein Stress.

Später sitzen wir auf Deck, gucken aufs Wasser und werden philosophisch. Felix sagt: »Feuer und Wasser, da kann man ewig draufstarren.« Ich sage: »Ich freue mich auf die Rente, dann können wir vielleicht dauerhaft auf dem See leben.« Fische angeln, Portwein trinken, fertig. Sternschnuppen teilen den Himmel für Sekunden.

Etwa 100 Meter neben uns ankert noch ein Schiff. Der Schein der Schiffslampe und ein bisschen Gemurmel dringen über den See zu uns herüber.

Marianna meint, sie sehe hier immer wieder Boote mit nackter Besatzung. Vielleicht verliere man auf dem Wasser irgendwann das Gefühl für Zivilisation und gebe der Freiheit nach.

Da drüben ist eben das Licht ausgegangen. Mich überkommt Kopfkino: Was, wenn die dort drüben nichts Gutes im Sinn haben? Was, wenn die uns nachts entern und ausrauben? Kann man das Boot zusperren? Wird unser Captain uns verteidigen können?

Ach was, Seemannsgarn. Aus dem Wald ruft ein Käuzchen. Ich schlafe sehr tief und traumlos, unter uns murmelt das Wasser.

Wir haben das größte Schiff der Welt!

So ein Bootsleben gibt eben guten Stoff für Schauergeschichten her. Da gab es doch diese Story, in der eine ausgelassene junge Crew im Taumel von Champagner, Schönheit und knappen Bikinis über Bord ins offene Meer springt. Und hinterher feststellt, dass niemand daran gedacht hat, die Leiter herunterzulassen. Niemand kommt mehr an Bord, ein Spiel gegen die Zeit und ein paar hungrige Haie beginnt.

Das Wasser ist einfach herrlich – jeder See, den wir befahren, hat eine andere Farbe, und wir springen in alle Farben hinein. Glasklar, grün, hellgrün, und dann: dieses Blau! In der Nachmittagssonne haben wir einen See sogar ganz für uns allein, nur ein paar Enten schnattern, und fern tuckert irgendein Wassergerät an uns vorbei. Ansonsten Stille, Licht und Rauschen, Kinderjohlen. Die treiben in ihren knallorangenen Schwimmwesten wie Bojen auf dem Wasser. Mein kleiner Sohn hängt japsend und kichernd auf meinem Rücken und findet es ganz komisch, unter sich nichts als Wasser zu haben, keine Schwimmbadkacheln und keinen Badewannenboden. Ich kann ihn verstehen, ich finde die Vorstellung auch gruselig, was da unter mir so herumschwimmen könnte – große Fische, Aale, auch Biber muss es hier geben. Aber mein Hochgefühl überwiegt – hier in diesem Moment, mit meiner Familie im blauen See. Und vom Schiff aus winkt der Captain und lässt die Leiter runter.

Sonst passiert nicht viel.

Und trotzdem vergeht die Zeit wie im Flug. Wir lassen uns ein auf das Leben auf dem Wasser. Entweder wir tuckern vor wunderschönem Uferpanorama, oder wir ankern, um zu baden oder auf Felix' aufblasbarem Stand-up-Board zu paddeln. Das Baby macht ein Nickerchen. Wir essen leckere Dinge aus unserer Bordküche, Linsensalat und Hummus mit Brot. Hoch oben kreist doch tatsächlich ein Weißkopfseeadler.

Einzige Aufreger: die Schleusen. Nach ein paar gelungenen Manövern als vorderer Schleusendienst werde ich mir meiner Sache langsam sicher. Bei der nächsten Schleuse müssen wir uns anstellen. Hinter uns liegt ein stattlicher Kahn mit einer Männerbesatzung älteren Semesters, allesamt nur in Shorts. Sie seien aus Hessen, ein Kegelverein, und machen das jedes Jahr. Wir witzeln ein bisschen hin und her.

Die Sonne brennt heute. Als wir endlich in die Schleuse fahren, lege ich die Leine und schaue zur Brücke und zum lustigen Kegelverein jenseits der Schleuse. Das Wasser sinkt. Ich merke nicht, dass wir nicht mitsinken. Unser Captain bemerkt es, als wir bedenklich in Schieflage geraten. Da sehe ich meinen Fehler: der Bootsrand sitzt auf Land auf, ich hatte die Leinen zu eng gezogen! Ich versuche uns mit dem Fuß abzustoßen, doch wir hängen fest.

Oben auf Deck rutschen ein paar Gläser auf dem Tisch und die Kinder von links nach rechts.

Felix springt an Land und stürzt nach vorne. Mit einem kräftigen Tritt an das Boot bekommt er uns frei. Wir plumpsen nach unten und mein Herz gleich mit. Das war knapp. Als wir aus der Schleuse fahren, dreht sich mein Sohn um und schreit Richtung Kegelverein: »Wir haben das größte Schiff der Welt!«

Ich bin noch etwas zittrig ob meiner Verfehlung als Schleusendienst. Zum Glück werde ich nicht nach alter Seemannsmanier bestraft (unter dem Kiel durchtauchen, auf einer einsamen Insel ausgesetzt werden – wobei, das wäre hier gar nicht so schlecht …).

Wir fassen einen übermütigen Plan: zum ersten Mal an einem fremden Hafen anlegen! Das Städtchen Mirow auf einer Insel mit Schloss inmitten der sogenannten Mecklenburgischen Kleinseenplatte ist unser Ziel. Vom Steg aus ruft uns ein braun gebrannter Herr zu, dass das Anlegen aber was koste! Zwei Euro! Diesen Betrag sollen wir bitte beim Hafenmeister entrichten, das sei der Ole, und wir würden ihn in seinem Laden finden.

Wo ist der Laden? Den findet ihr schon!

Wir gehen ein Stück die Böschung nach oben und stehen vor Oles Laden. Hier gibt es alles, was das Herz derjenigen begehrt, die auf dem Wasser unterwegs sind. Seemanns- und Anglerbedarf von Tauen und Seilen über Werkzeug und Eimer, Köder für Fische (Fleischmaden, ganz frisch) und Nützliches für Menschen (Honig, Marmeladen, Bier, Sonnenschutz), Piratenutensilien (Käpt'n Blaubär-Bücher, Galionsfiguren, Gummiboote), Angelkarten, Schürzen, Fähnchen, Schilder, Postkarten, Zeitschriften, Messer, Mitbringsel,

Schwimmflügel, Gummistiefel. Das Angebot bedient zweifelsohne die Nachfrage.

Ole ist seit 1986 hier Hafenmeister, nur sein sächsischer Dialekt verrät, wo er eigentlich herkommt. »Karl-Marx-Stadt«, sagt er. Man muss ihn nicht fragen, er ist ein echtes Original. Ole erzählt uns, dass in der Hauptsaison überwiegend Familien kommen, in der Nebensaison wie jetzt viele Vereine und Clubs, Skatclubs, Kegelvereine (aha!).

Ich möchte gerne mehr wissen über die Menschen, die diese Art von Reise machen, und frage ihn nach einem besonderen Erlebnis. Ole sagt, jeder Tag sei etwas Besonderes, das Leben am und auf dem Wasser, der Bootsshop, die Kunden, die Pflege des Hafens. Er sei sehr glücklich hier. Auffallen würde ihm vor allem, wenn langjährige Stammkunden nicht mehr kämen. Und neben all der Idylle spielen sich an den Häfen auch manchmal Dramen ab, verrät er. Das kann ich mir denken, dass so eine Zeit auf einem kleinen Boot auch lang werden kann. Oles Laden ist dann auch oft Rettungsinsel.

Als wir Mirow verlassen, entstehen am blauen Himmel Luftgemälde. Vielleicht ist ein Hobbyflieger übermütig. Oder ein liebeskranker Pilot möchte eine Botschaft in den Himmel schreiben. Wer weiß das schon?

Das Wunder

Was wäre eine Schifffahrt ohne Flaschenpost? Ich erkläre meinen Kindern, dass die Menschen früher auf See oder auf einsamen Inseln ihre Briefe in Flaschen, gut verschlossen, dem Meer und den Wellen übergeben haben. In der Hoffnung, ein guter Mensch auf der anderen Seite des Ozeans findet die Flasche und transportiert den Brief darin weiter. Meine Tochter ist von der Idee sofort angetan, malt eine aufwendige Nachricht mit Bitte um einen Brief des Finders und schreibt ihren Namen und den ihres Bruders sorgfältig dazu. Unsere Adresse muss ich schreiben. Die Flasche wird feierlich am Heck des Schiffes dem See übergeben. Sie treibt sofort einem dicht beschilften, nicht begehbaren Ufer zu. Mist.

»Und wer wird die Flasche finden?«

»Das weiß ich nicht. Jemand, der uns einen Brief schreibt!«

»Ein Kind, ein Erwachsener oder ein Schulkind?«

»Das kann man nicht wissen.«

»Und wenn die Flasche niemand findet?«

»Doch, bestimmt, die findet jemand!«

»Und wenn aber nicht?«

»Doch, bestimmt!«

Wir beobachten gebannt die Flasche. Kinder freuen sich noch so sehr an kleinen Dingen, sind leicht glücklich zu machen. Und so leicht unglücklich.

Unser letzter Tag auf dem Wasser geht zu Ende. Vollmond zum Abschied.

> Die große schimmernde Scheibe am Nachthimmel hat einen Zwilling auf der spiegelglatten Oberfläche des Sees.

Wir sitzen in warme Decken gehüllt im Dunkeln auf Deck und starren auf das nächtliche Stillleben. Die Kinder träumen in den Kajüten, in den Schlaf geschaukelt von der kaum spürbaren Bewegung des Wassers unter uns. Wir seufzen abwechselnd. Morgen müssen wir wieder an Land.

Ich wache früh auf. Die Kajüte vibriert, die Ankerkette rasselt. Kurz darauf das gemächliche Tuckern unseres Bootes. Durch die Luke sehe ich das Gebüsch des Ufers an uns vorbeiziehen. Um neun müssen wir unser Boot zurückgeben – leer und geputzt.

Also steuert Captain Johannes unser treues Boot in aller Frühe zurück an den Jachthafen, wir müssen klar Schiff machen: Eimer Wasser auf Deck ausleeren und schrubben. In den Kajüten die Betten abziehen, die Duschkabinen abbrausen, Plastikmüll in Säcke packen, Küche putzen. Dazwischen schlittern die Kinder auf Deck herum und springen vom Boot an Land und zurück. Das Hafenwasser ist brackig, Ölflecken in Regenbogenfarben schimmern auf der Oberfläche. Der Himmel ist heute bedeckt, es weht eine kühle Brise, es nieselt ganz leicht. Es ist Mitte September, die letzten heißen Tage sind vergangen, Altweibersommer.

Ich gucke von meinem Matrosendienst auf, schaue gelassen meinen Kindern zu. Ein bisschen Vertrauen braucht es, das habe ich in den Tagen auf den Seen erst recht lernen müssen. Damit die Kinder Vertrauen in sich selbst gewinnen, damit sie mutig werden statt leichtsinnig, damit sie schwimmen lernen und vielleicht auch fliegen, damit sie sicher auf ihren Füßen stehen und nicht wackelig.

Auf schaukelnden Booten. Im Leben.

Mein Sohn tätschelt zum Abschied sein größtes Schiff der Welt, und dann hüpfen wir nacheinander an Land. Nach drei Tagen auf dem Wasser schwankt der Boden unter uns. Im Ferienresort am Hafen gibt es gleich am Eingang ein Cybercafé. Meine Kinder stürmen rein und kleben mit dem Gesicht an den Bildschirmen mit den Videospielen. Haben die Betreiber des Hotels geschickt gemacht – man kann Kinder ja nicht allzu lang mit der langweiligen Natur alleine lassen.

Ich lasse sie ein bisschen zugucken und hole Kaffee für uns alle. Als ich meine Kinder bei ihren Namen rufe und sie mit Croissants locke, winkt mich ein Mädchen im Teenageralter heran und flüstert mir ins Ohr:

»Ich glaube, wir haben eure Flaschenpost gefunden.«

Portugal

EINE GASSE, DIE GANZE WELT

In Lissabon lebe ich eine Zeit lang in einer schmalen Gasse. Auf dem Pflaster höre ich Schritte. Menschen gehen nach Hause. Und doch verspüre ich sogleich den Drang in die Ferne.

Von Markus Steiner

Lissabon ist ein seltsam schöner Landstrich. Die Stadt stellt Sonderbares mit einem an. Das Licht, das auf sie herunterfällt, ist so einmalig, dass man in dieser Schönheit baden will. In einem heiteren Licht sitzen die Häuser auf den Hügeln. Auf dem Pflaster der kleinen Gassen hört man Schritte, die nach Hause kehren. Und doch packt einen, kaum in Lissabon eingetroffen, sogleich die Sehnsucht nach der Ferne. Auf einem der rauen, scharfen Felsen an der rotbraungrünen Steilküste stehend, blickt man in das aufgespannte, grenzenlose meerblaue Himmelssegel und schaut leidvoll mit einem entdeckungshungrigen Seefahrerblick auf eine – gar nicht so fern scheinende – durchschimmernde Horizontlinie. Das pulsierende Gefühl in einem, ein anderes Ufer betreten zu wollen, sehen zu wollen, wie das zurückbleibende Festland kleiner und kleiner und winziger, wie jede Bedeutung ausradiert wird, alles wie eine Flamme dahinschrumpft, der man das Gas runterdreht. Man möchte, dass sich die Farben, wie früher in jedem Atlas, von gelb auf orange ändern. Verlässt man das Land dann, setzt einen Schritt nur heraus, überfällt einen das brennende Verlangen zurückzukehren. *Matar a saudade* (»Töte deine Sehnsucht«). Und laufe weiter.

In Lissabon pressen starke Wellen an das Ufer des Tejo. Sie erzählen von *saudade* – von Sehnsucht und Nostalgie, Rückkehr und Schmerz.

Nirgendwo gibt man sich diesem Verlangen mit so viel Vergnügen hin wie in Lissabon. *Saudade* ist der Ausdruck der Portugiesen für dieses besondere Leiden, ein melancholisches Basisgefühl, dem man in den entferntesten Winkeln der Gassen begegnen kann. Die portugiesischen Seefahrer brachten dieses unbekannte Gefühl von ihren Odysseen mit: Nun, verwundbar in der Ferne, erfuhren sie erstmalig die Sehnsucht nach Heimat, den brennenden Schmerz der Unmöglichkeit, heimzukehren. Lissabon ist ein Chamäleon, und manchmal macht mir die Stadt Angst, weil ich meine, sie spiegelt zu jeder Zeit meine Stimmung wider.

Die schmale Gasse ist wie ein Flur, es ist eng, kühl, ruhig. Es riecht gut hier, nach Kastanien, Orangen, frischer Wäsche. Die grünen Türen sind dicht an dicht geordnet. Führen vom Flur in die Zimmer des Hauses. Die Gasse ist verbindender Durchgang, Ort von Transit, ein verwischter Dazwischenraum.

Ich komme in einem der schmalen Häuser in der Gasse unter. In langsamen, leichten Schritten, wohlbedacht, und doch gelassen, das Gleichgewicht austarierend, gehen mit gesenktem Kopf immer wieder kleine Leute auf dem Pflaster durch meine Gasse, die leicht abschüssig verläuft, sie gehen einfach nur so, ohne Ziel, so scheint es – oder doch zu genau einem Zweck: zu ihrem Vergnügen eben. Immer sind sie, jetzt im Herbst, leicht bekleidet, eine Strickjacke vielleicht, ein Kittel, ein Hemd, Pantoffeln. Die Gasse wirkt, als würde man im eigenen Hausflur vorübergehen und durch eine Tür in ein anderes Zimmer treten. Nie sehe ich, dass ein Schlüssel betätigt wird, immer werden die Türen mit der Hand aufgeschoben und fallen wieder zu. An den Fassaden stehen nur die Hausnummern, keine Namen, niemand, der die Gasse nicht kennt, kann wissen, wer hier wohnt. Die Bewohner der Gasse überblicken, wer wo zu finden ist, sie geht es an, es sind ihre Häuser, ihre Zimmer, ihre Balkone, es ist ihr ureigener Lebensraum. Der Mann mit Hut und ohne Hals, die gefaltete Zeitung unter dem Arm. Die kleine Frau, eine Tüte mit Waren aus dem Gemüseladen in der Hand, ein Lied vor sich hin summend. Die Mutter mit Kind in Schuluniform, der Rucksack größer als das Kind. Der Messerschleifer auf seinem Fahrrad. Der pfeifende Schuhputzer. Der Gitarrenspieler in der abgetragenen Cordjacke. Das Mädchen mit ihrer Geige. Die Frauen, die aus den geöffneten Fenstern der Türen hängen. Die Alten mit Hut, am Morgen auf Stühlen neben dem Treppenaufgang sitzend und wartend. Und die Männer, die einen Einkaufswagen auf einen Grill legen, um ihre Sardinen zu grillen, weil kein Grillrost aufzutreiben ist. Die Portugiesen besitzen ein eigenes Wort für ihre Gabe zu improvisieren, diese einmalige Anpassungsfähigkeit: *desenrascanço*.

Von Zeit zu Zeit tritt jemand auf einen der schmalen Ein-Personen-Balkone. Dann wird der Sitz der Wäsche auf den Leinen kontrolliert, windgetrocknete Wäsche eingeholt wie das Vorsegel bei Einfahrt in den Hafen und durch tropfende Wäsche ersetzt.

Alles wird mit einer heiteren, lächelnden Grundhaltung vorgetragen, die Bewegungen, die Stimmen, die Laute, die Gesichter. Die Gesichtszüge erscheinen mir unaufgeregt, gütig, ruhend. Von Zeit zu Zeit ruft auch jemand laut etwas die gesamte Gasse hinunter, dann aber immer in einem weichen, sanften Ton. Manche Türen quietschen, aber die meisten fallen leise ins Schloss, die Menschen treten lautlos in die Eingänge und wieder hinaus, fast unbemerkt stehen sie plötzlich in der Gasse und gehen ein paar Meter, um dann wieder hinter einer Tür zu verschwinden oder an einer mir bislang unbekannten Ecke abzubiegen, an der eine Treppe sie weiter nach oben in das Gassenlabyrinth führt.

Manchmal bleiben zwei Figuren stehen, grüßen sich und beginnen eine Unterhaltung. Dann stellt die kleine Frau in der Strickjacke ihre Tüte ab, schaut den Mann in der Anzugjacke interessiert an und hört den Neuigkeiten, Klagen und Befindlichkeiten seelenruhig zu, nur hin und wieder bewegt sich der Kopf, hebt und senkt sich, nur dann erhebt sich die Stimme ein wenig zu einem aufmunternden *Sim. Sim, sim, sim.* Oder: *Pois, pois.* (»Ja, ja, ja, ja. Klar, klar.«) Wenn man nur kurz die Gasse in die andere Richtung hinunterschaut oder den Balkon verlässt und dann wieder raustritt, sind die Figuren spurlos und lautlos verschwunden, ist die Gasse wieder verlassen, einsam und still.

Die Menschen laufen durch die Gasse und transportieren Dinge. Nie große Dinge, immer kleine Sachen, die große Angelegenheiten sein mögen. Nie in einem Behältnis, immer einzeln, zwei, manchmal drei einzelne Gegenstände: eine Kanne, eine Mappe, ein Brett oder einen Schirm.

Die Bürgersteige sind so schmal, dass niemand auf ihnen laufen kann, daher laufen alle in der Mitte der Gasse auf und ab. Die Pflastersteine der Straße haben die Größe von Dominosteinen, sehen aus wie mit weißer Schokolade überzogen. Die Balkone sind schief und schmal, vielleicht 30 Zentimeter ragen sie hervor. Sie sind mit einem Geländer aus Stahl versehen, handgefertigt und mit arabischen Mustern verziert, geschwungen, geflochten, geschnürt.

Die Tauben trippeln auf den Simsen, und wenn sie im Schatten einen Platz gefunden haben, einen, der ihnen gefällt, ziehen sie den Kopf ein. Der beliebteste Platz der Tauben ist der Sims am Haus gegenüber, genau dort, wo sich der Sims um die Ecke windet, in eine benachbarte Seitengasse hinein. Hin und wieder verirren sich Seemöwen vom Tejo hier herauf und fallen in die Gasse ein, im Tiefflug rasen sie hindurch, hinterlassen ihre Laute zum Gruß und sind wieder verschwunden.

Kein Laut dringt aus den anderen Türen und Fenstern in die Gasse. Es gilt ein Flüstergebot, so meint man, wenn man von oben, vom Balkon aus, hinunterblickt. Tagsüber laufen weder Hund noch Katze durch die Gasse. Die treten erst bei Sonnenuntergang auf. Am Nachmittag bevölkert der Schatten die Gasse, die Sonne ist lange hinter den Häusern versunken. Wenn man aber den Kopf auf den Balkon herausstreckt, dann weht immer noch eine warme, milde Brise am Kopf vorbei. Das tut gut. Denn im Haus ist es den ganzen Tag über kühl, immer kühler als draußen. An manchen Abenden ist es auf dem Balkon besser auszuhalten als im Haus. Nur das oberste Stockwerk ganz hinten in der Gasse bekommt noch Sonne ab, die weißen Laken, die dort oben über der Leine hängen, strahlen wie tanzende Brautkleider.

Nachmittags setzt auch immer leichte Swing-Musik ein. Sie dringt von der Ecke her, wo ein Restaurant um diese Zeit öffnet. An einem Tag in der Woche kommt Orchestermusik aus dem Haus gegenüber. Musikstudenten spielen Oskar Böhme.

Schräg gegenüber schaut einmal am Tag die alte Dame auf ihrem Balkon vorbei. Es ist der einzige Balkon, der immer wäschelos verwaist bleibt. Die Dame schaut so gelassen betrübt. Ich werfe dann ein paar Brocken auf Spanisch herüber, und sie antwortet mir froh auf Portugiesisch, und ich nicke und sage »Sim sim«. Manchmal klingelt ihr

Telefon. Es ist ein Ring-Ring-Ringen, als sei es noch ein altes Telefon mit Schnur. Dann dreht sie sich langsam um, so als hätte sie alle Lebenserfahrung der Welt, als hätte sie alles gehört und gesehen und sich doch die Neugierde bewahrt, wer es wohl diesmal sei, der etwas zu erzählen habe. Ihr rührselig warmer Blick zum Abschied.

Nachts ist es anders: Da dringt Neonlicht aus Fenstern und aus dem Gemüseladen an der Ecke. Vor ein paar Eingängen lungern Männer in Jogginghose herum und rauchen. Immer noch Flüstergebot. Man hört eine zärtliche Gitarre spielen und Absätze auf dem Pflaster. Leiser Gesang. Gläser klirren und Geschirr. Noch einmal öffnen sich die Türen unten, und Müllsäcke werden herausgereicht. Immer um Mitternacht kommt der Müllwagen. Aus nicht beleuchteten Fenstern streckt sich heimlich hier und da neugierig ein Kopf und raucht. Eine Katze schleicht an der Wand entlang und streicht um die Ecke herum. Immer wieder sieht man einen Schatten sich ruhig in einem der Zimmer bewegen.

An manchen Tagen wünschte ich, dass doch endlich jemand die triumphierende Ruhe durchschneiden möge, mit einem durchdringenden leidenschaftlichen Ausruf, einer inbrünstigen Rede: wütend, verärgert, streitend, erschrocken, ängstlich, erstaunt, überrascht, bewundernd, begeistert, verliebt. Jemand, der das Flüstergebot beendet, jemand, der laut wird, seufzt, stöhnt, schreit, etwas rausquetscht, auspresst. Doch dann merke ich, dass das nicht geht.

Es ist unmöglich, weil es nicht der portugiesischen Seele entspräche.

Dann – ein Coup – kommt der Postmann mit seiner Bassstimme und ruft: *»Correio!«*. Die Depeschen der Welt. Die *saudade* senden. Ich gehe zum Laden am Ende der Gasse, und der Mann mustert mich und lächelt, weil er meint, sich zu erinnern, wer ich beim letzten Mal war. *Saudade* ist mehr als ein Wort. Es ist der immerwährende Zustand jeder portugiesischen Seele. Süße Melancholie. Sehnsüchtige Sinnlichkeit. An dessen Ende immer die Rückkehr zu einer Sache steht. Die

Portugiesen haben dieses Verlangen, zurückkehren, sie haben es von ihren seefahrenden Vorfahren geerbt. Sie besitzen eine Obsession zur Rückkehr. Jeder Aufbruch ein Tod. Jeder Herzschlag bis zur Rückkehr: schmerzt. Eine Welle, im Blutstrom ihres sehnsüchtigen Herzens. Cesária Évora singt eine leise Hymne auf das Gefühl: *»Sodade Sodade / Sodade / Wenn du mir schreibst / schreibe ich dir auch / Wenn du mich vergisst / vergesse ich dich auch / Bis zu dem Tag / an dem du heimkehrst.«*

Ich dachte, ich würde am Ende meiner Reise zurückkehren oder irgendwo ankommen. In meiner Lebensmitte oder an einem Ort, den ich möglicherweise Zuhause oder Heimat nennen wollte. Ich würde ja durch ausreichend viele Orte kommen. Aber so lief es nicht. Es war anders.

»Ich weiß nicht, wer ich bin, welche Seele ich habe«, schrieb Fernando Pessoa. Lissabon, die Schöne, ist Labyrinth. Sie ist sinnlich, zart, warm. Sie gibt, melancholisch, ruhig, rätselhaft. In jeder Ecke, aus jedem Winkel, an jedem Ende kann man in ihr etwas Neues entdecken. Doch gehe ich durch ihre Gassen, höre ich *passos de duas pessoas:* die Schritte zweier Personen. Ich bin ein ständig ausschlagendes Pendel. Zwischen Heimweh und Wanderlust. Wo konnte ich am Ende meiner Reise besser stranden als in einer Stadt, die mich immer verstand, gleich, wo ich mich herumtrieb?

Warum aber ist das Verlangen eines Ankommens so schmerzvoll wie eine Rückkehr selbst? Milan Kundera hat beschrieben, warum unsere Nostalgie wehtut: Weil wir ignorieren, dass es nur die Erinnerung sei, die uns in Sehnsucht versinken lasse. Weil wir in den tiefen Graben unserer Erinnerungen fallen. Und unsere Nostalgie ist insofern Ignoranz. Sie ist Unwissenheit, denn wir vergessen, dass nichts so ist, wie es einmal war, als wir es verlassen haben – vor allem man selbst. Ich stellte fest, dass es keine Rückkehr geben konnte. Ich stellte auch fest, dass ich gar nicht ankommen wollte. Sesshaft werden oder so. An einem bestimmten geografischen Ort. Und ich begriff, es ist gar nicht möglich, wieder im gleichen Zustand am gleichen Ort anzukommen. Weil die Dinge wandelbar sind, unbeständig, vergänglich. Ich mag ein Ankommen im Nicht-Ankommen.

Mir ging es wie den portugiesischen Seefahrern. Ging man fort, war fern von Heimat und Sprache, wurde man verwundbar. Alle Gewohnheiten, alle Sicherheiten versickerten in der Fremde. Klarer trat hervor, was man wertschätzte, was einen ausmachte, was eigene Identität war. Gleichzeitig war da der Gewinn der Fremde. Die Bildung durch Bewegung: Wissen, Grenzen, Freiheit. Alles erwandert. Ich fuhr los und konnte meine Nostalgie zähmen, in der Fremde Heimat finden. Ich mochte den Fluss der Reise mehr als jedes Ankommen. Ich musste nur auf mein Pendel warten, wenn meine Neugierde sich erneuerte, wenn ich drohte, in der Routine festzufrieren, und ich aufbrechen musste.

Es gab keine Alternative zum Alleinsein. Und auch nicht zum Unterwegssein. Ich musste dieser Freiheit nur begegnen. Und dann immer schön den Kompass der Nostalgie ignorieren. *Matar a saudade*. Diese irre Reise brachte Seele in mein Leben. Welt in mein Herz. Und ich kam an – in einem Zustand, von dem ich nie zu träumen wagte.

Elfenbeinküste

DIE GEISTERSTADT

Ich fahre nach Yamoussoukro, Hauptstadt des westafrikanischen Staates Elfenbeinküste, und finde eine Metropole des Nichts und des Wahnsinns.

Von Anne Steinbach

»Wer spricht hier Französisch?«, ruft der Soldat durch den Bus, seine Kalaschnikow fest in der Hand. »Ich«, rufe ich und bereue es noch im selben Moment. »Mitkommen!« Ich steige aus unserem klapprigen Minibus und werde von fünf Soldaten in eine kleine Hütte gebracht. »Habt ihr Gras dabei?«, fragt mich der eine. »Wir haben Gras gerochen«, sagt der andere. »Nein«, entgegne ich und frage mich, ob es klug war, jetzt zu lügen. Ich rede mich heraus, erkläre, dass wir alle hier arbeiten, schon länger hier sind, bringe blöde Witze, die die Soldaten mit ihren in Stein gemeißelten Gesichtern alles andere als lustig finden. Ja, wir haben Gras dabei, das weiß ich, und das wissen die Soldaten ebenso. Ich gebe ihnen Geld. Wie viel der zerknüllte Schein wert ist, den ich glücklicherweise gerade noch in meiner Hosentasche gefunden habe, weiß ich nicht. Aber es scheint zu reichen, um mich wieder gehen zu lassen. Ich bekomme eine Kalaschnikow-Eskorte zurück in unseren Bus. Mein Freund Titi gibt Gas. Keiner sagt ein Wort. Mir stehen die Schweißperlen auf der Stirn.

Wir sind auf dem Weg von Grand Bassam, im Süden der Elfenbeinküste, nach Yamoussoukro, das etwa 250 Kilometer nördlich von uns liegt. Eine Strecke, die wie ein Minenfeld aus Militär- und Polizeistützpunkten funktioniert. Überall sind sie, man sieht sie kaum, und wenn, dann ist man ihnen ausgeliefert – ihnen und der Korruption. Titi und sein Bruder Richard rasen die Straße entlang, bis die kleine Hütte am Militärstützpunkt im Staub des trockenen Highways verblasst. Dann drehen sie sich einen Joint und lachen. Herzlich, als wäre nichts gewesen.

Die Straße ist leer. Kein einziger Mensch läuft hier entlang.

Einzig die tausend Laternen gehen artig ihrem Dienst nach – und das schon seit über 30 Jahren. Wir sind völlig allein.

Selbst Autos gibt es hier nicht. Dabei ist die Straße zwei Meter breiter als die Champs-Élysées – aber ohne Touristenmassen, prunkvolle Gebäude und hupende Autos. Auch der landestypische Duft von frischer Gemüsesuppe, gegrilltem Fisch oder dem ivorischen Bananenbrei *Foutou* erreicht sie nicht. Wir stehen mitten in Yamoussoukro, der sterbenden Hauptstadt der Elfenbeinküste. So sieht also eine verlassene Stadt aus, denke ich, als ich ein Foto von der Mitte des leeren Highways ins karge Nirgendwo schieße.

Yamoussoukro ist das gescheiterte Monsterprojekt eines Größenwahnsinnigen, der die absurde Idee hatte, sich aus dem Nichts heraus seine eigene Stadt zu bauen: Félix Houphouët-Boigny. Der ivorische Gründungsvater und erste Staatspräsident des Landes war von 1960 bis 1993 an der Macht. Was Yamoussoukro der pulsierenden Stadt Abidjan im Süden voraushatte? Es ist die Geburtsstadt von Houphouët-Boigny. Grund genug, sie zum Zentrum des Landes zu machen und ihr eine komplette Rundumerneuerung zu verpassen.

Ich flaniere die breite Straße entlang, obwohl es eigentlich nichts zu flanieren gibt. Die voll klimatisierten Restaurants sind leer, genau wie die Wohnhäuser und Regierungsgebäude. Hätte ich eine Stecknadel dabei, dann würde man sie jetzt wahrscheinlich fallen hören. Yamoussoukro ist eine Geisterstadt. Eine Stadt des Nichts und des Wahnsinns, wenn man sich die viel zu groß geratenen Häuser und Straßen anschaut. Und das in einem Land, das an jeder Ecke Hilfe und Unterstützung braucht: 61 Prozent der ivorischen Bevölkerung sind Analphabeten, 43 Prozent der Bevölkerung lebt von weniger als 250 Euro im Jahr und liegt damit unter der Armutsgrenze.

Zum Thriller in die Notre-Dame

Wir fahren weiter, bis ans Ende der Straße und bis wir die riesige Kuppel einer Kathedrale sehen, die unnatürlich aus dem Nichts herausragt. Notre-Dame-de-la-Paix, Unserer lieben Frau des Friedens, steht da in ihrer vollen Pracht – riesig, überdimensional und mit Algen auf den Stufen, die den langsamen Zerfall des Prachtstücks anzeigen. Ich bekomme Nackenschmerzen, als ich meinen Kopf nach hinten lege und zur Spitze der Kuppel blicke. 128 Meter hoch ist die Kathedrale und damit 26 Meter höher als der Petersdom in Rom. Im Vergleich zum Touristenmagnet des Vatikans steht dieses Exemplar allerdings menschenleer und seinem Verfall überlassen.

Niemand, wirklich niemand, ist hier,
und das war auch nie anders.

Die Kathedrale kann weder zum Heiraten noch für Beerdigungen genutzt werden, auch Gottesdienste gibt es hier keine. Eine Kathedrale ohne Funktion, für knappe 130 Millionen Euro. Nur zwei Mal gab es hier einen wirklich großen Menschenauflauf: 1990 kam Papst Johannes Paul II. höchstpersönlich in die Kathedrale und ehrte sie, wenn auch eher widerwillig. Und zwei Jahre später kam der King of Pop, Michael Jackson. Er reiste Anfang 1992 an die Elfenbeinküste, um seine afrikanischen Wurzeln zu erforschen und ließ sich dabei nicht nur zum Prinzen des Königreichs Sanwi im Dorf Krindjabo im Südosten der Elfenbeinküste ernennen, sondern auch vom Präsidenten durch die Kathedrale von Yamoussoukro führen. Welche Ehre.

Mama Africa hat aufgetischt

Titi startet den Motor. Er hat Hunger. Ich auch. Doch ich frage mich, wo man in einer verlassenen Stadt etwas zu essen bekommt. Weit und breit gibt es kein Restaurant, das so wirkt, als hätte es tatsächlich etwas Essbares in der Küche. Einzig die Speisekarten sind üppig gefüllt. Doch Titi weiß, wo er hin muss. Wir verlassen den riesigen Highway und machen uns auf den Schotterstraßen von Yamoussoukro auf in Richtung Dschungel. Hier leben sie also, die Bewohner der Hauptstadt. Einige von ihnen sind schon seit der Ära von Houphouët-Boigny hier. Sie sind damals gekommen, als der ehemalige Präsident ihnen ein glorreiches und prunkvolles Leben versprochen hat, mit einer Ausbildung und Arbeit für alle. 400 000 Menschen wollte er damals in der Hauptstadt ansiedeln. Heute leben hier knapp 280 000, die meisten davon sind zugezogene Bauern aus den umliegenden Gebieten der Savanne. Aber nicht alle.

Die alte Dame zum Beispiel, die hier, zehn Minuten entfernt von der großen achtspurigen Straße, mit voller Hingabe ihr kleines Restaurant leitet, ist schon von Anfang an hier. Maria ist eine echte Einheimische und begrüßt uns mit einem breiten Lächeln – so breit, dass man ihr kaum ansieht, wie schwer das Leben hier in Yamoussoukro eigentlich ist. Sie ist bestimmt über 60 Jahre alt, gekleidet in einem bunten, für die Elfenbeinküste typischen Ensemble aus Oberteil und langem Rock. Beides ganz schön knapp, natürlich, aber so muss es sein. Ihr Restaurant läuft gut. Hier sind sie also, die Menschen, die ich vorher noch auf den Straßen vermisst habe.

Maria freut sich über weißen Besuch. Touristen, die sich nach Yamoussoukro und dann auch noch in ihr kleines Restaurant verirren, gibt es selten. Übermütig zieht sie mich deshalb in ihre Küche, die sich, wie in der Elfenbeinküste üblich, außerhalb des Hauses befindet. Es ist verpönt, dort zu kochen, wo man abends schläft.

Eine Sache, die Ex-Staatspräsident Houphouët-Boigny auch nicht bedacht hat, als er die Wohnhäuser für seine gewünschten Bewohner bauen ließ: Apartments, die an westliche Wohnungen erinnern, und daher fast alles falsch machen, was man beim Bauen in dieser Region nur falsch machen kann. Kein Wunder, dass die Menschen diesen Wohnungen den Rücken gekehrt und stattdessen einfache Lehmhütten auf den Freiflächen der Stadt errichtet haben. Gekocht wird draußen, vor dem Haus, so auch hier im Restaurant von Maria.

Wir stehen in ihrer Küche, und sie präsentiert mir stolz, was gleich in meinem Tonteller landen wird: *Agouti*, Buschratten, eine ivorische Spezialität.

Vor mir häuft sich ein riesiger Berg der Tiere, aufgetürmt wie nasse Kleidung. Angeekelt versuche ich mir ein Grinsen ins Gesicht zu drücken, ein Vorhaben, das erst mit dem Anblick der alten Dame leichter fällt, die jetzt in den Rattenberg greift und zwei Prachttiere herauszieht.

Minuten später stehen sie vor uns: Gekochte *Agouti* in Soße nach Art des Hauses. Titi freut sich. Das hat er schon lange nicht mehr gegessen. Ich muss mich überwinden.

In meinem Teller schwimmt der Kopf der Ratte, noch klar als solcher zu erkennen.

»Das willst du nicht, oder?«, fragt mich Titi und schnappt sich den Kopf, um ihn Stück für Stück auszulutschen. Ich bleibe bei den Fleischstücken, die, wenn ich nicht gerade das Bild der Buschratten im Kopf habe, fast an eine Mischung aus Lamm und Hähnchen erinnern. Ein Glück, dass die Soße so scharf und würzig ist. Eine willkommene Ablenkung für Kopf und Geschmacksknospen. Maria schaut, während wir essen, immer wieder zu uns herüber und freut sich sehr, als sie unsere leeren Teller abräumt. Dass das meiste meiner Portion auf Titis Teller gelandet ist, hat sie gar nicht gemerkt.

Für mich bedeutet diese Szenerie vor allem eines: ein Stück Leben in einer Stadt, die schon längst jegliche Lebendigkeit verloren hat.

Auch wenn das kleine Restaurant der alten Dame im Busch abseits der eigentlichen Hauptstraße liegt, stellt es doch genau das dar, was ich mir immer unter der Elfenbeinküste vorgestellt hatte: ein Sammelsurium aus Menschen mit einem Dauergrinsen, so groß, dass es fast die Ohren erreicht. Eben genau das, was auf den Straßen von Yamoussoukro längst abhandengekommen ist.

Zum Leichenschmaus in den Krokodilgraben

Ein bisschen Leben, wenn auch in etwas befremdlicher Weise, gibt es auch rund um den Palast des ehemaligen Präsidenten. In den Gräben schwimmen unzählige Krokodile, die einst Houphouët-Boigny schützen sollten. Vor den erhofften Menschenmassen, die nie kamen. Jetzt ist Houphouët-Boigny tot, er starb 1993, und die Krokodile schwimmen ihre gewohnten Runden. Titi und Richard grinsen breit. Sie wissen genau, was jetzt kommt. »Ey, groß oder klein?«, fragt mich ein Ivorer, der am Krokodilgraben steht. »Groß«, antworte ich. Im nächsten Moment fliegt ein riesiges lebendiges Hühnchen in den Graben und wird schon in der Luft von den Krokodilen zerrissen. Umgerechnet zwei Euro haben wir für das Huhn bezahlt. Eine kleine Einnahmequelle in einer Stadt, die einmal 130 Millionen Euro im Aufbau gekostet hat und nun komplett leer ist. Und ein großer Spaß für alle Ivorer, die sich immer wieder aufs Neue freuen, wenn ein Hühnchen nichtsahnend den Krokodilen zum Fraß vorgeworfen wird.

Surreal, wie alles in Yamoussoukro.

Wir lassen die Leere von Yamoussoukro hinter uns. Damit verschwinden die einzigen Touristen, die sich seit langer Zeit mal wieder in die sterbende Stadt gewagt haben. Von hier aus machen wir uns auf den Weg Richtung Süden. Dorthin, wo es keine Straßen gibt, sondern Sandwege. Dorthin, wo Hühnchen nur auf dem Grill und dann auf dem Teller landen. Und wo manchmal so viel Leben auf der Straße ist, dass man sich fast nach ein bisschen Ruhe sehnt. Eben dort, wo die Elfenbeinküste so ist, wie sie sein soll: quirlig, chaotisch und bunt.

Berlin

DER KÄLTE ENTGEGEN

Im Winter werde ich aus dem Eis steigen, und meine Haut wird glühen. Freude wird meinen Körper durchströmen. Der Schmerz wird verschwinden.

Von Jessica J. Lee

Für viele Winterschwimmer ist dieser Moment das Ziel, ihr einziger Grund, eine Winterlandschaft zu durchqueren und das Eis aufzubrechen. So auch meiner. Mein Grund, ins Wasser zu tauchen, wenn es kein anderer tut.

Wenn es so kalt ist, fühle ich mich am lebendigsten.

Bis zum Eis ist es allerdings ein Prozess. Ich fange im Spätsommer an, wenn die Sonne an Kraft einbüßt und die Wärme langsam schwindet. Das Erste – und vielleicht das Wichtigste – ist, immer weiter zu schwimmen. Der Herbst kommt und geht, und bis sich mein Körper an die schneidende Kälte gewöhnt, ist der Winter da. Ich schwimme mehrmals wöchentlich und passe mich an die Jahreszeit an. Meine Ausrüstung ist simpel: Badeanzug, Wollmütze und ein kleiner Hammer, den ich auf langen Radtouren und Wanderungen einfach in den Rucksack packen kann. Von der Stadt aufs Land komme ich mit dem Zug, mit dem Fahrrad oder zu Fuß.

Berlin und Brandenburg liegen im Nordosten von Deutschland im sogenannten Norddeutschen Tiefland. Die flache Landschaft wurde von Gletschern geformt, die sich vor mehreren Hunderttausend Jahren über das Land bewegten und gewundene Senken voll Wasser zurückließen. In den letzten zwei Jahrhunderten kamen durch Steinbrüche, Sand- und Tongruben sowie Tagebau noch mehr dazu. Auch sie trugen zu der Seenlandschaft in Brandenburg bei, die von über 3000 Seen durchzogen ist. Hier gibt es viele Wälder und Ufer zu erkunden, die mit dem Fahrrad meist in einem halben Tag, mit dem Zug in einer Stunde erreichbar sind.

Wenn also die Partymeute morgens aus den Clubs der Stadt wankt, mache ich mich auf den Weg zu den Seen.

Es gibt die, die es in Berlin kalt finden und denen hier zu schwimmen unmöglich erschiene. Doch ich bin im Osten Kanadas aufgewachsen und niedrige Temperaturen, Schnee und Eis sind mir ganz und gar nicht fremd. Ich freue mich darauf. In Berlin findet man zumindest immer ein Plätzchen, wo man schwimmen oder kurz ins Wasser springen kann, selbst wenn es ein paar Zentimeter gefroren ist. Hier ist es winterlich, aber nicht nordisch kalt. Es gibt keine Jahreszeit, die man drinnen verbringen müsste.

In den nächsten Monaten kommt der Winter. Ich werde an den Wochenenden mit Freunden zu den Seen in Berlin und Brandenburg wandern. Ich werde mich akklimatisieren und auf das Eis warten.

September, Ende des Sommers

Letzte Woche ging der Sommer zu Ende, und mit dem Wechsel der Jahreszeit ist auch die Hitze aus der Luft verschwunden. Ab jetzt ist Sorgfalt angebracht.

Die ist erforderlich, wenn die Tage sich in die Dunkelheit verkriechen und das Wasser so kalt wird, dass meine Hände und Füße schmerzen. Ich werde nun regelmäßig schwimmen müssen und die Vorbereitung für den Winter vorantreiben.

Ich will bereit sein.

Viele Winterschwimmer fangen aus Versehen damit an – sie gehen einfach weiterhin schwimmen, während der Sommer in den Herbst übergeht, und im Dezember bemerken sie, dass sie sich an die Kälte gewöhnt haben und sie sogar genießen. Wenn das Wasser wie ein Schock ist, werden alle Gedanken weggespült, und das bringt mich dazu, immer wieder in die Dunkelheit zurückzukehren. Sonst würde ich wohl Monate im Bett verbringen. Und einige der schönsten Verwandlungen von Seen verpassen.

Heute ist der erste Herbsttag, an dem ich schwimme. Ich nehme den Zug nach Bernau und treffe vor dem Bahnhof auf meine Freunde mit bepackten Fahrrädern und bereit für eine Tour. Der See ist nur 16 Kilometer entfernt, aber das letzte Stück führt auf einem sandigen Weg durch den Wald. Er ist anstrengend zu befahren – ein Graben aus trockenem mineralischem Boden, der den Hellsee abschottet. Wir trudeln mit unseren Rädern daran entlang und steigen hin und wieder ab, um sie durch Haufen von grauem brandenburgischem Sand zu schieben.

Der Hellsee war im Sommer türkis, aber mit dem Wetter hat sich auch das Wasser verändert. War es im Sommer fein und seidig, ist es jetzt dickflüssig von frühherbstlichem Plankton, das noch nicht bereit ist, mit der Kälte abzusinken. Es schillert grünlich grau unter dem wolkenverhangenen Himmel. Die Buchen und Erlen am Ufer sind bereits leicht getönt. Die Luft ist noch warm genug, um eine Stunde im Wald herumzulaufen und die einsetzende Blätterfärbung zu bewundern. Es ist noch sommerlich genug für den torfig-sumpfigen Geruch, der vom See aufsteigt, als wir uns dem Ufer nähern. Beim Schwimmen hüllt er uns vollständig ein.

Wir gleiten sanft ins Wasser, das dieselbe Temperatur hat wie die Luft – eine stagnierende Wärme, die langsam zurückweicht.

Mit kräftigen Zügen schwimme ich vom Wind gepeitscht in die Mitte des Sees und lasse mich treiben, während ich an die kommenden Monate und die Kälte denke.

Der Wind bläst, aber es ist noch angenehm. Das Türkis der Sommertage ist vergangen, und alles verfärbt sich zu Grau und Braun, zu den rostfarbenen Rückständen des Saisonendes.

Der Wald wird zuerst leuchten und dann kahl, nackt, kalt und schön.

Ein grauer kalter Oktober

Wir hätten uns keinen schlechteren Tag aussuchen können: Der Himmel hängt tief und voller Regenwolken, und der Wind bläst in kalten Böen durch die gepflasterten Straßen von Strausberg.

Ich wünschte, ich hätte eine Mütze aufgesetzt. In den kommenden Wochen werde ich beim Schwimmen eine brauchen. Die meiste Körperwärme verliert man am Kopf, heißt es.

Ich bleibe stehen und ziehe eine weitere Schicht über – einen Baumwollpulli, den ich für nach dem Schwimmen aufgehoben hatte. Ich habe unterschätzt, wie schnell das kalte Wetter kommt. Die Farben des Oktobers haben die Bäume noch nicht ganz verfärbt, aber der Winter liegt schon in der Luft. Alles fühlt sich klamm an.

Der Bötzsee liegt eine gute Strecke vom Ort entfernt, ein Gletschersee am hinteren Ende der Strausberger und Blumenthaler Wald- und Seengebiete. An den meisten Tagen lässt sich die Distanz mit der Fähre über den Straussee überbrücken, die von einem Kapitän im Seemannspullover geführt wird. Aber heute ist kein Betrieb. Arbeiter stehen auf dem Dach des Bootes und reparieren irgendetwas. Auf einem Schild an den Toren steht, dass die Reparaturen sieben Wochen dauern. Also müssen wir um den Straussee herumlaufen und dann weiter durch den Wald. Ich frage Nell, ob sie dabei ist. Klar ist sie das – sie ist schließlich auch Winterschwimmerin. Der Wald am westlichen Ufer des Straussees ist ein Mischwald – Buchen und Erlen sind von Kieferngrüppchen durchzogen, hin und wieder ein Ahorn. Die roten Farbtupfer in dem dünner werdenden Wald erinnern mich an Kanada, an zu Hause. Als wir den Pfad weiter entlangstapfen, nehmen die Waldkiefern überhand, symmetrisch und grün, bereit, gefällt zu werden.

Wenn ich im Winter zurückkomme, werden ihre grünen und roten Stämme im weißen Schnee noch mehr leuchten. Es ist ein langer

Marsch. Wir lachen viel und erzählen uns wieder Episoden aus der Kindheit und Horrorgeschichten von Dates. Hin und wieder bleiben wir stehen, um uns Bäume, Moos oder abgefallene Nüsse anzusehen und machen Witze darüber, dass wir jetzt in unseren Dreißigern eher wie kleine Jungen geworden sind, anstatt zu kultivierten und distinguierten Frauen. Wir ziehen uns die Regenmäntel eng um den Körper, bereit für den Regen, und wandern weiter.

Der See taucht als silberfunkelnder Schimmer am Ende des Pfades auf. Wir laufen am Ufer entlang und finden neben einer Erle und einer groben Bank das richtige Plätzchen, um uns niederzulassen. Wir begutachten das Ufer, während wir uns ausziehen und zum Schwimmen vorbereiten.

Wenn man in der Kälte schwimmt,
ist die Vorbereitung das Wichtigste.

Ich lege meine Kleidungsstücke in der Reihenfolge aufeinander, in der ich sie wieder anziehen werde. Für meinen nassen Badeanzug und das Handtuch habe ich eine Plastiktüte dabei. Im Winter lege ich das Handtuch in den Schnee, und es ist danach gefroren und mit Eis überzogen. Eine Plastiktüte ist dann essenziell. Nell geht als Erste ins Wasser und watet bis zur Taille in den See. Sie taucht unter und verschwindet kurz in den silberfarbenen Wellen, die vom scharfen Wind aufgeworfen werden. Ich folge ihr und stemme mich gegen den Wind, aber es ist kalt. Ein dumpfer Schmerz breitet sich in meinen Händen und Füßen aus. Ich weiß, dass ich weiterschwimmen muss, um ihn zu überwinden. Das Wasser ist nicht kälter als 13 Grad. Es ist warm im Vergleich zum Winter. Durch die Akklimatisierung wird sich mein Gefühl verändern, meine Glieder werden gegen den eisigen Einschnitt gestärkt. Doch der Schmerz hat eine momentan noch instinktive Reaktion hervorgerufen: Ich zähle meine Züge, um genau zu wissen, wie lange ich im Wasser bin. Im Winter mache ich mindestens 45 Züge und bin vielleicht zwei Minuten in der Kälte. Länger als fünf Minuten sollte ich nicht schwimmen.

Wir lassen uns eine Weile an der Wasseroberfläche von den Wellen schaukeln. Draußen warten eine Thermoskanne mit Kaffee und ein Lunchpaket auf uns. Doch für den Moment ist da nur der Stachel des Oktobers und die Farbe des glitzernden Sees, in dem sich das Weiß des Himmels spiegelt.

Wir sehen zu, wie die Wolken der gleißenden Sonne weichen, während wir dahintreiben und uns in der Kälte aalen.

November im Nebel

Die Farben scheinen dieses Jahr dumpfer zu sein. Als wir unsere Fahrräder in Dannenwalde auf den Bahnsteig hinunterhieven, hängt der Nebel noch tief.

Es ist eine zähe, weiße, dichte Feuchtigkeit, die am Boden haftet und die Farben der Bäume verschleiert. Ich ziehe den Reißverschluss meiner Jacke bis zum Kinn hoch und setze meine Kapuze auf. Wir haben eine Stunde Fahrt zum Stechlinsee vor uns, der in die hügeligen Wälder im Nordosten von Brandenburg eingebettet liegt.

In den vergangenen Wochen haben Anne und ich unseren wöchentlichen Schwimmrhythmus frühmorgens in den nächstgelegenen Seen fortgesetzt, in der Hoffnung, uns zu akklimatisieren, bevor die große Kälte einbricht. Bei fallenden Temperaturen sind lange Radtouren wie heute weniger praktikabel. Bis wir endlich schwimmen, sind wir bereits durchgefroren – und das ist gar nicht gut. Doch wir machen weiter, denn wir wissen, dass es in ein paar Wochen zu kalt sein wird, um uns so weit rauszuwagen.

Anne folgt mir aus dem Bahnhof auf das Kopfsteinpflaster, das uns an einem Campingplatz vorbei zum Fahrradweg führt. Von hier an wird die Straße schmaler und windet sich durch einen Wald, der von herbstlichen Eichen orange gefärbt ist, und wir radeln träge dahin, singen *Hey Jude* und lachen. Am Ende des Waldes biegen wir in eine frisch asphaltierte Straße ein und schalten für das letzte Stück bis nach Stechlin ein paar Gänge hoch.

Ein Grund, warum wir hier sind, ist meine Faszination für diesen See – einen der berühmtesten in Deutschland, nach dem Theodor Fontanes Roman *Der Stechlin* benannt ist. Der See ist eigentümlich, mit Mythen behaftet, aber auch Objekt umfangreichlicher wissenschaftlicher Studien. Das Leibniz-Institut für Gewässerökologie und Binnenfischerei hat hier ein Labor, das mitten auf dem See schwimmt. Der Standort wurde auch deshalb gewählt, weil früher das Kühlwasser des mittlerweile stillgelegten Kernkraftwerks Rheinsberg in den Stechlin floss. Außerdem ist der See für sein klares Wasser bekannt. Als wir uns nähern, frage ich mich, wie sich wohl der Nebel heute darauf auswirkt.

Als wir ankommen, ist es ganz leise im Wald, die typische eindringliche Stille, die über winterlichen Seen liegt.

Wir haben November, aber das Weiß des Winters scheint schon in der feuchten Luft zu liegen, so wie der See den blassen Himmel spiegelt. Es ist kalt. Wir laufen das letzte Stück und schieben unsere Fahrräder, in der Hoffnung, unsere Hände und Füße vor dem Schwimmen aufwärmen zu können.

Am Wasser sammeln wir uns. Aus der Kleidung in die Kälte zu schlüpfen ist nie angenehm. Ich ziehe meine Leggings aus, lasse meinen Pulli aber bis zur letzten Minute an. Ab jetzt verlässt die Wollmütze meinen Kopf nicht mehr. Ich gleite runter ins seichte Wasser, die Kälte brennt an meinen Füßen. Es ist kristallklar, aber der See vor mir ist noch immer in ein dickes Weiß gehüllt. Das Wasser hat nicht mehr als fünf Grad. Ich zähle meine Züge und schwimme, bis ich bei 30 bin. Bei 60 erreiche ich wieder das Ufer. Ich klettere hinaus mit ausgelaugtem Körper, unbeweglich vor Kälte.

Beim Abtrocknen werde ich von Wärme durchströmt, die sich angenehm ausbreitet. Nachdem ich meine tauben Glieder zurück in die trockene Kleidung gezwängt habe, macht sich Anne zu ihrer Runde auf. Sie ist öfter geschwommen als ich und scheint besser auf die Kälte eingestellt zu sein. Sie schwimmt ein gutes Stück raus, und ihre dunkle Wintermütze hüpft auf der Wasseroberfläche, ein Fleck am Horizont. Ich höre nichts als die sanften Geräusche des Wassers, bewegt durch ihre Züge, und ein leises Plätschern, als sie umdreht. Als sie zurückkommt, ist mir wieder warm, die Endorphine haben mir neues Leben eingehaucht. Wir ziehen uns an, packen unsere Brotzeit aus und halten uns an unseren Thermosbechern fest.

Als wir für die Rückfahrt zum Zug zusammenpacken – eine Stunde in der Kälte –, schaue ich Anne lächelnd an.

»Wir sind total verrückt, oder?«

Sie lacht, zuckt mit den Schultern und läuft zurück auf den Weg aus dem nebligen Wald.

Zählen im Dezember

Anne schlägt diese Tour jetzt schon seit einem Jahr vor. Sie liebt den Flughafensee für seine grüne Gelassenheit am Rande des Flughafens Berlin-Tegel.

Das letzte Mal, als ich dort schwamm, lag er heiß und sumpfig in der Sommerluft. Ich fand ihn furchtbar und habe seitdem nicht mehr daran gedacht, wieder hinzufahren.

Doch heute radeln wir unter blauem Himmel, es ist einer der ersten richtig kalten Tage. Eis hat sich auf dem Kanal gebildet, und der Rauch aus den Schornsteinen steigt kaum nach oben, sondern hängt träge im Sonnenlicht. Auf einer Fabrik am Kanal steht ein Weihnachtsbaum. Die Luft ist etwas unter null Grad kalt.

Wir folgen einem Feldweg, der an einem Drahtzaun am Rollfeld entlangführt, und fahren dann in den Wald in Richtung nördliches Seeufer. Der Baggersee entstand beim Bau des Flughafens, doch jetzt wird er von Schilf überwuchert und bietet Heimat für eine reiche Vogelwelt. Er scheint in der Stadt fehl am Platz.

Wir lassen uns auf einer ruhigen Lichtung am Wasser nieder, von Bäumen geschützt. Die Überreste des Sommers – Kronkorken und Plastikfetzen – vergammeln am Boden.

Doch der See liegt ruhig da, blau und still.

Ich mache den ersten Schritt und presse meine Füße in die Kälte des Sandes. In meinen Zehen sticht es kurz, dann gibt der Schmerz nach und fühlt sich nur noch dumpf und pochend an. Als ich in den See hinauslaufe und mit der Brust in die Kälte abtauche, verschwindet das Gefühl. Während ich leise zählend mit glatten Zügen hinausschwimme, spüre ich es nur noch an den Armen und am Brustkorb.

Ich komme bis 25 und drehe in Richtung Ufer. Die letzten Züge fordern meine ganze Kraft. Das Wasser hat nicht mehr als vier Grad. Mein Körper will raus, aber ich bin noch nicht ganz am Ufer. Ich konzentriere mich aufs Zählen und Atmen. Bei 47 bin ich zurück.

Ich trockne mich ab und zwänge meine Glieder in die Kleidung. Anne zieht sich aus und geht ins Wasser. Sie schwimmt hinaus auf den See, lässt sich Zeit, zieht eine große Schleife. Sie ist so viel stärker als ich. Als sie ans Ufer zurückkommt, wende ich mich kopfschüttelnd wieder meiner Thermoskanne mit Kaffee und den Weihnachtsplätzchen zu, die ich mitgenommen habe.

Wir wärmen uns am Ufer auf, nippen an unseren Blechtassen und beobachten die Flugzeuge. Ihre Motoren klingen beim Start wie knackendes Eis, dann wie ein alles übertönendes Gebrüll, mit dem sie die eisige Stille zerreißen.

Januar, kristallklare Bewegung

Der Neujahrsschnee liegt noch dick auf dem Boden, als wir starten. Anne und ich halten uns auf der Straße und vermeiden die Stellen von dickem, klebrigem Matsch, die sich über Nacht gebildet haben.

Wir steigen in Seddin aus und zerren die Räder auf den schneebedeckten Bahnsteig. Ich ziehe ein drittes Paar Handschuhe über, und wir starten auf dem Fahrradweg Richtung Osten. Der Große Seddiner See liegt am Rande einer viel befahrenen Straße, eingebettet in einen Eichenwald. Das nördliche Ufer ist von Campingplätzen gesäumt, hin und wieder führt ein Badestrand ins seichte Wasser. Der See ist weiß überzogen. Klebriger Schnee liegt auf dem Eis. Es ist völlig still. Ich gehe zum Eis und stelle meine gummibesohlten Stiefel vorsichtig darauf. Es ist dick, aber noch nicht dick genug, um darauf zu laufen. Ich halte inne und wäge die beste Strecke zum tiefen Wasser ab, meinen Hammer umklammert.

Das ist die Kälte, auf die ich gewartet habe.

Ich ziehe mich aus, lege meine Kleidung auf dem Ast eines Baumes zusammen und gehe aufs Eis zu, nur mit meinem Badeanzug und einer Wollmütze bekleidet. Ich mache ein paar kleine Schritte und höre auf das knackende Singen des Eises, dann beginne ich, ein Loch zu hämmern. Für das erste brauche ich nur wenige Momente – ein Spalt, gerade breit genug, um mich hineinzustellen. Von hier beuge ich mich nach vorne und hämmere ein weiteres, während meine Füße sich in der Kälte des Sees winden. Im nächsten Loch steht das

Wasser bis zur Mitte meiner Waden. Im nächsten bis zu meinen Knien. Scherben von zerbrochenem Eis fliegen durch die Kälte. Ich wische sie mit dem Hammer weg. Wenn ich nicht aufpasse, werde ich mich schneiden.

Dann ist das Wasser tief genug, um einen Pool aus dem Eis zu hämmern, in dem ich untertauchen kann. Der Rest des Sees ist völlig still ... Ich stehe in der Hocke, ein Fuß im Wasser, der andere auf dem Eis, und schlage mit der scharfen Kante des Hammers. Eissplitter fliegen nach oben, bis meine Brille nass ist. Ich spüre, dass sich auf meiner Mütze Wassertropfen sammeln. Ich hämmere minutenlang ohne Pause, bis Anne mich unterbricht.

»Du musst die Beine wechseln. Dein rechtes Bein ist schon zu lange unter Wasser.« Ich schaue nach unten und versuche, meine Haltung zu ändern, aber das Loch, in dem ich stehe, ist zu eng. Kopfschüttelnd antworte ich: »Ich spüre es sowieso nicht.« Ist okay, obwohl ich weiß, dass ich mit leichten Erfrierungen bezahlen werde.

Ich arbeite weiter, bis das Loch groß genug ist, um mich hineinzusetzen. Als es fertig ist, tauche ich unter, langsam und gewissenhaft, und weiche dabei Eisscherben aus. Als mir das Wasser bis zum Hals reicht, ruhe ich eine Weile und strecke meine Beine nach vorne in den gefrorenen See. Ich will einfach nur hierbleiben, eingeschlossen unter dem Eis, aber ich bin schon seit über 15 Minuten im Wasser.

Ich hätte schon lange rausgehen sollen.

Ich schleppe mich zurück zum Ufer, unfähig, meine Glieder zu spüren. Zurück auf dem Sand sehe ich, dass ich an beiden Beinen Blutergüsse habe, die schon blauschwarz in der Kälte leuchten. Das Blut aus vielen Schnitten ist gefroren.

Anne ist dran, und ich packe mich in meine Klamotten. Um meine Zehen nicht nach hinten zu biegen, führe ich meine Füße mit den Händen durch die Leggings. Sie fühlen sich dumpf an, wie formlose Klumpen am Ende meiner Beine. Als ich meine Schuhe wieder anhabe, fange ich an, auf der Stelle zu hüpfen. Ich höre, wie Anne in der Kälte flucht. Meine Stimme steigt nach oben bis in meine Kehle. Ich gackere, lache in die Stille des Waldes.

Die Endorphine haben ihre Arbeit getan. Ich bin aufgedreht und grinse wie ein Idiot.

Es fühlt sich berauschend an, mein Atem geht immer noch schneller, meine Brust ist in höchster Wonne. Ich hebe den nassen Hammer auf und halte ihn fest in der Hand.

Ich will nicht, dass das Gefühl aufhört.

TEIL III

ALLEIN IST NICHT EINSAM

Kanada

DER PLATZ AN MEINER SEITE

Welch Glück es ist, auf meiner Reise alleine zu sein, begreife ich unverhofft: beim Arbeiten in Kanada. Ein Erkenntnisgewinn zwischen Schnitzel und Bier.

Von Susanne Helmer

Am Eingang stehen vier Leute und schauen ratlos in den Raum. Die Frage, ob sie reserviert haben, kann ich mir sparen. Alle Tische sind besetzt, Besteck klappert, Stimmengewirr erstickt die Musik. Während sich vier Augenpaare hoffnungsvoll auf mich richten, haut jemand in der Küche auf die Klingel. Die beiden Jägerschnitzel – eins davon bitte unpaniert – für Tisch 31 sind fertig.

Ich bin jetzt Kellnerin. In einem deutschen Restaurant. In Vancouver. An zwei, drei Abenden die Woche begrüße ich Gäste und weise ihnen Plätze zu. Ich serviere Haxen, Schnitzel und Rouladen. Ich erkläre, welcher Senf zur Weißwurst gehört und wie man »Zwiebelrostbraten« ausspricht.

Die Welt eröffnet sich mir – trotz Schlager und Schnitzel

Von der holzvertäfelten Wand lacht ein Mann in Lederhosen mit einer Maß Bier in der Hand bräsig in den Saal. Aus den Boxen leiert der Livestream von Radio Paloma (»100 Prozent Deutscher Schlager!«). Ausgerechnet hier eröffnet sich mir die Welt. Ich mag den Smalltalk mit Kollegen von überallher – der Restaurantleiterin aus Neufundland, dem Barmann aus El Salvador, dem Chefkoch aus Korea – und Gästen, von denen nicht allzu viele Deutsche sind.

Gerade räume ich mit Kani, meiner Kollegin aus Thailand, der niemand glauben will, dass sie schon 42 ist, im Akkord Tische ab. *»Are you guys having fun?«*, fragt unsere Vorgesetzte Laura im Vorübergehen. *»Sure!«*, antworte ich einen Wimpernschlag später. Und meine es auch so. Mir gefällt die Bewegung, wenn der Laden voll ist. Das Gewusel. Es zwingt mich so herrlich hinein ins Hier und Jetzt. Meistens jedenfalls.

An 33, einem der Tische mit zwei Plätzen, sitzt heute ein älteres deutsches Ehepaar. Gerade habe ich ihnen die Speisekarte gebracht. Seit wann ich hier arbeite und wie die Stadt mir gefällt, fragt der Mann höflich, seine Frau lächelt. »Und Sie sind ganz allein hierhergekommen?«, hakt er nach, bevor er selbst zu erzählen beginnt: von der Zeit vor 40 Jahren, als sie nur mit ein paar Koffern in Kanada ankamen. »Wenn Sie wüssten, wie es früher mal hier aussah!« Seine Frau nickt.

Das nächste Mal stehe ich mit zwei Tellern an ihrem Tisch. Gefüllte Hühnerbrust für sie, Wiener Schnitzel für ihn. »Vielleicht bleiben Sie ja auch hier, wenn Sie einen Mann finden«, sagt die Frau unvermittelt, als ich das Essen abstelle. Ihr freundlicher Blick wandert von mir zu ihrem Gatten. Auf ihn ist Verlass. »Das dürfte für Sie ja ein Leichtes sein!«, sagt er und lacht und meint es gut.

Ich unterdrücke ein Augenrollen. Aus seinem Kompliment macht mein blöder Kopf was anderes. Es war aber nie leicht.

Von den Bildern, die sich in mir eingebrannt haben, flackert eines wieder auf: Ein Jahr vor meiner Reise sitze ich mit Freunden in einer rappelvollen Kneipe. Nur der Platz neben mir ist frei – ich habe ihn frei gehalten für den Mann, in den ich verliebt bin. Der eigentlich heute vorbeikommen wollte. Der eigentlich längst hier sein wollte. Der eigentlich gesagt hat, dass er anruft, wenn …

Der Platz bleibt leer an diesem Abend.
An allen weiteren auch.

Ich stehe am Tisch mit der Enttäuschung von damals im Magen und einem Stechen im Herzen, das, müde und abgekämpft, von alldem nichts mehr wissen will. Ich schlucke die Worte hinunter, die auf meiner Zungenspitze liegen: »Wie kommen Sie darauf?« und »Wenn Sie wüssten!« Sie bündeln sich zu einem Knoten im Hals. »Danke!«, bringe ich schließlich hervor und ziehe die Mundwinkel nach oben.

Es dauert nicht lange, bis ich mich wieder fange. Ich hab nämlich nicht vor, sie mir zum tausendsten Mal vorzuwerfen, all meine vermeintlichen Fehler. Den Teufel werd ich tun, mich noch mal selbst zu bemitleiden.

In der Küche läuft Hip-Hop. Zu *Turn Down for What?* nimmt Tellerwäscherin Maya mir schwungvoll einen Stapel dreckigen Geschirrs aus den Händen. Sekunden später ruft im Restaurant ein Schlagersänger »Palma! Palma! Palma de Mallorca!« in die billig quietschenden Hintergrundklänge. *»You're always smiling, Susanna, I love that.«* Laura steht neben mir und schüttelt den Kopf. *»How do you always smile at nothing?«*

Es ist nicht nichts. Es ist mein stiller Entschluss, weiterzumachen, was ich hier gelernt, womit ich hier begonnen habe: Tun, was mich glücklich macht. Und mir dabei selbst genug sein. Auf der Parkbank, im Kino, in der Kneipe. Oder im Flugzeug nach Mexiko. Es ist okay, wenn er frei bleibt, der Platz an meiner Seite.

Finnland

WAS ICH IM FINNISCHEN MÖKKI LERNTE

Das Sommerhaus am See ist in Finnland mehr als ein Feriendomizil. In der Hütte zwischen Wasser und Wald findet der Finne zu sich selbst. Diesem Geheimnis wollte ich auf die Spur kommen.

Von Philipp Laage

Savonlinna – Wenn die Finnen einen Sehnsuchtsort haben, dann ist es das *mökki*, das Sommerhaus am See. Dort saunieren sie und schwimmen, grillen und fischen. Sie fahren mit dem Boot aufs Wasser und gehen in den Wald, um Beeren und Pilze zu sammeln, was jeder darf in Finnland. Oder sie sitzen einfach zusammen und lassen den Tag den Tag und das Leben das Leben sein. Es geht um die Natur und darum, nichts zu wollen, also um eine große Kunst des Daseins.

Das Refugium zwischen Wald und Wasser, den beiden bestimmenden Elementen der finnischen Seenlandschaft, ist kein Prestigeobjekt für eine elitäre Oberschicht, nach dem Motto: fleißig durchmalochen, zu Geld kommen, dann Exit und ihr könnt mich alle mal, Endstation Haus am See. So denken vielleicht die Deutschen.

Der deutsche Großstädter hat seinen Kleingarten. Die räumliche Enge erscheint zwingend in einem Land mit 80 Millionen Menschen, aber vielleicht ist das auch eine Mentalitätsfrage. Die Finnen haben auf jeden Fall kein Raumproblem, mit ihren genügsamen 5,5 Millionen Einwohnern auf einer Fläche fast so groß wie die Bundesrepublik. Doch das *mökki* ist vor allem Ausdruck einer Haltung.

Kein Statussymbol, sondern Teil eines Alltags, den man sich so oft es geht so angenehm wie möglich gestalten will. Viele *mökki* sind seit Generationen in Familienbesitz. Es gibt spartanische Hütten ohne Strom und warmes Wasser, eingerichtet nur mit dem Nötigsten, aber auch mehrstöckige 5-Sterne-Häuser zum Mieten: 250 Quadratmeter Wohnfläche, Bootsanleger, drei Schlafzimmer, Whirlpool, Hightech-Grill. Ein solcher Komfort muss zwar nicht sein, doch in jedes *mökki* gehört eine Sauna.

Ich war nach Finnland gereist, um die Seenplatte im Südosten des Landes zu erkunden. Und auf diesem Weg wollte ich der finnischen Freizeitkultur auf die Spur kommen. Welches Lebensgefühl steckt dahinter? Kann man sich wie ein Finne fühlen, wenn man in einem *mökki* in der Sauna sitzt und nur stark genug dampft und schwitzt?

Kein leichtes Unterfangen. Und am Ende sollte ich Antworten auf ganz andere Fragen erhalten, aber das ist ja oft so, was keineswegs schlecht sein muss.

Die Finnische Seenplatte war mir als perfekter Ort für mein Vorhaben sofort ins Auge gefallen.

Ein kurzer Blick auf die Karte genügt, und man erkennt ein blaugrünes Mosaik aus Inseln und Gewässern.

Ein besonders großer Klecks Blau stellt den Saimaa dar, den größten See Finnlands. Allein in diesem Seensystem stehen fast 45 000 Ferienhäuser, in ganz Finnland etwa eine halbe Million.

Mein Flug ging von Berlin über Helsinki nach Savonlinna. Von dort war es nur eine kurze Autofahrt zum Linnansaari-Nationalpark, einem geschützten Teil des Saimaa-Gebietes. Die Maschine landete inmitten Abertausender Kiefern und Fichten. Der Flugplatz wirkte so menschenleer wie ein Hochsitz im Wald.

Am ersten Tag fuhr ich mit einem Kajak hinaus auf den See. Auf einer kleinen Insel stand eine Frau am Ufer, die sich als Barbara vorstellte. Die 69-jährige deutsche Auswanderin wohnte seit 13 Jahren in ihrem *mökki* mitten im Linnansaari-Nationalpark. Sie hatte, so schien es, ihr Glück gefunden.

Meine Neugier auf Finnland, seine Seen und die einsamen Ferienhäuser konnte sie nur allzu gut verstehen. »Immer mehr haben Burn-out, die wollen alle ihre Ruhe.« Ich stimmte zu, ohne mich angesprochen zu fühlen. Ruhe ja, Burn-out nein.

Das Setting für perfekte finnische Ferien stimmt im Linnansaari-Nationalpark jedenfalls. Der Besucher kann mit seinem Kajak von Insel zu Insel paddeln und immer wieder einen Halt zum Wandern einlegen.

Auf der Hauptinsel des Parks traf ich den örtlichen Guide Jari. Oft kämen Elche herübergeschwommen und legten sich ganz oben auf der Spitze des Eilands ins Gras, erzählte Jari. Der Wanderweg dorthin war ziemlich zugewachsen. Zwischen alten Fichten und Espen lagen bemooste Felsen wie in einem Fabelwald. Ich sehnte mich nur noch mehr nach einer einsamen Hütte zwischen Wald und Wasser.

In Savonlinna schaute ich mir die Burg Olavinlinna an, die als die am besten erhaltene mittelalterliche Festung Nordeuropas gilt. Dann bestieg ich einen 108 Jahre alten Dampfer und unternahm eine Bootsfahrt. Am Ufer zogen in großzügigen, aber regelmäßigen Abständen die *mökki* vorbei, angestrichen in Rot, Gelb und Weiß: Symbole nicht enden wollender Sommer am See. Meine Sehnsucht wurde erneut befeuert.

Was machte nur den Reiz des *mökki* aus? Gib einem Finnen sein Haus am See, und er ist glücklich – davon war auszugehen, nach allem, was ich wusste. Ganz kurz fühlte ich mich wie Indiana Jones auf der Suche nach einer magischen Formel. Keine Frage:

Wenn man ungestört vom Zivilisationslärm mit Familie und Freunden beisammensitzt und der Sommerhimmel auch um Mitternacht noch nicht finster geworden ist, scheint der Weg zum Glück recht kurz zu sein.

Findet sich im *mökki* vielleicht die Einsicht, dass alles egozentrische Schaffen und Streben, alle kühnen Ambitionen und inneren Kriege unter dem Spiegel des Universums nichts als Schall und Rauch sind? Doch sind die Finnen nicht auch jenes Volk, das sich ständig komatös betrinkt und einander besonders häufig im Suff und Affekt ermordet? Schweigen die finnischen Männer wirklich nur aus Höflichkeit so viel, oder weil letztlich alles vergebens ist?

Ich übernachtete östlich von Savonlinna in einer Ferienanlage mit komfortablen Hütten direkt am See. Hierhin verschlug es wohl Finnen, die erstaunlicherweise nicht im Besitz eines eigenen *mökki* waren. Die Landschaft rund um das Ferienareal war genauso schön wie überall sonst. Der See schimmerte klar und kühl.

Ich fuhr nach Kerimäki, wo die größte christliche Holzkirche der Welt steht. Bis zum Kreuz am Dachfirst sind es 37 Meter. Dann paddelte ich auf eine unbewohnte Insel und wanderte durch die Wälder. Große Ruhe. Dass die Finnen oft gar nichts sagen, ist keineswegs ein Zeichen von Desinteresse. Man möchte sich nicht aufdrängen. Man spricht nicht um des Redens willen.

Kein anderes Land in der EU verfügt über einen so großen Waldanteil wie Finnland, rund 70 Prozent sind es. Der Wald ist praktisch überall. Der kleinste Anteil dieser Fläche besteht noch aus echten Urwäldern, aber ein Laie erkennt den Unterschied sowieso nicht.

Die Finnen lieben den Wald – sie haben auch keine andere Wahl.

»In vorchristlicher Zeit waren die Wälder unsere Kirche«, erklärte mir Anna-Maria. Sie arbeitete im Forstmuseum Lusto, unweit von Savonlinna. Das Gebäude war der Form eines Baumstumpfes nachempfunden, alles sah natürlich und modern zugleich aus. In Sachen Design macht den Nordeuropäern einfach keiner etwas vor.

Mit Religion hatte ich nichts am Hut, aber der Wald begeisterte auch mich seit frühester Kindheit. Im Museum erfuhr ich vom *Geist des Waldes,* einer unsichtbaren Energie, die gemäß altem finnischen Volksglauben in vielerlei Form in Erscheinung treten kann – meist als mächtiger Bär. Der Wald habe magische Kräfte, hieß es auf einer Schautafel. Er könne Krankheiten heilen, aber den Menschen auch in den Wahnsinn treiben. Was genau das eine begünstigte und das andere verhinderte, erfuhr ich leider nicht. Es lag wohl, überlegte ich, wie so oft am Menschen selbst.

Völlig außer Frage stand, dass ich der Seele des *mökki* nicht in einer Ferienunterkunft auf die Spur kommen würde. Ich brauchte Zugang zu einem authentischen finnischen Ferienhaus in Privatbesitz. Ein solches fand ich mithilfe des örtlichen Tourismusbüros.

Ein Sommerhaus am See ist in Finnland mehr als nur ein Feriendomizil. Am See zu sein ist keine Ortsangabe, es ist eine Gemütsbeschreibung. Philipp Laage haust allein in einem »mökki« und kommt dem Wesen der Einsamkeit auf die Spur.

Auf der kleinen Selbstversorgerfarm von Giorgios in Griechenland gibt es keinen Kühlschrank, keine Steckdosen und kein WLAN. Norah Steiner fragt sich: Was braucht man eigentlich zum Glücklichsein?

»Wir saßen zusammen in einem Abteil und warteten. Auf das Pfeifen des Schaffners, auf das rhythmische Schlagen der Räder.«

Im Nachtzug von Yangon nach Bagan, Myanmar, teilen sich vier Reisende die letzte Flasche Bier, ihre Erinnerungen und ihre Schrammen. Ein kurzer Augenblick, ein geteiltes Leben. Schön und traurig zugleich, findet Belka Berlin.

»Und je weiter der Blick schweifen kann, desto größer sind das Herz, die Seele und der Geist der Menschen.«

»Großer Fluss«, so nennen die Athabasken-Indianer den Yukon. Dirk Rohrbach bereist einen der mächtigsten Ströme der Erde in einem selbst gebauten Kanu aus Birkenrinde.

Im Zentrum von Coyoacán, Mexico City, wird ein großes Azteken-Fest vorbereitet. Gitti Müller bekommt das Zeichen für »Wort« auf die Wange gemalt.

»Einen Geist im Haus zu haben ist völlig normal, man erzählt davon wie von einem Haustier.«

In Perus Hauptstadt Lima kann man sich auf dem Schamanenmarkt seine Seele mit einem Gürteltier reinigen lassen. Ariane Kovac hat es ausprobiert. Und viel Respekt vor dem Übersinnlichen gewonnen.

Martin Schacht gehört eigentlich nicht zu den Menschen, die sonderlich spirituell veranlagt sind. Auf einem Tempel-Retreat in Thailand versucht er zu meditieren. Und muss lernen: Eine Abkürzung zur Erleuchtung gibt es nicht.

Die Hütte lag in relativer Abgeschiedenheit im Wald, nur 20 Meter vom See entfernt. Wenn ich »vom See« schreibe, dann klingt es so, als habe es stets immer nur den einen See gegeben, um den herum sich diese Reise abspielte, aber das ist natürlich Unsinn. Es gibt, wie eingangs erwähnt, unzählige Seen hier im Südosten Finnlands.

»Am See« zu sein taugte nicht als Ortsangabe, es war mehr eine Gemütsbeschreibung. Man war am See oder nicht. War man es nicht, galt es, schleunigst dorthin zu kommen. Im Sommer ist der See für die Finnen wie ein Gravitationspunkt, in dem sich eine Art natürliche Ordnung einstellt. So kann das Leben aussehen, wenn man es einmal hinter sich lässt – bis der Winter kommt.

Ich saß eine Weile vor der Hütte, nunmehr vollkommen allein. Das Tageslicht schwand bereits. Ich hörte dem Wald zu, der mich ganz weltlich bezirzte. Irgendwann wurde es dunkel. Ich ging hinein ins *mökki* und entzündete einige Kerzen, denn Strom gab es nicht. Genau so sollte es sein.

In der Hütte befand sich natürlich eine Holzsauna. Ich legte einige Scheite in den kleinen Ofen und entfachte ein Feuer. Die Sauna heizte sich auf. Als die richtige Temperatur erreicht war, setzte ich mich hinein. Ich wollte, nein, ich musste schwitzen. Durch ein kleines Fenster konnte ich hinaus auf den See schauen, der im Mondlicht schimmerte. So saß ich da, dampfend und immer tiefer atmend, draußen die Schwärze der Nacht, drinnen nur der flackernde Schein der Flammen.

Nach einer Viertelstunde trat ich nackt hinaus in den Wald und ging hinunter zum See. Ich stieg ins Wasser, doch ich fror sofort. Mein Körper dampfte in der Dunkelheit. Ich band mir ein Handtuch um und setzte mich vor der Hütte auf die Bank. Da war ich nun, in einem echten *mökki*, saunierend wie ein Finne, mitten in der Natur. Und was soll ich sagen? In den Schatten der Nacht lag ein großes Unbehagen.

Die natürliche Bewegung des Reisens und das Unterwegssein waren zu einem Ende gekommen, Körper und Geist heruntergefahren. Und nun? Die verworrenen Gedanken setzten sich nicht klarer zusammen als zuvor. Die Rastlosigkeit war nicht verschwunden, nur für einen Moment nicht mehr so stark. Ich fand nicht zu mir selbst, ich fand – niemanden.

> Vielleicht, dachte ich auf der Bank vor dem Haus am See, sind wir immer noch Nomaden, Suchende in der Welt, für die es keinen größeren Trost gibt, als am Ende des Tages um ein wärmendes Feuer zusammenzukommen.

Alleine reisen ist einfach, alleine ankommen ist schwierig. Für das *mökki* gilt das besonders.

Häufig wird zwischen Alleinsein und Einsamkeit unterschieden, als wären das zwei völlig verschiedene Gefühlsregungen. Die eine, sagt man, lädt einen mit positiver Energie auf, die andere erzeugt Traurigkeit. Wahrscheinlich sind es nur die Dosis und der Ort, die den Unterschied machen. Alleine und im Grunde ja zufrieden saß ich vor dem *mökki*, der laue Wind trug einen dummen Gedanken heran, und wie verlassen kam ich mir plötzlich vor! Beklemmend war die Stille über dem See.

Auch die typische Schweigsamkeit der Finnen – vornehmlich der Männer – erschien mir plötzlich überhaupt nicht mehr als erstrebenswerter Wesenszug. War sie nicht ein Ausdruck dumpfer Bekümmertheit, die nicht gegen sich selbst ankam? Und hatte ich nicht stets erst im Austausch mit anderen und mehr noch im Selbstgespräch wieder zu mir gefunden, wenn die Dinge in meinem Leben zu entgleiten drohten?

Der Morgen am See war sonnig und hell und klar. Die Verirrungen der Nacht kamen mir vor wie ein zusammenhangloser Traum. Ich ging noch einmal in den See und wusch mich ab.

Ein Finne war ich nicht geworden, aber doch um eine wertvolle Einsicht reicher. Es war oft schwierig, sich auszuhalten, das ging nur in der Bewegung. Doch wenn ich zur Ruhe kam auf meiner Reise, musste Zerstreuung auf mich warten oder ein Lagerfeuer mit Menschen.

April 2017, südlich von Tampere. Dieser Winter ist lang und kalt, selbst für finnische Verhältnisse. Letzte Nacht gab es wieder Frost. Das Dach der Holzhütte trägt eine feine Schneeschicht, genauso wie der Steg. Der See hat nicht mehr als drei Grad. Violett schillert der Abendhimmel am anderen Ufer. Ich trete aus der Sauna und steige ins eiskalte Wasser, wie ein echter Finne. Meine Begleitung sitzt schon drinnen vor dem Kamin. Die Schatten ziehen über den Wald, doch die Hütte ist warm.

Griechenland

DAS EINFACHE LEBEN

Ein Grieche auf einer Gemüsefarm, meine beste Freundin und ich und eine Reise, die uns dem Glück ein Stück näher bringt.

Von Norah Steiner

Spätabends, wenn wir müde und erschöpft ins Bett fallen, dringen flinke Rattenschritte an unser Ohr. Die wildfarbenen Nagetiere huschen über das Wellblechdach unserer kleinen Hütte. Manchmal finden sie den Weg durch den Kamin und schleichen in die Küche, um unsere Vorräte zu klauen, deshalb haben wir alles Essbare in Einmachgläsern verstaut.

Wenn morgens der Wecker klingelt, stehen wir kurz darauf in den Gemüsebeeten. Wir graben Kartoffeln aus, binden Tomatenzweige hoch, ernten Stangenbohnen, weiße und rote Zwiebeln. Wir füttern die Ziegen und suchen im Hühnerstall nach frisch gelegten Eiern.

Ab und zu flitzt Giorgos auf seinem Fahrrad an uns vorbei, und wir wundern uns, dass es ihn noch nie aus dem Sattel geschleudert hat, so schnell rast er über heruntergefallene Äste, Wurzeln und faustgroße Steine hinweg.

Er hat es oft eilig, es gibt viel zu tun.

Ein paar Stunden Arbeit pro Tag gegen ein Bett und einen gefüllten Teller? Ein fairer Deal. Vor ein paar Wochen bin ich gemeinsam mit Milena ins Flugzeug nach Athen gestiegen. Aus unserem Plan, alle Länder des Balkans zu bereisen, wird vorerst nichts. Wir haben Gefallen gefunden an dem simplen Leben bei Bauer Giorgos. Wir haben nicht viel, aber wir haben alles, was wir brauchen.

Es gibt keine Steckdosen, keine Internetverbindung, keine Toilette. Es gibt weder einen Backofen noch einen Kühlschrank. Für die Zubereitung warmer Mahlzeiten nutzen wir einen Gaskocher. Strom beziehen wir von einer Autobatterie. Ein Eimer fungiert als Plumpsklo, ist er voll, tragen wir ihn zu zweit zum Komposthaufen. Zum Pinkeln hocken wir uns hinter einen Busch.

Gegen Mittag erreicht das Brennen der mediterranen Hochsommersonne ihren Höhepunkt. Wir legen das geerntete Gemüse und die

Eier in geflochtene Körbe und diese auf die Regale des liebevoll gestalteten Kiosks am Straßenrand. Es ist zu heiß, um weiterzuarbeiten. Kühles Nass, das mit Hochdruck aus dem Gartenschlauch schießt, landet angenehm auf unserer Haut, und ein Gemisch aus Wasser und Schweiß sammelt sich zu unseren Füßen.

Nach der Abkühlung setzten wir uns in den Schatten eines großen Feigenbaumes und lauschen dem Gesang der Vögel. Warum nicht einfach hierbleiben?

Giorgos ist schlank, seine Statur schmal und schmächtig. Man sieht ihm an, dass er sich hauptsächlich von Gemüse ernährt. Mit dem grau melierten Bart, der Brille und dem Sonnenhut erinnert er an Pettersson. Wie die Kultfigur liebt er die Tüftelei, einen Kater hat er ebenfalls. Den nennen wir Findus.

Vor fünf Jahren hat der schüchterne Grieche alle Zelte abgebrochen und einen Neuanfang gewagt. Er war Lehrer an einer Berufsschule. Im Gegensatz zu vielen seiner Landsleute hatte er damit einen sicheren Arbeitsplatz. Doch sein Job bereitete ihm keine Freude, dann ging seine Ehe in die Brüche. Als er jeden Morgen frustriert und unglücklich aufwachte, sah er ein, dass es Zeit war für eine Veränderung. So zog er von der Stadt aufs Land. Von Chalkida, der Hauptstadt der Insel Euböa, mitten in die Pampa. Weg vom Meer, ins Inselinnere, wo sein Großvater ein ungenutztes Grundstück besaß. Darauf ließ sich Giorgos nieder, tauschte Wohnung gegen Wohnwagen, Autolärm gegen Hühnergegacker. Bald mietete er umliegendes Land hinzu und fing an, es zu bewirtschaften. Zwar hatte er früher mal einen kleinen Garten, aber wirklich Ahnung von dem, was er da tat, hatte er nicht. Also fuhr er regelmäßig in die Bibliothek, lieh stapelweise Bücher aus und studierte Pflanzenkunde, Ackerbau und artgerechte Tierhaltung. Alles, was er heute weiß, hat er sich selbst beigebracht.

Einfach leben ist nicht nur einfach

»Giorgos?« Während sich ins Himmelblau orange und rote Farbmuster mischen, sitzen wir am Tisch der Außenküche. Vor uns liegt eine große Keramikschüssel, die vor gut zehn Minuten noch bis obenhin mit frischem Salat gefüllt war. »Ja?«, murmelt er schmatzend. In seinem Mund ein Stück altes Brot, das er in die Soßenreste getunkt hatte, um es weich werden zu lassen.

»Bist du glücklich? Jetzt, da du dich aus den Fängen deines früheren Lebens befreit und dir den Traum einer eigenen Farm erfüllt hast?« Der Bauer schaut in zwei erwartungsvolle Augenpaare. Er wischt seine schmutzigen Finger an seinem schmutzigen Hemd ab.

Dann setzt er die beiden Ellbogen auf der Tischkante auf, faltet die Hände ineinander und macht ein nachdenkliches Gesicht. »Hm ... Ich will nichts schönreden, der Anfang war schwer. Der Fuchs hat sich andauernd an meinen Hühnern vergriffen, den Boden musste ich nach mehreren Fehlversuchen mühsam umgraben, und bis ich schließlich mit den Ergebnissen zufrieden war, dauerte es lange.« Giorgos erzählt uns von seinen Selbstzweifeln, davon, wie er sich gefragt hat, ob es die richtige Entscheidung war, alles auf eine Karte zu setzen. Sein Erspartes neigte sich dem Ende zu, sein Kopf war voller Sorgen.

Mittlerweile versorgt sich der Bauer größtenteils selbst, verdient mit dem kleinen Kiosk und einigen Kunden, die er regelmäßig beliefern darf, gerade genug, um über die Runden zu kommen. Seine Lebensweise funktioniert - auch oder vor allem weil er von früh bis spät arbeitet.

Ein hart verdientes Glück, doch scheint sich jeder Schweißtropfen, jeder Kratzer und jede Sorgenfalte auszuzahlen: »Um auf eure ursprüngliche Frage zurückzukommen: Ja, ich bin glücklich. Schaut euch um! Wir sind umgeben von Leben. Bäume, Pflanzen, Tiere. Die mit Abgasen und sonstigen Schadstoffen verpestete Luft ist nichts für uns. Der Mensch gehört in die Natur!«

Zufrieden mit sich, den kleinen Monolog mit einem solch philosophischen Schlusssatz beendet zu haben, verabschiedet sich Giorgos lächelnd und zieht sich für die Nacht zurück. Milena und mir klebt ebenfalls ein Lächeln im Gesicht.

Wir haben den nervösen, quirligen, aber dennoch verträumten und vor allem liebenswerten Bauern in unser Herz geschlossen.

Im Licht der Dämmerung bleiben wir sitzen, bis sich das Land in Dunkelheit hüllt und wir im Schein des Mondes den Weg zu unserer Hütte finden.

Zu Hause in der Ferne

Manchmal ist Katerina da. Dann ist sie plötzlich wieder weg. Sie ist, was viele wohl einen Freigeist nennen würden. Dauernd auf Achse, mal hier, mal dort. Doch jedes Mal, wenn sie zu uns auf die Farm kommt, bleibt sie ein bisschen länger, und immer seltener schläft sie in der Hängematte, dafür häufiger in Giorgos' Wohnwagen.

Sie mag vielleicht keine klassische Schönheit sein, aber sie ist so charismatisch und lebensfroh, dass jeder ihrem Zauber verfällt. In ihr kurzes braunes Haar mischen sich erste graue Strähnen, ihr Kinn ist spitz und markant, die blauen Augen funkeln. Auch wenn Giorgos es noch nicht zugegeben hat, seine verstohlenen Blicke haben ihn längst verraten. Er ist verliebt.

Katerina hat eine Wohnung im Stadtzentrum von Athen. Seit sie an einem Burn-out litt und kurz vor dem Zusammenbruch die Reißleine zog, vermietet sie ihr Apartment unter. Ein Jahr ist das nun her. Sie lässt sich Zeit für eine Neuorientierung, reist durchs Land und besucht Freunde. Giorgos begegnete sie vor ein paar Monaten auf einem Biomarkt in der Nähe.

Eines Abends sitzen wir gemeinsam unter dem Feigenbaum, trinken ein Glas Wein und lauschen Milenas Ukulelespiel. Katerina klatscht vor Begeisterung freudig in die Hände und erzählt uns von einem Festival in der Nähe von Chalkida: »Am Freitag spielt Giannis Haroulis, seine Musik würde euch gefallen! Ich habe an dem Abend leider schon etwas vor ... Könntest du nicht mit ihnen da hinfahren, Giorgos?«

Chalkidas Küstenpromenade ist wenig attraktiv. Hässliche Baukomplexe säumen das Ufer. Auch sonst ist die Großstadt nichts Besonderes, dennoch verliebe ich mich sofort in sie oder vielmehr in die Menschen, denen ich hier begegne. Wir stehen mittendrin, auf dem ehemaligen Fabrikgelände, in einer Masse aus Jung und Alt. Auf der Bühne musizieren Trommler, E-Gitarrist, Schlagzeuger, Kontrabassspieler und Klarinettist. Dazu gesellen sich Lyra und Dudelsack. In Giannis' Händen liegt eine Laute. Was daraus entsteht, ist ein griechisch-traditioneller Rock-Sound. Volksmusik trifft auf Moderne.

Die Griechen wissen, wie man feiert – sich selbst, einander, die Musik, das Leben.

Trotz der lauen Sommernacht sind die Shirts der Band und des Sängers bald schweißgetränkt, der Stoff klebt an ihren Körpern. Es wird geschaukelt und getanzt, das Publikum singt aus voller Kehle mit, die Leute scheinen jede Textzeile auswendig zu können. Milena und ich verstehen die Botschaften des leidenschaftlichen Gesanges nicht. Nur ein Wort. *S'agapo*. Das griechische »Ich liebe dich.« Sobald wir es hören, drehen wir uns ruckartig zueinander um und legen uns die Arme um die Schultern. *»S'agapo!«*, schreien wir laut. Schreien es uns gegenseitig zu, schreien es Giannis auf die Bühne, hinüber zu Giorgos und in die Tiefen der Nacht.

Irgendwann vergisst sogar der zurückhaltende Bauer jegliche Hemmungen. Hüpft auf und ab, hüpft, als gäbe es kein Morgen, singt und schreit. Es ist das erste Mal, dass ich den sonst meist gestressten Enddreißiger so ausgelassen, so ungezügelt sehe. Freudentränen kullern über meine Wangen, so schön ist das.

Am nächsten Morgen fahren wir nach einer kurzen Nacht im Gästezimmer von Giorgos' Eltern zur Farm zurück. »Machst du das oft? Konzerte besuchen, ein bisschen Kultur, mal rauskommen und dich amüsieren?« Giorgos schaut mich entgeistert an. »Ich gehe nie weg, dafür habe ich keine Zeit.« Verwundert ziehe ich die Augenbrauen hoch. »Gestern hattest du Zeit!«

»Eigentlich nicht … aber ich wollte euch eine Freude machen.«

Als wir die Hauptstraße verlassen und auf den Kiesweg abbiegen, als hinter den Olivenbäumen unsere kleine Hütte zum Vorschein kommt und uns die Hunde fröhlich wedelnd entgegenlaufen, fühlt es sich an wie Nach-Hause-Kommen.

Ein Tag am Meer

Während wir in der Morgensonne unsere Kleidung in einem mit Wasser gefüllten Becken waschen und sie zum Trocknen an die Wäscheleine hängen, steht Giorgos in der Küche und macht Käse aus frisch gemolkener Ziegenmilch. Katerina pflückt fröhlich singend ein paar Brombeeren vom Strauch und deckt den Tisch.

Die Stimmung ist idyllisch, sorgenfrei.

In der Abgeschiedenheit, umgeben von Grün, scheint die griechische Finanzkrise meilenweit entfernt. Auf Euböa geht es ruhig und beschaulich zu. Ausländischen Tourismus gibt es auf der Insel kaum. Es waren die Griechen, die mit guten Verbindungen aus Athen anreisten und hier ihren Urlaub verbrachten. Inzwischen bleiben sie zu Hause, für Urlaub reicht das Geld nicht mehr. Gründe sind Arbeitslosigkeit, gekürzte Sozialleistungen und Schulden als Folge der Sparpolitik.

Katerina und Giorgos erzählen uns während des Frühstücks von der Entstehung einer Gegenbewegung. Immer mehr Menschen möchten aus der Stadt raus und stattdessen aufs Land ziehen. Die Frischverliebten würden sich freuen, wenn sich die kleinen Dörfer wieder mit mehr Leben füllen, sich immer mehr Menschen gegenseitig beistehen, sich helfen und gemeinsam eine vom Staat unabhängige Existenz aufbauen würden.

Auch Giorgos' Kumpel Raphael ist ein Aussteiger. Ab und zu arbeitet er als Bootsbauer im Hafen von Chalkida, einen Großteil seiner Zeit verbringt er jedoch damit, sich ein eigenes kleines Haus zu bauen. Irgendwo im Nirgendwo. Die Materialien sucht er sich zusammen, in Entsorgungsstellen, auf Müllhalden und aus den Ruinen in den umliegenden Wäldern.

Als Raphael durch das Metalltor auf das Grundstück und entlang des schmalen Kiesweges auf uns zuläuft, die Augen freudestrahlend und zur Begrüßung wild mit den Armen fuchtelnd, ist er mir so sympathisch, dass ich lachen muss. Sein Haar ist kurz geschoren, er trägt ein weinrotes Shirt und lässige weite Stoffhosen. Um seinen Hals baumelt ein Amulett. Zu dritt fahren wir ans Meer, Milena und ich haben heute einen freien Tag.

Um vom großen Strand weg in eine kleine einsame Bucht zu gelangen, müssen wir über große Steine klettern. Dahinter liegen ein paar braun gebrannte Griechen im Schatten der Felsen oder der im Sand eingebuddelten Sonnenschirme. Wir legen unsere Sachen ab und springen in die salzige See.

Die Abkühlung tut gut. Schwerelos gleiten wir durchs Wasser, tauchen unter und erst wieder auf, als uns die Luft ausgeht. Wir dösen, wir baden, wir lachen viel – auch wenn wir nicht die gleiche Sprache sprechen. Raphael kann weder Deutsch noch Englisch, wir nur wenige

Brocken Griechisch. Mit einem Bleistift malt unser neuer Freund eine Karte auf ein Stück zerknittertes Papier. Wir erkennen die Grundrisse der Insel. In der Mitte zeichnet er ein kleines Kreuz. »Giorgos«, sagt er. Da ist die Farm. Er zeichnet ein anderes Kreuz und zeigt mit dem Zeigefinger auf seine Brust. »Raphael.« Da wohnt er. Links, weiter unten. Durch Zeichensprache erfahren wir, dass er eine Freundin hat, aber noch keine Kinder. Mehr finden wir nicht über ihn und sein Leben heraus.

Die Sonne wandert über den Himmel, die Zeit verfliegt.

Als es dämmert, brechen wir auf. Raphael dreht die Musik laut. Ein rhythmisches Trommeln ertönt aus dem Autoradio. Wir tanzen im Sitzen, trommeln auf das Armaturenbrett, auf das Steuerrad, unsere Oberschenkel. Irgendwann erreichen wir die Farm, steigen aus und schließen uns in die Arme, verharren dabei für ein paar Sekunden. Dann setzt sich Raphael wieder in den Wagen und fährt davon. Die Rücklichter verschwinden in der Ferne.

»Milena, bist du noch wach?«, flüstere ich ins Dunkel. Ein müdes Murmeln ertönt, also rede ich weiter: »Heute war ein richtig schöner Tag. Weißt du, nur schon das alleinige Wissen, dass es Menschen wie Raphael gibt, macht mich unglaublich glücklich.«

»Das hast du schön gesagt.« Während draußen die nachtaktiven Ratten munter umherschwänzeln, schlafen wir ein.

Schwacher Magen, blutendes Herz

Krank sein ist scheiße. Auf Reisen ganz besonders. Ich kann mich noch gut an meine letzte Lebensmittelvergiftung erinnern. Es war während meiner Südostasienreise. Damals war ich gerade auf Don Det angekommen, einer kleinen Insel im Mekong, dort, wo Laos aufhört und

Kambodscha beginnt. Kaum hatte ich einen schönen Bungalow am Flussufer gefunden und mein Gepäck abgestellt, hing ich bereits über der Kloschüssel. Bald erbrach ich nur noch Magensäure, mein Stuhlgang war wässrig. Zweimal kämpfte ich mich in den folgenden Tagen zum Minimarkt, um neue Trinkwasserflaschen zu holen. Das Wi-Fi funktionierte nicht, ich fühlte mich einsam und allein und verfluchte die Welt.

In Griechenland ergeht es mir ähnlich. Außer dass ich dieses Mal nicht einsam und alleine bin und die Welt nur ein kleines bisschen verfluche. Giorgos fährt in die Apotheke und bringt Elektrolyt-Pulver mit. Katerina legt einen nassen Lappen auf meine Stirn und reicht mir einen Teller Gemüsebrühe. Milena schleppt einen Kanister Wasser an mein Bett, streicht mir liebevoll über den Kopf und leert täglich den bestialisch stinkenden Plumpsklo-Eimer – dafür werde ich meiner Sandkastenfreundin auf ewig dankbar sein.

Hätte ich meinen Heißhunger auf Pommes und Souvlaki-Spieße doch nur ignoriert. Warum habe ich meiner Fressgier nachgegeben? Allein der 30-minütige Fußmarsch ins nächste Dorf hätte mich bei dieser Hitze davon abhalten sollen. Ändern kann ich nun nichts mehr, und so warte ich geduldig, bis es mir bessergeht.

Währenddessen piept Milenas Wecker früher als sonst. Bei Sonnenaufgang schleicht sie sich auf Zehenspitzen aus der Hütte, um genau die gleiche Anzahl Körbe mit geerntetem Gemüse zu füllen, wie wir es zu zweit getan hatten. Giorgos hatte sie nicht darum gebeten, das musste er nicht. Sie möchte ihm helfen und sie tut es gerne.

Dieses fiese Ding namens Abschied

Eigentlich wollen wir nicht weg von hier, doch als uns Katerina von ihrem Plan erzählt, auf ihrer Lieblingsinsel wild zu zelten, und uns fragt, ob wir sie begleiten möchten, geht alles ganz schnell. Auch wenn wir bei dem Gedanken, diesen Ort zu verlassen, wehmütig und traurig werden, wissen wir beide insgeheim, dass uns etwas Erholung guttun würde. Milena ist erschöpft vom Arbeiten, ich vom Kranksein.

Mit Dosenbier und Take-away-Pizza lassen wir uns auf dem Sand des kilometerlangen Strandes nieder, über unseren Köpfen der große runde Vollmond, umgeben von kleinen funkelnden Diamanten.

Wir haben Giorgos dazu überredet, einen letzten gemeinsamen Ausflug zu unternehmen. In der Kleinstadt Limni an der Westküste der Insel genießen wir das Beieinandersein, bleiben lange sitzen. Erst als Katerina und Giorgos näher zueinanderrücken, stehen Milena und ich auf, um unsere Kleidung vom Leib zu streifen. Nackt springen wir ins salzige Nass.

Wir schwimmen ein paar Züge aufs offene Meer hinaus, schauen in den Himmel, unsere Blicke treffen sich, wir drehen uns um, sehen die Küste, die Insel, auf der wir viele Wochen verbracht haben, sehen die beiden Griechen, die uns fröhlich zuwinken.

Ein letztes Mal schreiten wir über die Wege und Wiesen der Farm, um den Hühnern, den Ziegen, den Hunden und Findus Lebewohl zu sagen. Dann verstauen wir unser Hab und Gut in unseren Rucksäcken und diese in Katerinas Auto. Wir stehen am Straßenrand und schlingen unsere Arme um Giorgos' schlaksigen Körper. Erst als er sich zu wehren beginnt, geben wir nach. »Lasst mich los, sonst fang ich gleich an zu heulen … Kommt zurück, wann immer ihr wollt. Ich warte hier auf euch.« Ein letztes Mal hören wir sein Lachen, dann tritt Katerina aufs Gaspedal, und Giorgos und die Farm verschwinden hinter der ersten Straßenbiegung.

Barfuß unter Pinien

Die Griechenlandflagge weht nervös im Fahrtwind der Fähre. Ich stehe am Heck und schaue zu, wie Euböa kleiner und kleiner wird, bis die Insel am Horizont verschwindet. Werden wir nochmals einen solchen Ort finden? Einen Ort, der uns Tränen in die Augen treibt, wenn wir ihn verlassen? Ein Daheim weit weg von unserer Heimat?

Auf Alonnisos schlagen wir in einem kleinen Wäldchen unser Zelt auf und schlafen zum Geräusch der in den Bäumen zirpenden Zikaden ein. Tagsüber schwimmen wir zu den umliegenden Buchten und lassen unsere Nasenspitzen von der Sonne küssen. Die Steine sind weiß, das Meer türkisblau. Wir teilen den Strand mit ein paar Inselbewohnern, ab und zu mit ein paar Touristen. Abends sind wir für uns. Nur eine Handvoll Zelte stehen verstreut auf dem mit Piniennadeln bedeckten Boden.

Täglich marschieren wir in ein nahegelegenes Dorf, um Trinkwasser und Nahrungsmittel einzukaufen, ansonsten frönen wir dem süßen Nichtstun. Wir liegen mal wieder auf unseren Strandtüchern, ein Buch in der Hand, als uns Katerina mitteilt, dass sie Alonnisos verlassen wird. Sie möchte zurück nach Euböa. Zurück zu Giorgos.

Wir bleiben, und wir wären wohl noch viel länger geblieben, hätten wir nicht eines Tages einen jungen Medizinstudenten aus Hannover kennengelernt. Sein Vater ist Grieche, und seine Familie besitzt ein Haus auf dem Festland, im Bergort Zagora. In ein paar Tagen wird er sich dort mit ein paar Freunden aus Deutschland treffen. Ob wir mitkommen wollen?

Rückkehr in die Zivilisation

Zwei Wochen bleiben wir in dem Haus auf der Pilion-Halbinsel. Es gibt eine richtige Dusche! Eine Toilette samt Klobrille und automatischer Spülung! Und außerdem eine riesige Küche mit allem, was dazugehört! Der Luxus der modernen Welt.

Neben dem Haus steht ein riesiger Feigenbaum. Ähnlich wie jener auf Giorgos' Farm. Seine Äste sind behängt mit reifen Früchten. Als ich meinen Arm ausstrecke, eine vom Baum pflücke, hineinbeiße und sich ein süßlicher Geschmack in meinem Mund ausbreitet, schwelge ich in Erinnerungen an das Bauernleben. Ob ich selbst so leben möchte? Vielleicht. Erst mal möchte ich weiterhin die Welt entdecken, um Menschen wie Giorgos, Katerina und Raphael zu begegnen. Aber wer weiß, sollte ich sesshaft werden wollen, vielleicht wird ein Wohnwagen mein Zuhause sein. Auf meiner eigenen kleinen Farm. Mit Hühnergegacker, einem Pettersson-Hut auf dem Kopf und einem Kater namens Findus. Man braucht nicht viel zum Glücklichsein.

Peru

DAS ÜBERSINNLICHE

Von Schamanen hinter Duschvorhängen und einem Gürteltier als Geisterbeschwörer. Und das ist noch nicht alles: In Lima gibt es allerhand Mystik zu entdecken.

Von Ariane Kovac

Geister

Meine erste Begegnung mit dem Übersinnlichen in Peru ist eine gerade erschienene Reisezeitschrift. »In Peru ist das Magische noch Alltag«, heißt es darin. Ich bin fasziniert und traurig zugleich. Schließlich weiß ich schon, dass ich ein Jahr in der Hauptstadt Lima verbringen werde, wo zwischen zehn Millionen Einwohnern, Hochhäusern und Smog wohl kaum Platz für Schamanen und Gespenster sein kann. Oder etwa doch?

Auf den ersten Blick wirkt Lima jedenfalls groß, grau, chaotisch, dreckig und alles andere als mystisch. Aber als ich zum ersten Mal krank bin und ein paar Tage in der Arbeit fehle, bekomme eine besorgte Nachricht von meiner Chefin: »Kann es sein, dass ein Geist in deinem Zimmer wohnt? Schau mal nach!«

Ein Geist? In meinem Zimmer?

Ich finde keinen und muss lachen – über meine etwas verschrobene Chefin. Doch als ich die Geschichte meinen peruanischen Freunden erzähle, bekomme ich jedes Mal dieselbe Reaktion: »Und, hast du einen Geist im Zimmer?!« Ernst, besorgt, ohne Ironie. Damit wäre schließlich nicht zu spaßen.

Nach und nach höre ich in meinem Umfeld die verschiedensten Geistergeschichten. In der Garage eines Freundes waren immer wieder Stimmen und Geräusche zu hören – bis ein Erdbeben ein Stück Dach zum Einsturz brachte. Noch dazu hatten ihm, als er 14 Jahre alt war, Dämonen regelmäßig schreckliche Träume beschert. Ein anderer Freund erzählt mir von seinem toten Vater, der regelmäßig an Allerheiligen als dicke grüne Fliege ins Haus schwirrt. Und von einem Geisterhaus im alten Stadtzentrum von Lima, aus dem man entweder verrückt oder überhaupt nicht mehr herauskommt, wenn man wagt, es zu betreten.

Es dauert eine Weile, bis ich das Verhältnis der Limeños zu ihren Geistern verstehe – und noch länger, bis ich solche Geschichten hören kann, ohne grinsen zu müssen.

Einen Geist im Haus zu haben, ist etwas völlig Normales, man erzählt davon wie von einem Haustier.

Solange es kein böser Geist ist, der jemanden mit Albträumen in den Wahnsinn treibt, muss man sich davor nicht fürchten. Und Geister haben normalerweise auch nur dann Spaß daran, jemanden zu ärgern, wenn dieser Angst vor ihnen hat. Mit Geistern in Kontakt zu treten, kann auch eine sehr positive, sinneserweiternde und erkenntnisreiche Erfahrung sein.

Trotzdem sollte man sie nicht komplett auf die leichte Schulter nehmen – auch, wenn man sie nicht sieht, können sie handfeste Probleme mit sich bringen, jemanden krank machen oder gar umbringen. Auf keinen Fall sollte man sie reizen. Nachts auf einen Friedhof oder gar in besagtes Spukhaus? Für die meisten Peruaner unvorstellbar.

Dass ich nicht an Geister glauben könnte, kommt den Menschen, mit denen ich mich unterhalte, gar nicht erst in den Sinn. Mehrmals höre ich die überraschte Frage: »Gibt es denn in Deutschland keine Geister?« Was antwortet man darauf?!

Je länger ich in Peru lebe, desto mehr weicht meine anfängliche Ablehnung einer wachsenden Faszination. Habe ich sie zunächst noch ins Lächerliche gezogen, kann ich mittlerweile nicht genug bekommen von den Geistergeschichten und Spukhäusern – von außen zumindest, wir wollen ja nicht gleich übertreiben. Ich baue einen gesunden Respekt vor allem Übernatürlichen auf und merke, wie ich mit jeder Geschichte ein Stückchen abergläubischer werde.

Und dann sitze ich abends auf meinem Bett und höre, wie in der Küche der Lichtschalter gedrückt wird.

Mir stellen sich die Nackenhaare auf, denn ich bin allein.

Ich stehe auf, laufe langsam durch die Wohnung, rufe, da ist niemand. Dann setze ich mich wieder hin, und das Licht geht wieder aus. Ein paar Monate zuvor hätte ich eine solche Situation auf die nicht besonders zuverlässigen peruanischen Stromleitungen geschoben. Jetzt fällt mir das nicht mehr so leicht. Soll das meine erste Begegnung mit einem Geist gewesen sein? Irgendwie hätte ich mir die spektakulärer vorgestellt. Ich wünsche mir beinahe schon Albträume herbei, Türenschlagen oder wenigstens dicke grüne Fliegen, einfach, um mitreden zu können.

»Ja, in Peru gibt es Geister!«, antworte ich inzwischen, wenn das Thema aufkommt, stolz auf meine Integrationsbereitschaft, und bekomme anerkennendes Nicken für meine Lichtschaltergeschichte. In Deutschland habe ich eben noch nie einen getroffen – aber wer weiß das schon. Schließlich bin ich auch noch nie auf die Suche gegangen.

Ich fühle mich angekommen, auf spiritueller Ebene. Ich glaube, ich bin bereit für einen zweiten Schritt in Richtung des Übersinnlichen.

Schamanen

Noch viel präsenter als Geister sind in Lima Menschen, die sozusagen als Scharnier zwischen Sinnlichem und Übersinnlichem fungieren: die Schamanen. Wer darauf achtet, entdeckt zwischen den vielen an Laternenpfähle und Wände geklebten Zetteln, die um Wohnungsinteressenten werben oder Auftritte von Mariachi-Bands anpreisen, immer wieder das Wort *Curandero*, Heiler, meist gefolgt von den Worten »spezialisiert auf Liebeszauber«. So, wie man sonst eine Telefonnummer abreißt oder ein schnelles Handyfoto macht, wenn man Interesse an einer gebrauchten Schlafzimmerausstattung hat, so kann man hier anrufen, wenn man sich wünscht, dass einem die Freundin den Seitensprung verzeiht oder man den Kollegen nicht nur auf sich aufmerksam, sondern komplett in sich verliebt machen möchte.

»Mit solchen Liebeszaubern ist nicht zu spaßen«, höre ich immer wieder im Freundeskreis, als ich mein Interesse äußere. Einige davon sind so mächtig, dass man den Verzauberten am Ende gar nicht mehr loswird und vollkommene Kontrolle über ihn besitzt. Zu viel Verantwortung! Noch dazu involvieren viele Rituale Menstruationsblut oder Teile der Gebärmutterschleimhaut – schon aus feministischen Gründen möchte ich nicht das Wort »eklig« in den Mund nehmen, aber zumindest wäre das keine Geschichte, die ich Freunden spontan in lockerer Runde erzählen könnte.

Etwas anderes muss also her, als erste Schamanenerfahrung. Im historischen Zentrum von Lima gibt es passenderweise einen Markt, der von außen sehr touristisch aussieht, in dessen Innern man jedoch kaum einen Ausländer antrifft. Und dessen Angebote sich auch ziemlich von den üblichen touristischen Märkten unterscheiden. Statt billiger Klamotten, Lamaplüschtieren und sonstigem Krimskams kann man dort nämlich spirituelle Reinigungen erstehen, Zukunftsweissagungen oder die verschiedensten Zauber. Es fällt mir schwer, den Markt adäquat zu beschreiben.

> Die Atmosphäre aus Plastikhockern und grellen Ladenschildern mit Bildern von Heilpflanzen und Meerschweinchen, aus Duschvorhängen und Preislisten, aus Heiligenfiguren und CD-Spielern erstickt eigentlich jede Vorstellung von Mystik im Keim.

Das geschäftige Treiben ringsum tut sein Übriges. Und doch unterscheidet sich der Aufenthalt hier nicht nur, was die Produkte angeht, von einem klassischen Marktbesuch. Die Menschen, die vor den einzelnen Abteilen der Schamanen sitzen und warten, wirken häufig in sich gekehrt – kein Wunder, wer weiß, wie viele von ihnen krank sind oder lebensverändernde Entscheidungen zu treffen haben. Manche haben Familienangehörige dabei. Irgendwie ist dieser Ort eine Mischung aus Markt und Krankenhausflur.

Als ich mir die verschiedenen Leistungen durchlese, die die Schamanen so anbieten, stolpere ich ab und an über das Wort *Quirquincho*, und als ich auch die Erklärung nicht verstehe, zeigt man mir ein Bild. Man kann seine Seele auf dem Schamanenmarkt in Lima mit einem Gürteltier reinigen lassen. Da ist es wieder, mein leicht überhebliches Lachen. Von wegen Integration.

Eine Standardleistung ist das mit dem Gürteltier aber nicht. Häufiger sind Zukunftsweissagungen mit Kokablättern oder Tarotkarten. Oder die Krankheitsdiagnose mit einem schwarzen Meerschweinchen – das allerdings während der Zeremonie stirbt. Ich versuche, in meinem Freundeskreis mehr Informationen zu bekommen, aber auch die Geisterfreudigsten hatten sich noch nie groß mit der Seelenreinigung per *Quirquincho* beschäftigt. Ich werde also Pionierarbeit leisten müssen.

Und so sitze ich wenig später gemeinsam mit einer Freundin auf einem der Plastikstühle vor einem Duschvorhang. Umgerechnet vier Euro zahlen wir an die Schamanin, die zwar die Haare zu den typisch andinen Zöpfen geflochten trägt, aber darüber hinaus mit der geblümten Schürze und dem fleckigen T-Shirt nicht besonders »traditionell« aussieht.

Auch die Zeremonie ist dementsprechend wenig geisterhaft. Das Gürteltier wird aus einem Plastikeimer unter einem Tisch hervorgeholt und mir, nachdem ich aus unerfindlichen Gründen meine Hände desinfizieren muss, direkt mal auf den Kopf gesetzt. Die Geruchsmischung aus Räucherstäbchen und einem Tier, das den Großteil des Tages auf kleinem Raum mit seinen eigenen Fäkalien verbringt, bringt mich zum Husten. Am Ende, als mein gesamter Oberkörper mit dem

Gürteltier abgerieben worden ist, peitscht die Schamanin einen Strauß Blumen gegen meinen Rücken, und ich bekomme ein bisschen Parfüm, um den Gürteltiergeruch zu übertünchen.

Das war nicht ganz die Erfahrung, die ich erwartet hatte, und gerade deshalb bin ich froh, sie gemacht zu haben. Die Art, wie die Schamanen aussehen, ihre Rituale durchführen und ihre Marktstände einrichten, sagt viel über ihre Stellung in der Gesellschaft aus. Ich glaube, ich beginne, zumindest ein bisschen zu verstehen:

> Je mehr die Menschen an das Übernatürliche glauben, desto weniger Brimborium brauchen sie, wenn sie mit diesem in Kontakt treten möchten.

Ein Schamane erlangt Autorität durch seine Fähigkeiten, nicht durch sein mystisches Outfit. Und warum sollte er schließlich schlechter arbeiten, nur weil das Ritual hinter einem gemusterten Duschvorhang stattfindet? Da schlägt dann wieder der peruanische Pragmatismus durch – aber das ist eine andere Geschichte.

Auch die Tatsache, dass gerade für ärmere Menschen ein Schamanenbesuch durchaus einen Arztbesuch ersetzen kann, ist erst einmal schwer zu verdauen – aber eigentlich gut zu verstehen. Hören wir nicht alle lieber, dass jetzt, nach einer Behandlung, alles gut ist und wir beruhigt nach Hause gehen können, anstatt zu erfahren, dass wir krank sind und weitere Behandlungen und damit Kosten auf uns zukommen? Und wer vor dem Arztbesuch ohnehin weiß, dass er sich eventuell nötige Operationen oder Medikamente nicht wird leisten können, der zieht vielleicht den Schamanen vor.

Fassen wir zusammen: Geister – aus Faszination und Begeisterung bin ich zumindest einigermaßen überzeugt. Schamanen – nach Selbsterfahrung und viel Literatur habe ich sie wenigstens akzeptiert.

Aliens

Doch es gibt noch ein weiteres Thema, auf das ich in Peru immer wieder angesprochen werde und bei dem meine und die Meinungen meiner peruanischen Freunde weit auseinanderklaffen: Aliens.

Eigentlich glaubt jeder, den ich in Peru kenne, an Aliens. Und nicht nur daran, dass es sie gibt, oder daran, dass sie intelligenter sind als wir Menschen, sondern auch daran, dass sie die Erde besucht haben, regelmäßig besuchen – oder zumindest in naher Zukunft besuchen werden.

Ich weiß nicht, wie oft ich in einem Jahr Lima darüber gestritten habe. Das ist ein Thema, bei dem ich mich nie überzeugen lassen werde, da bin ich ganz sicher.

Als ich vier Jahre später wieder in Lima bin und mit Freunden vor einem Restaurant warte, kommt das leidige Thema erneut auf. Ja, mit Geistern bin ich mittlerweile im Reinen, aber nein, ich glaube noch immer nicht, dass die Nasca-Linien von Aliens in den Wüstensand gescharrt wurden. Eine hitzige Diskussion entbrennt, wie jedes Mal. Ich kann es einfach nicht lassen und versuche, mit meinem mittelmäßigen Spanisch und meinen geringen naturwissenschaftlichen Kenntnissen rational gegen die Vorstellung von kleinen grünen Männlein mit großen Augen anzudiskutieren. Meine Argumente sind immer dieselben. Es gab zu viele Zufälle in der Entwicklung des Menschen. Außerirdische Intelligenz ist laut Forschern höchst unwarscheinlich. Es mag sein, dass es irgendwo im All Leben gibt, aber das sieht den Menschen garantiert nicht ähnlich – vermutlich sind es einfach Bakterien in einer Wasserpfütze. Bis einem Freund der Geduldsfaden reißt:

»Warum zur Hölle bist du eigentlich so besessen von dem Gedanken, wir Menschen wären das Höchste und Klügste auf der Welt?!«

Das hat gesessen. Ich muss erst nervös lachen und dann schlucken. Zum Glück können wir in diesem Moment endlich unseren Tisch beziehen, und ich kann meine Rechtfertigung galant unter denselben fallen lassen. Kann es sein, dass der Glaube an dem Menschen überlegene Aliens nicht eine völlige Missachtung wissenschaftlicher Erkenntnisse ist, sondern einfach vom eigenen Weltbild abhängt?

Schließlich sagen unsere Vorstellungen von Aliens, genauso wie unsere Vorstellungen von Monstern, meist viel mehr über uns Menschen aus als über die Wesen selbst. Indem wir mit ihnen Gegenbilder unseres Selbst konstruieren, legen wir unsere Ängste offen – oder, wenn wir von freundlichen, hilfsbereiten Aliens ausgehen, unsere Hoffnungen und Wünsche.

Natürlich, was Geister und Schamanen angeht, ist es einfach: In Lima sind dank der Struktur und Geschichte des Landes indigene Weltvorstellungen und Gedanken präsent, in denen Geister einfach eine vollkommen andere, viel lebensnähere und wichtigere Rolle spielen als in Europa. Bisher dachte ich immer, wenn man an das eine glaubt, dann ist die Vorstellung von Aliens vielleicht einfach auch nicht mehr so abwegig. Weil Peruaner offener für das Übersinnliche sind, sind sie auch offener für das Extraterrestrische. Doch was, wenn die Begeisterung für Aliens auch mit einer sehr viel moderneren und globaleren Selbstpositionierung zu tun hat? Mit der Offenheit, anzuerkennen, dass man selbst eben nicht der Mittelpunkt des Universums oder die Krone der Schöpfung ist? Wenn der Glaube an Aliens im Grunde auf Bescheidenheit fußt? Irgendwie sympathisch.

Und trotzdem – auch wenn ich gerne daran glauben würde, klappt es einfach nicht. Je länger ich wieder in Deutschland bin, desto mehr verblasst schließlich auch die Sache mit den Geistern, und sei's nur, weil man hier merkwürdig angeschaut wird, wenn man erzählt, dass man daran glaubt. Als mir eine Freundin zuletzt diese peruanische Gretchenfrage stellte, musste ich lange überlegen, bevor ich antworten konnte.

Doch gleichzeitig gehe ich, seitdem ich mir im Studium regelmäßig die Frage stellen muss, was eigentlich Realität ist, mit all den Geistern, Schamanen und Aliens ein bisschen entspannter um. Denn je nach Definition und persönlichem Standpunkt muss es auf die Frage nach Geistern und Schamanen keine eindeutige Antwort geben. Realität muss nicht objektiv sein, sondern letztendlich kann das, was ich nicht sehe, für einen anderen vollkommen gegenwärtig sein. Wenn jemand an Geister glaubt, dann sind sie auch real – zumindest für ihn. Die Tatsache, dass jemand von Aliens überzeugt ist, ist wichtiger als mein vehementes, wissenschaftlich fundiertes Beteuern, dass sie nicht existieren. Und eigentlich ja auch viel interessanter.

Schließlich ist das Faszinierendste für mich, wie sich in einer derart modernen, chaotischen, riesigen Millionenstadt solche magischen Dinge, solche Traditionen und Vorstellungen halten können. Und egal, ob ich daran glaube oder nicht: Das ist einer der Gründe, warum mich Lima so unglaublich begeistert.

Weil dort das Magische Alltag ist, auch zwischen Hektik und Verkehrschaos.

Vielleicht gibt es ja auch eine viel simplere Erklärung für das Ganze: Je grauer die Stadt, in der wir leben, desto größer der Wunsch, dass da irgendwo noch etwas ist, über das wir keine Kontrolle haben, das wir nicht erklären können und das uns immer wieder überrascht. Ein Moment des Innehaltens, des Widerstands gegen die Moderne, die der Welt ihren Zauber nimmt, des Rückgriffs auf tatsächlich eigene, sozusagen genuin peruanische Ideen, im Angesicht der übermächtigen Stadt, die an zu vielen Stellen ihre Individualität verliert. Eine Mischung aus Protest und der einfachen Freude am Unerwarteten. Unter dem Pflaster liegt in Lima eben nicht der Strand, sondern UFOs und Gürteltiere.

Mexiko

COMEBACK MIT BACKPACK IN MEXIKO

Hab ich das jetzt wirklich getan?, denke ich, während die Maschine die Wolken durchbricht. Mit meinen 60 Jahren bin ich auf dem Weg nach Mexiko. Um als Rucksack-Oldie zu reisen.

Von Gitti Müller

»Ausgerechnet Mexiko!«, haben meine Freunde gesagt. »Und dann noch alleine als Frau. »Ja, ja, unkt ihr nur«, habe ich erwidert. Vor zwei Jahren, als ich nach über drei Jahrzehnten mein erstes Comeback mit dem Rucksack hatte, musste ich mir Schlimmeres anhören:

»Waaaaas? Mit dem Rucksack? In deinem Alter?«

Dabei haben ausgerechnet die größten Skeptiker in ihrer Jugend die verrücktesten Reisen gemacht: mit dem Bulli nach Afghanistan und Indien, mit der Ente durch Afrika und mit dem Rucksack nach Südamerika. So wie ich. Wir alle sind Babyboomer, und ich kenne kaum jemanden aus dieser Generation, der in seiner Jugend nicht auf abenteuerlichen Pfaden unterwegs war.

Ich schaue den Wolken beim Fliegen zu und stelle meine Lehne zurück. Leise summen die Motoren. Wie bequem, sicher und gar nicht mal so teuer das Reisen inzwischen ist, denke ich, und meine Lider gehen auf Halbmast.

Und damals? Ich fange an zu träumen. Wie war das noch in den Achtzigerjahren mit dem Fliegen? Es war sündhaft teuer, dauerte ewig, und hinterher hatte man eine Nikotinvergiftung. Unter Backpackern galten damals die Flüge mit einer russischen Airline nach Südamerika als das größte aller Schnäppchen. Die Reiseroute an sich war schon eine Zumutung: Start in Luxemburg. Von dort flogen die alten Rostmühlen erst mal in die falsche Richtung, nämlich nach Osten, erster Stop Moskau. Gegen Rubel wurde dort richtig aufgetankt, und nach ein paar Stunden auf dem Rollfeld, die man an Bord verbringen musste, ging die Reise dann mit Zwischenlandung in Kanada weiter nach Kuba. Dort bei den Genossen wieder auftanken und anschließend nach Lima. Das Ganze dauerte rund 40 Stunden.

Mit so einer Maschine war ich in den Achtzigerjahren Richtung Peru unterwegs. Der Lautsprecher über mir war kaputt, und jeder Versuch zu schlafen, wurde durch den Piloten oder das Flugpersonal knarrend und krächzend unterbrochen. Vor mir, neben mir, hinter mir und im Gang wurde Kette geraucht und Wodka gesoffen, was das Zeug hielt. Allein durch das Einatmen der Dünste hatte mein Blut wahrscheinlich schon einen Alkoholspiegel, der das Bedienen von Maschinen und Autos nicht mehr erlaubte. Ich kauerte mehr in meinem Sitz, als dass ich saß. Meine Rückenlehne hatte eine Schraube locker und hing an einer Seite durch. Der Sitz vor mir hatte offenbar zwei Schrauben locker und wurde nur durch meine Knie gehalten. Darin saß ein wackerer Russe, der schon in Moskau betrunken war und bis Kuba hemmungslos durchschnarchte. Kurzum: Es war ein Schnäppchen, das ich aber teuer bezahlen musste. Fertig mit den Nerven, unterzuckert, dafür mit einer Überdosis Nikotin, Koffein und Alkohol im Körper, das Gehirn durch den Schlafentzug vollgepumpt mit Dopamin, landete ich mit einigen Stunden Verspätung in Lima.

Weiter ging es dann kreuz und quer durch die Andenstaaten auf den Ladeflächen von Lastwagen oder in alten klapprigen Schulbussen.

Und jetzt, über 30 Jahre später? Kein Vergleich. Direktflug von Frankfurt nach Cancun, und kaum bin ich gelandet, sitze ich schon im bequemen Reisebus. Ein nicht nach Alkohol riechender, ordentlich gekleideter Busfahrer bringt uns Reisende in zwei Stunden über makellos geteerte Straßen und ohne Reifenpannen nach Tulum. An jeder Busstation gibt es WLAN. Flink suche ich mir eine Unterkunft und buche ein Zimmer in einem Privathaus im Dorf über Airbnb. Von dort kann ich mit dem Fahrrad an den Strand fahren. Hab ich auch schon recherchiert. Was wären wir heute auf Reisen ohne ein Smartphone! Auch die App der großen Buslinien Mexikos ADO und OCC habe ich mir schon runtergeladen. Deren moderne Reisebusse fahren überallhin, und ich kann sie einfach online buchen und bezahlen. Ach, wie viel einfacher ist das alles geworden!

Die Sechzigjährige, die durchs Fenster stieg

Von Vertrauen, mexikanischer Gastfreundschaft und dem lustigen Hostelleben.

Vom Busbahnhof aus habe ich meiner Gastgeberin eine Nachricht über WhatsApp geschickt zwecks Check-in. Es ist drei Uhr nachmittags, ich bin hundemüde. Katie schreibt: »Willkommen. Bin am Strand. Komme gegen acht zurück. Komm dann einfach vorbei.«

Um acht? Da ist es stockdunkel. Und ich mit meinem Gringogesicht und Rucksack durch die Straßen einer Stadt, die ich nicht kenne? Ne, lieber nicht. Besser, ich suche mir ein Zimmer in der Nähe und verschiebe den Check-in auf den nächsten Tag, schreibe ich zurück.

Pause. Katie scheint nachzudenken. Dann hat sie eine Idee, neue Message: »Du kannst jetzt schon kommen. Du kannst durchs Fenster einsteigen.«

Meint sie das wirklich ernst? Ich soll durchs Fenster einsteigen? Und wenn die Polizei vorbei kommt und mich verhaftet?, frage ich mit einem Smiley. Aber Katie antwortet ganz ernst: »Da kommt keiner, wenn doch, gib denen 200 Pesos, dann geht das klar.« Und dann folgt eine meterlange Nachricht, wie ich vom Busbahnhof in die richtige Straße komme, ein Foto vom Haus außen, wie ich das Schloss vom Eisentor mit einem Trick knacke, wie ich dann das Schiebefenster öffne, auf einen Schemel steige, der hinter der Waschmaschine steht, um dann durch das Fenster in die Küche einzusteigen. Schlüssel, schreibt Katie noch, liege auf dem Kühlschrank. WLAN-Zugang neben dem Fernseher.

Okay ... ein bisschen mulmig ist mir schon. Aber genauso mache ich es. Die Augen fest auf mein Handy gerichtet folge ich der Beschreibung und stehe nach zehn Minuten tatsächlich vor dem Haus auf meinem Foto. Das Eisentor ist schnell gefunden. Aber es geht nicht auf.

Ein Nachbar beobachtet mich. Ach herrje, er wird doch nicht denken, dass ich einbreche? Aber es ist ein netter Nachbar. Er kommt heraus und fragt, ob er helfen könne. Ich erkläre ihm die Lage, er knackt das eiserne Tor wie ein Profi und grinst mich an. »*Welcome!*«, und er verabschiedet sich lachend.

Der Rest ist dann ein Kinderspiel: Fenster aufschieben, Schemel drunter, einsteigen.

Abends lerne ich dann Katie und ihren Freund kennen. Katie ist Italienerin, ihr Freund Mexikaner. Die Wohnung finanzieren sie sich, indem sie zwei Zimmer vermieten. Läuft gut, sagt Katie und zeigt mir, wo alles ist, wie der Herd angeht und wie der Boiler. Ich habe ein großes Zimmer und sogar ein eigenes Bad. Leider ist das Zimmer nur zwei Tage frei, dann muss ich umziehen.

Tulum ist teuer. Sogar die Hostels sind teurer als anderswo. Und ich mag einfach nicht mehr in Mehrbettzimmern schlafen. So viel Komfort muss sein: ein Zimmer für mich allein. Ich habe dann doch noch ein Hostel gefunden, wo ich mein eigenes Zimmer für umgerechnet 25 Euro habe.

Als ich im Hostel ankomme, sitzen ein paar Leute im Garten und essen. Es ist immer ein bisschen komisch, als »die Neue« in so einer temporären Reisecommunity anzukommen, die noch dazu nicht mal halb so alt ist wie ich. »*Hello, I'm Gitti from Germany*«, grüße ich, und alle stellen sich vor. Da sind vier Deutsche und ein Österreicher, etwa so alt wie mein Sohn, also Mitte 20, eine Polin, eine Bulgarin und zwei argentinische Schwestern Anfang, Mitte 30. Zu Hause hatte mich eine Freundin noch gefragt, ob das nicht merkwürdig sein wird mit, »Kindern« zusammenzuwohnen, die so alt sind wie mein Sohn. Nö, habe ich geantwortet. Ich liebe Kinder. Mein eigenes, mein inneres und andere auch. Ob ich da nicht das Bedürfnis haben werde, hinter ihnen her zu räumen, ihre Teller zu spülen und so. Aber nein, das

Bedürfnis habe ich selbst bei meinem Sohn nicht. Ich finde den Austausch mit der jungen Generation einfach erfrischend und bereichernd.

Anders als wir Babyboomer damals sind die jungen Leute überaus tolerant. Für uns war doch in den Siebzigerjahren jeder über 50 ein Spießer. Die Alten galt es zu meiden. Wir mochten sie einfach nicht. Heute scheint das ganz anders zu sein.

> Die jungen Leute machen überhaupt kein Aufsehen ums Alter. Es ist ihnen piepegal, solange man nicht nervt.

Wenn du allerdings meinst, die Mami raushängen lassen und Ermahnungen austeilen zu müssen ... tja, dann Pech gehabt. Schon bist du durchgefallen. Nörgeln, Besserwissen und »Ruhe!!!« brüllen kommt nicht so gut an. Ich habe manchmal ganz bewusst meinen Teller rumstehen lassen, damit bloß nicht der Eindruck entsteht, ich sei so eine Mami.

Auf den Straßen der Welt, in den Bussen und Hostels spielt das Alter keine Rolle.

Aber manches ist gewöhnungsbedürftig. Ich beziehe mein Zimmer und stehe vor einer echten Herausforderung: Es gibt vier Wände und ein Bett. Sonst nichts. Kein Tisch, kein Stuhl, nicht mal ein Nagel in der Wand, wo man etwas aufhängen könnte. Der Nachteil an einem Rucksack ist: Man muss ihn auspacken, sonst findet man nichts. Der Nachteil an meinem Zimmer ist: Ich kann nichts einräumen. Ich krame meine Badesachen aus dem Rucksack. Nun liegt das ganze Bett voller Klamotten. Fein. Und wo schlafe ich?

Am zweiten Tag sind noch ein paar Leute dazugekommen. Sie zelten im Garten, gleich neben dem Auto des Inhabers, das als Schrank dient. Hier bewahrt er Wäsche und Handtücher, Klopapierrollen und Waschpulver auf. Und seinen Hund. Der Inhaber selbst schläft in einem Bett, das draußen hinter dem Haus aufgestellt ist. Ein bisschen überbelegt ist das schon hier, denke ich, als ich morgens darauf warte, ins Bad zu kommen. Der Haken ist nämlich der: Es gibt nur ein Badezimmer, mit einer Waschgelegenheit und einem Klo. Für zwölf Leute. Wer es einmal rein schafft, erledigt alles: Toilettengang, Zähneputzen, duschen, rasieren, frisieren, Nägelschneiden, Zeitunglesen ... Wer weiß, wann man wieder dran ist. Das dauert. Ich kann mich mit vielen Dingen abfinden. Auf Luxus verzichten. Fünf gerade sein lassen. Morgens nach dem Aufstehen eine halbe Stunde vor verschlossener Klotüre zu stehen gehört nicht dazu. Da ist definitiv meine Toleranzgrenze erreicht.

Und ich ziehe wieder um.

Die meisten Hostels haben inzwischen neben den Schlafsälen auch Einzel- und Doppelzimmer, manche sogar mit eigenem Bad. Das ist die Variante, die mir am liebsten ist. Dann habe ich einen gewissen Komfort und kann trotzdem den Charme eines Hostels genießen: eine Küche, in der man selbst kochen kann und nette Leute aus aller Welt kennenlernt, gemütliche Stunden auf Dachterrassen und in Gärten und eine lockere Atmosphäre, die es in Hotels so nicht gibt.

In San Cristobal de las Casas lerne ich Lisa kennen. Sie ist aus Washington, 55 Jahre alt, und seit vier Wochen in Mexiko unterwegs. Sie macht es genauso wie ich: Einzelzimmer im Hostel. Sie könnte sich auch ein Hotel leisten, aber bevorzugt die Hostelatmosphäre. Hier findet man immer Anschluss, sagt sie, und könne sich zu Ausflügen und Unternehmungen zusammenfinden.

Auch die jungen Leute habe ich mal gefragt, was sie eigentlich von uns Backpacker-Omis halten. Und war ganz überrascht:

> Einige finden den Austausch mit Älteren richtig gut, andere sagen, das Alter sei total egal. Hauptsache cool.

Manchmal komme ich allerdings auch an die Grenzen meiner Coolness. Es gibt Hardcore-Hostels, wo rund um die Uhr gefeiert wird.

Wenn die Letzten ins Bett taumeln, kommen die Ersten morgens um fünf mit dem Nachtbus aus Weiß-der-Kuckuck-woher an und freuen sich lautstark, dass sie nun endlich chillen können. Wenn ich ein paar Nächte nicht schlafe, bekomme ich extrem schlechte Laune. Auch Bier zum Frühstück geht gar nicht für mich. Da hilft nur eines: umziehen. Aus solchen Häusern bin ich - so nett die Leute auch waren - dann nach zwei oder drei Nächten wieder ausgezogen. Manchmal auch in ein feines Hotel - ein bisschen Einsamkeit genießen.

Lost in Mexico City

Schlimme Dinge habe ich von dieser Stadt gehört: sogenannte Scheckkarten-Entführungen, meist durch einen vermeintlichen Taxifahrer, Überfälle auf offener Straße und Trickdiebstähle. Aber wie so oft: ist man einmal dort, will man nicht mehr fort.

Fast neun Millionen Menschen, Smog ohne Ende - will ich da wirklich hin? Und ist das nicht gefährlich? hatte ich mich gefragt, als ich die Route geplant habe. Aber mit ein paar Sicherheitsmaßnahmen habe ich mich auch in Mexico City wohlgefühlt. Dazu gehört: nur Taxigesellschaften anrufen, die vom Hostelbesitzer empfohlen werden, nicht nach null Uhr allein durch die Straßen laufen und ansonsten immer schön gechillt sein.

Es gibt kaum freundlichere und hilfsbereitere Menschen als die Mexikaner.

Ich übernachte in Coyoacán, einem wunderschönen Viertel. Bunte Häuser und Pflastersteine lassen es fast wie ein Dorf erscheinen. Einst haben hier Frida Kahlo und Diego Rivera gewohnt und gearbeitet. Ihre Häuser und Ateliers kann man besichtigen. Aber noch schöner ist es, sich in den Straßen treiben zu lassen, auf der Plaza zu sitzen und den Mexikanern zuzuschauen, wie sie den Sonntag genießen. Das macht Spaß und bringt mir das mexikanische Leben näher.

Zufällig bin ich dabei, als auf der Plaza Hidalgo im Zentrum von Coyoacán ein großes Fest vorbereitet wird. Eine Gruppe junger Menschen schminkt sich für das Event. Einer von ihnen malt Zeichen in die Gesichter der anderen. Ich stehe daneben und schaue zu. Ob ich fotografieren dürfe, frage ich. Der Mann schaut mich an und sagt: »Nur, wenn du dich auch schminken lässt!« Na klar, nur zu, mal mich an! Mit einem dünnen Pinsel zeichnet er mir in Türkis ein Zeichen auf die linke Wange. Er zeigt es mir im Spiegel.

Was das bedeute, will ich wissen.
Das sei das Zeichen für »Wort«, sagt er.

Für eine Autorin ziemlich passend, finde ich.

Viele Stunden verbringe ich dann auf der Plaza und schaue fasziniert zu, wie die Menschen ihre alten Traditionen bei Opfergaben und Tänzen zelebrieren. Vor der Kulisse des Klosters San Juan Bautista vibrieren die Trommeln und tanzen die Menschen stundenlang wie in Trance. Ein Heiler befreit von negativen Energien. Ich reihe mich ein in die Schlange, und dann werde ich mitten auf der Straße und in aller Öffentlichkeit symbolisch mit Zweigen gereinigt und anschließend in eine Wolke Duft von Weihrauch und würzigen Harzen gehüllt, um die bösen Geister der Vergangenheit zu vertreiben. Ich darf mir dabei etwas wünschen und bin in dem Moment absolut sicher, dass es in Erfüllung geht.

Am späten Nachmittag schlendere ich weiter und komme am Allende-Park vorbei. Dort hat ein älteres Ehepaar im Schatten alter Bäume einen Tisch mit Grammofon und Lautsprecher aufgebaut. Der Alte legt auf und hat offensichtlich eine Menge Spaß dabei. Dazu tanzen elegant gekleidete Alte mit einer Inbrunst, die mich nachdenklich macht. Diese pure Lebensfreude im hohen Alter, warum sieht man das bei uns so selten? Irgendwann bin ich hoffentlich auch so alt und so gut drauf. Und schon wippe ich mit dem Fuß. Später, als ich endlich aufhöre zu fotografieren und die Kamera wegstecke, werde ich zum Tanzen aufgefordert. Wunderbar, das ist einer der Gründe, warum ich so gerne alleine reise: es ist viel leichter, Kontakt aufzunehmen und einzutauchen in eine andere Welt.

Allein, alleiner, am alleinsten

Allein sein ist nix für Feiglinge. Man muss sich schon mögen und es gut mit sich selbst aushalten. Und das wollte ich in Mexiko mal auf die Spitze treiben. In einem Schweigeseminar. Im Süden Oaxacas, an der Pazifikküste.

Om Shanti, denke ich. Gerade bin ich in meinem Quartier, einem Airbnb-Apartmenthaus in Mazunte, angekommen. Statt des versprochenen Empfangs durch den Besitzer sehe ich in der offenen Gemeinschaftsküche nur Leute, die schweigend hantieren und aneinander vorbei gucken. »Ähm, Entschuldigung, wisst ihr vielleicht, wo ich meine Schlüssel bekomme?«, frage ich. Niemand antwortet. Hallo? Jemand zu Hause? Ein junger Mann führt seinen Zeigefinger zu den Lippen und deutet an: wir schweigen. Ach so, ja ne, ist klar. Deswegen bin ich ja hier. Im Yogazentrum gegenüber will ich ein Schweigeseminar machen.

Vier Tage Klappe halten, das sollte doch gehen.

Aber dass schon jetzt, und noch dazu außerhalb des Zentrums, geschwiegen wird, war mir nicht so klar.

Irgendwann habe ich meine Schlüssel bekommen und tags drauf, pünktlich um sieben Uhr morgens, mit dem Schweigen und Meditieren begonnen. Das Yogazentrum liegt auf einer Anhöhe zwischen den Dörfern San Agustinillo und Mazunte an der Pazifikküste von Oaxaca. Durch ein großes Tor geht es erst mal den Berg hinauf durch einen schönen Garten bis zum zentralen Platz. Von hier aus hat man einen wunderbaren Blick auf das Meer. Jetzt verstehe ich auch, warum ich schon vor Beginn des Kurses auf Schweigende getroffen bin: eine andere Gruppe ist bereits seit sechs Tagen in *Silent Meditation* und hat noch vier weitere vor sich. Die Leute wirken auf mich wie freundliche Zombies. Sie wandeln in der Anlage umher, bestaunen einen Baum oder sitzen einfach da und schauen in den Himmel. Morgens, bevor wir anfangen, stehen alle auf der Terrasse und betrachten den Sonnenaufgang, der wirklich spektakulär ist.

Aber noch faszinierender als das Naturspektakel selbst ist Folgendes: Wir stehen da, jeder für sich, und schauen fast andächtig zum Horizont, wo sich ganz langsam die Sonne zeigt. Niemand hampelt herum, niemand reckt ein Handy in die Höhe, niemand macht Selfies, und – wie wunderbar – es sind auch keine überflüssigen Entzückungsausrufe wie »Oh mein Gott!«, »Wow« oder »Boah, ist das schön!« zu hören. Statt dessen: Genuss und Andacht. Das hat was. Ich gewöhne mich schnell an die Stille und finde es eigentlich sehr erholsam, dass niemand spricht und auch sonst keine lauten Geräusche macht.

Das Schweigen fällt mir also gar nicht schwer. Meine persönliche Herausforderung liegt im Stillsitzen während der Meditation. Ich war schon immer ein *Hibbel*, wie man in Köln sagt. Ständig in Bewegung. Und jetzt das. Wir haben einen 14-Stunden-Tag. Davon etwa 2/3 im Sitzen. Im Stillsitzen wohlgemerkt. Draußen tobt der Autoverkehr. Das Zentrum liegt auf einem Hügel, und die Landstraße führt genau daran vorbei. Vor der Steigung drehen die Autos nochmal richtig auf. Gang runter, Gas hoch, die Motoren röhren, was das Zeug hält. Außerdem: Hupen, Radio, das Bellen von Hunden, das Zünden von Knallkörpern und das Kreischen einer Motorsäge von der Werkstatt gegenüber. Und wir? Mucksmäuschenstill.

Am zweiten Tag bin ich fertig mit der Welt. Ich kann nicht mehr. Anstatt zu meditieren, fahren meine Gedanken Karussell. Wie eine Horde wildgewordener Affen springen sie von Ast zu Ast, kreischend und lärmend. Wir üben Techniken, die die Gedanken runterfahren und Ruhe einkehren lassen. Aber heute klappt gar nichts. Ich könnte mich ja konzentrieren. Doch, doch. Wenn die Fliege nicht wäre. Ihr Summen dröhnt in der Stille. Mehrmals macht sie einen Landeanflug in mein Nasenloch. Ich schnaube. Ich zucke. Ich fange an, um mich zu schlagen. Der Fliege ist es egal. Sie lacht. Ich werde wütend. Scheißfliege, Scheißhitze, Scheißlärm. Was mache ich hier eigentlich? Vier Tage meditieren, keine Unterhaltung, kein Internet, kein Kontakt zu niemandem. Muss ich das machen? Muss ich nicht.

In der Mittagspause bin ich wild entschlossen, abzubrechen.

Aber dann mache ich ein Schläfchen und habe einen Traum. Da wird mir klar: Ich bin gar nicht auf die Fliege wütend. Meine Wut kommt von ganz woanders. Das viele Meditieren hat blockierte Emotionen losgetreten. E-motion kommt von Bewegung. Wenn so etwas festsitzt, kann es ganz schön behindern. Löst man es, kann die Emotion sich bewegen. Sie kommt, und sie geht auch wieder.

Nach dieser Erfahrung fühle ich mich besser und – von wegen aufhören! Jetzt wird es gerade interessant. Am letzten Tag, auf dem Höhepunkt unserer inneren Reise und während einer sehr bewegenden geführten Meditation, kommt plötzlich genau im feierlichen Moment der Stille eine mexikanische Blaskapelle vorbei. Ich kann mich kaum halten vor Lachen. Rum-ta-rum-ta-rum-ta, tönt die Mariachigruppe, Trompeten und Trommeln dröhnen, Knallkörper werden gezündet. Ein Feuerwerk an schrägen Tönen. Am Ende darf wieder gesprochen werden, und wir tauschen Erfahrungen aus. Auch die Gruppe aus dem Zehn-Tage-Seminar hat das Schweigen beendet.

Im Garten gibt es Umarmungen, Lachen und Weinen ohne Ende.

Wildfremde Menschen schauen mir tief in die Augen, nehmen mich minutenlang mit aufrichtiger Zuneigung in den Arm, fast so, als wäre ich ihre nächste Angehörige. Ungewohnt ist das, aber es fühlt sich richtig an. Als ich das Zentrum verlasse, fühle ich mich stark und lebendig. Ich bleibe noch ein paar Tage, mit Adry, einer jungen mexikanischen Unternehmerin aus Chihuahua, die ebenfalls am Seminar teilgenommen hat. Wir genießen das Meer. Und die Stille. Obwohl wir nicht mehr schweigen müssen.

Mexico, te amo!

Mexiko ist crazy. Mexiko ist kreativ. Mexiko ist einfach umwerfend. Sieben Wochen bin ich kreuz und quer durchs Land gereist. Mexiko, ich komme wieder.

Die Mexikaner sind unglaublich freundlich und einfallsreich. Die schönen Künste sprangen mich, wo immer ich mich aufhielt, geradezu an: im öffentlichen Raum an Mauern und Häuserwänden. In kaum einem anderen Land gibt es so viele Museen, archäologische Fundstücke und Kulturstätten. Die Menschen machen Musik und Kunst, wo und wann immer ihnen danach ist. Und sie scheuen sich nicht, alte Traditionen mit Moderne zu verbinden. Da gibt es viel zu fotografieren.

Als ich die Mayastätte in Tulum besuche, bin ich hin und weg von der einzigartigen Lage direkt am Strand. Allerdings sieht man kaum etwas davon. So viele Menschen!

Natürlich möchte jeder, der gerade in der Nähe ist, diese Stätte besichtigen. Und natürlich möchte jeder gerne Fotos machen. Deshalb ist es voll. Ich dachte, ich gehe besser frühmorgens hin … aber das dachten andere wohl auch. Menschenströme hangeln sich schwitzend den Weg entlang, zücken Kameras und recken Smartphones in die Höhe. Reiseführer mit angestrengten Gesichtern lotsen ihre Gruppen durch das Gelände, ängstlich bedacht, niemanden unterwegs zu verlieren. Um das »beste« Foto zu ergattern, steigen einige über Absperrungen, posieren vor den Ruinen und vor dem Meer, am besten beides gleichzeitig. Dabei ist mancher schon über die Klippen gepurzelt, was nicht immer gut ausgegangen ist.

2015 starben 39 Personen durch ein Selfie, 2016 waren es sogar 73.

Ein deutscher Tourist starb, als er ein Selfie jenseits der Absperrungen in Machu Picchu machte.

Die häufigste Todesursache ist Sturz in die Tiefe, gefolgt von Angriffen durch wilde Tiere und Begegnungen mit Stromkabeln.

Wie war das eigentlich im analogen Zeitalter?

Wenn ich Bilder von meiner ersten Rucksackreise 1980 anschaue, staune ich immer, wie wenig Menschen dort zu sehen sind. Machu Picchu ohne Touristen? Heute undenkbar. Tiwanaku menschenleer? Wohl kaum. Aber in den Achtzigerjahren war das so. Man konnte sich einfach hinsetzen und sich auf jene magischen Orte einlassen.

Wir hatten damals zehn Filmrollen dabei. Jede Rolle 24 Bilder. Und wir wollten zwölf Monate durch ganz Südamerika, von Französisch-Guyana über Brasilien, Paraguay, Bolivien, Chile, Peru, Ecuador hoch nach Panama, Honduras, Nicaragua, Costa Rica und Guatemala. Da gab es viele Motive für wenig Film. Manchmal warteten wir stundenlang, um ein Motiv ins richtige Licht zu setzen.

Wenn es regnete, stellten wir uns geduldig irgendwo unter, bis endlich die Wolkendecke aufbrach. Wenn die Sonne dann den Tempel oder die Festungsmauer der Inka beleuchtete, machten wir unser Bild. Schließlich hatten wir zuvor viele Stunden im stickigen Bus zurückgelegt. Stets galt: Bloß nicht zu schnell den Auslöser betätigen! Erst alles checken, dann tief einatmen, Luft anhalten und auslösen.

Bloß keine Aufnahme verschwenden!

Manchmal braucht es ein Verbot, damit wir wieder erleben können, wie es ist, einfach nur dabei zu sein und alles auf sich wirken zu lassen, anstatt darüber nachzudenken, wie die Szene am besten auf dem Display aussieht. So ein Erlebnis hatte ich in San Juan de Chamula und fühlte mich zurück versetzt in die Reisephase der Achtzigerahre.

Wer in der Kirche von San Juan de Chamula mit Fotoapparat, Handy oder Videokamera erwischt wird, muss hohe Geldbußen zahlen, sein Gerät abgeben und kann sogar im Dorf festgehalten werden. Das zumindest berichtet der Guide. Die Schilder an der Außenfassade sind deutlich. Verboten, verboten, verboten. Deshalb gibt es nur Fotos von außen.

Was mag es da so Geheimes geben, denke ich mir nach der Einführung. Okay, es ist eine katholische Kirche in einem indigenen Dorf. Hier sprechen 98 Prozent der Bevölkerung *Tzotil*.

Aber Kirche ist doch Kirche, oder nicht?

Als ich das Gotteshaus betrete, werde ich eines Besseren belehrt. Das hier ist etwas anderes. Es verschlägt mir fast den Atem. Der ganze Raum ist ein Lichtermeer. Hunderte von Kerzen flackern auf dem Boden, dazwischen sitzen, hocken und knien Familien. Sie unterhalten sich oder stimmen einen Singsang an. Auf dem Boden sind getrocknete Pinienzweige ausgebreitet. Sie sollen, erfahre ich später, die negative Energie der Menschen aufnehmen und werden danach entsorgt. Bei den einzelnen Gruppen stellt jeweils ein Schamane oder *ilol* auf dem Boden lange Reihen von neuen Opferkerzen auf. Weiße Kerzen sollen für Frieden und innere Ruhe sorgen, rote für physische Gesundheit, grüne für das Gelingen der Ernte und gelbe für die finanzielle Situation der Familie. Am rechten und linken Rand des Kirchenschiffes stehen die Heiligen der katholischen Kirche Spalier, allen voran Namensgeber Sankt Johannes.

Ich stehe da und staune. Es ist eine bewegende Atmosphäre. Die Frömmigkeit knistert geradezu in der Luft. Es duftet nach Kopal.

Ich fühle mich wie in eine andere Welt versetzt, gleichzeitig aber außergewöhnlich präsent.

Plötzlich kommt eine Prozession herein. Vorneweg zwei Autoritäten, die *Mayordomos,* in ihren weißen Gewändern, ihr Status zu erkennen am Turban. Sie dürfen auch außerhalb der Kirche nicht fotografiert werden, sagt der Guide. Dann folgen Menschen, die Kisten mit Kerzen, Alkohol, Cola und Fanta tragen, Frauen mit Hühnern und Kindern und schließlich eine kleine Kapelle mit Akkordeon.

Die Musik ist sehr sanft und monoton, ein wenig melancholisch, es wiederholt sich die immer gleiche Abfolge einer Melodie. Es wirkt sehr meditativ auf mich. Die Prozession ist bis kurz vor den Altar vorgegangen und hat sich dort im Halbkreis niedergelassen. Nun werden wieder Kerzen aufgestellt, während die Musik immer weiter spielt. Dann packt eine Frau ein Huhn und schwenkt es über den Kerzen hin und her. Anschließend bricht sie ihm das Genick.

Was noch schlimmer ist: Das Huhn liegt noch eine Weile mit gebrochenem Hals am Boden, mitten in der Kirche und zuckt und zappelt, während die Zeremonie in Ruhe weitergeht. Der Anblick ist schwer auszuhalten, aber ich mag mir kein Urteil anmaßen. Was wir in unserer Kultur mit den Hühnern in Massenhaltung machen, ist mit Sicherheit keinen Deut besser. Ich schätze, fürs Kükenschreddern haben die Menschen hier auch wenig Verständnis. Dieses Huhn, das da nun in der Kirche liegt, hat wahrscheinlich wenigstens ein schönes Leben gehabt. Ich glaube nicht, dass sie es zuckend da liegen lassen, weil sie Spaß am Leid haben. Aus ähnlichen Ritualen südamerikanischer Kulturen weiß ich, dass manchmal die Dauer des Sterbens gedeutet wird.

Oft werden bestimmte Fragestellungen und Bitten mit dem Opfer verbunden. Die Art und Himmelsrichtung des Rauches bei Verbrennungen kann ebenso bedeutsam sein wie der Sterbevorgang eines Opfertiers. Inzwischen liegt das Huhn reglos da. Es wird Alkohol ausgeschenkt und Kopal verräuchert.

Nach einer Weile verlasse ich die Kirche und versuche zu verstehen, was da abläuft.

Da haben sich zwei Religionen miteinander vermählt. Die der spanischen Eroberer mit dem Glauben der Eroberten. Oder besser gesagt: Sie sind eine Zwangsehe eingegangen. Denn die Symbiose aus beiden Religionen war die Voraussetzung dafür, dass die Menschen hier ihre eigene weiter ausüben können. Die katholischen Heiligen haben quasi eine Stellvertreterfunktion. Ganz schön schlau, finde ich.

Mexikaner finden für alles eine Lösung. Das macht sie so liebenswert. Auf dem Rückweg in mein Hostel fliegt die Landschaft an mir vorbei. Ich bin seit einer Woche in Chiapas. Und es gibt noch so viel zu erleben. Aber ich muss zurück nach Cancun, mein Rückflug ist in drei Tagen. Sieben Wochen sind wie im Flug vergangen. Ich bin wie berauscht von den Farben Mexikos und vollgepumpt mit Ideen und Energie. Eines ist jetzt schon klar: Mein Comeback mit Backpack ist noch lange nicht zu Ende.

Mexiko, ich komme wieder.

Alaska

GROSSER FLUSS

»Großer Fluss«, so nennen den Yukon die Athabasken-Indianer. Er ist einer der mächtigsten Ströme unserer Erde. Ich bereise ihn in einem selbst gebauten Kanu bis zum Beringmeer.

Von Dirk Rohrbach

Bis heute ist er die Lebensader für die Siedlungen im Herzen Alaskas, zu denen keine Straße führt. Der Goldrausch des 19. Jahrhunderts hat ihn legendär gemacht, durch die Bücher von Jack London, Robert Service und Pierre Berton wurde er zum Mythos. Es ist meine dritte Reise auf dem Großen Fluss zum Beringmeer. Wieder mit meinem Kanu aus Birkenrinde, das ich für meinen Solo-Trip vor ein paar Jahren gebaut habe. Dieses Mal starte ich nicht an den Quellseen des Yukon in Kanada, sondern an einem monumentalen Bauwerk mitten in Alaska, der Dalton-Highway-Brücke.

Voll beladen stoße ich das Kanu in die Fluten. Regen in den Bergen hat den Pegel des Yukon deutlich ansteigen lassen. Und leider soll das Wetter auch bald wieder umschlagen, der hochsommerlichen Hitze der letzten Tage werden kühle Temperaturen und Sturm folgen, sagen die Prognosen.

Wann immer möglich will ich auf meiner Reise auf Flussinseln kampieren. Sie sind der beste Schutz vor Moskitos und Bären. Für die einen sind sie meist zu windig, für die anderen zu uninteressant, zumindest in der naiven Vorstellung der Kanuten.

Auf eine Begegnung mit Vertretern beider Spezies bin ich jedenfalls nicht sonderlich scharf, wobei ein hübsches Bärenfoto schon nett wäre, mit Teleoptik, versteht sich.

Mein Fokus soll aber auf den Siedlungen am Fluss liegen, mich interessiert das Leben der Dorfbewohner, das ich dokumentieren möchte. Und so erreiche ich nach drei Tagen einen wichtigen Verkehrsknotenpunkt in der Abgeschiedenheit der nordischen Wildnis.

Am Zusammenfluss der beiden größten Flüsse Alaskas, Yukon und Tanana River, handelten früher schon die Ureinwohner. Das heutige Dorf entstand wie so viele erst im 19. Jahrhundert aus einem Handelsposten und Fort. Obwohl gerade mal 250 Menschen in Tanana leben, gilt der Ort als Zentrum für das Hinterland von Alaska. Das liegt an der strategisch günstigen Flusslage und am Elliott Highway, der gerade verlängert wird. Nach der Fertigstellung soll er Tanana ans karge Straßennetz Alaskas anschließen und die Metropole Fairbanks auch mit dem Auto erreichbar machen. Viele Bewohner versprechen sich Vorteile und günstigere Preise, auch für den Laden am Fluss. Geführt wird er von Dale und Cynthia Erickson.

»Das Leben in der Stadt ist einfacher als hier im Dorf«, erklärt Cynthia den Wegzug vieler aus dem Busch. »Das Wohnen kostet weniger, man muss kein Holz schlagen oder Wasser holen.« Sie freut sich über den neuen Highway. »Der wird uns eine neue Welt eröffnen, billigere Lebensmittel, billigeren Sprit, vielleicht ein bisschen Tourismus.« Bislang werden die Güter zu einem großen Teil mit dem Flugzeug nach Tanana gebracht. Entsprechend hoch sind die Kosten, und bei schlechtem Wetter fallen die Flüge aus und der Nachschub an frischen Waren kann für Tage unterbrochen sein.

Am Abend sitzen wir vor der großen Fensterfront im Obergeschoss ihres Ladengebäudes, in dem auch die örtliche Poststelle untergebracht ist, und plaudern über Cynthias deutsche Wurzeln. »Die Deutschen sind hinter meiner Großmutter her gewesen. Hallo?«, scherzt sie. Außerdem hat sie athabaskische Vorfahren. »Und ein bisschen Yup'ik-Eskimo. Wir sind hier alle irgendwie verwandt, bis runter nach Holy Cross am Ende des Yukon.« Wenn sie stur ist, dann käme das Deutsche durch, sagt Cynthia. Fast alle Bewohner von Tanana seien Athabasken, fährt sie fort. »Wir fühlen uns indianisch, weil wir indianisch aufgewachsen sind. Trotzdem gehe ich in den Laden und kaufe Mikrowellen-Sandwiches, Pizza und Pepsi. Wenn deine Kultur aber darin besteht, sich vom Land zu ernähren, zu jagen, zu fischen, Wasser zu holen, Holz zu sammeln, dann ist das ein Verlust deiner Identität. Du lebst plötzlich von Sozialhilfe, wohnst umsonst in einem Haus, alles wird dir geschenkt. So nimmt die Regierung dir die Selbstachtung und den Stolz und zerstört die Familien.«

Dabei mögen die vermeintlichen staatlichen und privaten Hilfsprogramme ja gut gemeint sein, vielfach führen sie jedoch in eine Abhängigkeit. Die Folgen sind bekannt und mitunter dramatisch: Alkohol- und Drogenmissbrauch, Gewalt in der Familie, Kindesmissbrauch. An kaum einem anderen Ort sei die Selbstmordrate so hoch wie im Busch von Alaska, sagt Cynthia und entschloss sich, etwas dagegen zu unternehmen. Sie organisiert jetzt regelmäßige Treffen für Kinder und Jugendliche, Spieleabende, Handarbeiten. Aus der improvisierten Zufluchtsstätte wurde eine feste Institution. »Wir nannten es *Grandma's House*, weil jeder von uns in der Regel eine gute Großmutter hatte. Elchsuppe, frisches Brot und Großmutters Liebe, ein glücklicher Ort zum Wohlfühlen.«

Am Ufer des Yukon reihen sich die *smokehouses* aneinander. Hier werden die gefangenen Fische verarbeitet und zum Trocknen oder Räuchern aufgehängt. Die Konstruktion der Schuppen ist einfach, ein paar Sperrholzplatten, Wellblech und die in Alaska allgegenwärtige blaue Bauplane, fertig. Die meisten Lachse werden mit zum Teil riesigen *fish wheels*, Fischrädern, aus dem Yukon geholt. Die gigantischen Drahtschaufeln rotieren auf einem Floß, in Ufernähe fixiert und angetrieben vom Yukon selbst, wie ein perfektes Perpetuum mobile. Hunderte von Fischen lassen sich so täglich aus dem Fluss holen, bestätigen mir die Einheimischen den Erfolg der archaischen wie genialen Fangmaschine.

Der Yukon ist bei Tanana über einen Kilometer breit, die Strömung stark. Mit den schlammigen Wassermassen des Tanana River, mit denen er sich ein paar Kilometer stromaufwärts vereint, wird er zu einem noch mächtigeren Strom und endgültig zu Alaskas Fluss, auch wenn seine Quellseen in Kanada liegen.

> Wenn die Menschen hier vom Yukon sprechen, beginnen ihre Augen zu strahlen.

Es ist eine Mischung aus Respekt, Ehrfurcht und Dankbarkeit, die in ihren Worten mitschwingt. »Er ist wie das Blut, das durch deine Adern fließt, ein Teil von dir. Du kannst eine Zeit lang weggehen, aber der Ruf der Wildnis holt dich immer wieder zurück«, meint Cynthia und ergänzt in ihrer trockenen Art: »Das sieht man doch schon bei dir. Dich werden wir ja auch nicht mehr los.«

Bei strahlendem Sonnenschein und absoluter Windstille verlasse ich Tanana am nächsten Tag. Trotz der perfekten Bedingungen paddle ich nah am rechten Ufer entlang. Dort kann ich zwar nicht immer die stärkste Strömung ausnutzen. Aber der Yukon ist inzwischen so riesig und das Wetter kann so schnell umschlagen und gefährlicher Wind einsetzen, dass ich das unter Umständen rettende Land lieber rasch erreichen möchte. Tatsächlich zieht am Nachmittag eine Gewitterfront über den Fluss. Innerhalb von Minuten verwandelt sich das gerade noch ruhige Wasser in eine tosende Flut, über die die Sturmböen peitschen.

Am Ende muss ich acht Stunden warten, bevor der Wind abflaut und ich im warmen Licht der Abendsonne weiterpaddeln kann. Als später erneut leichter Regen einsetzt, finde ich einen passablen Uferstreifen an einer großen bewaldeten Insel fürs Nachtlager. Nachdem das Zelt steht, bringe ich auf dem kleinen Campingkocher Wasser für ein Pastatütengericht zum Kochen und lasse mich zum Essen in den Campingstuhl fallen. Während ich in meiner Regenkleidung die Nudeln aus dem Topf löffle, schwimmen zwei Otter am Ufer vorbei. Alaska begeistert auch bei Sauwetter.

Menschen am Großen Fluss

Die Begegnungen an seinen Ufern machen das Reisen auf dem Yukon so einzigartig. Von einem Musiker im Herzen und einem gestrandeten Russen, der eigentlich ein Philosoph ist.

Die laute Musik ist weithin hörbar, als ich frisch geduscht aus der *washeteria*, dem öffentlichen Bade- und Waschhaus, von Ruby komme. Statt zurück zum Ufer zu laufen, wo ich das Kanu vor ein paar Stunden an Land gezogen habe, entschließe ich mich zu einem kleinen Umweg und folge mit Waschbeutel und feuchtem Handtuch unterm Arm den Klängen der Musik. Nach ein paar Minuten ist die Quelle ausgemacht: Auf der Veranda eines der Häuser, die sich an den Hang schmiegen, jammt ein Mann mit Sonnenbrille und Baseball-Kappe. Neben ihm wuchtige Lautsprecher, aus denen ein permanentes Feedback-Brummen wummert, auch wenn der Musiker eine kurze Pause macht, zur offenen Bierflasche auf dem Geländer greift und einen tiefen Schluck nimmt. Dann folgt der nächste Riff.

»I met a gin soaked, bar room queen in Memphis ...«, schmettert der Gitarrist im nächsten Moment ins verbeulte Mikro, das vor ihm im Stativ klemmt. Fast möchte ich mir ungläubig die Augen und Ohren reiben. Die Stones, live am Yukon, von einem leicht angeschickerten, barstrumpfigen Musiker interpretiert? »Heute ist mein letzter Abend«, erklärt John, als ich ihn anspreche. »Morgen geht's zur Arbeit zurück auf den North Slope.« Für viele Wochen wird er dann weit entfernt von seiner Familie Geld für den Unterhalt verdienen. »Meine Frau weiß, dass ich tief im Herzen ein Musiker bin. Deshalb lässt sie mich hier spielen«, sagt John noch und stimmt dann einen selbst geschriebenen Song an, den er für seine verstorbene Mama geschrieben hat. Keine Frage, die Begegnungen am Yukon machen das Reisen auf ihm so unvergesslich.

Und in Ruby fallen sie besonders interessant aus. Am Nachmittag, kurz nach der Ankunft, hatte ich beim Cola-Kaufen im Dorfladen den Vater von Cynthia aus Tanana getroffen. Er erzählte mir von seinem deutschen Vater, den er nie kennengelernt hat. Und von Billy McCarty Jr., einem der besten Hundeschlittenbauer Alaskas, den ich am nächsten Tag in seiner Werkstatt besuche. Dort erfahre ich nicht nur, wie die Schlitten aus Birkenholz entstehen, sondern auch, wie Billys Vater 1925 am legendären Serum Run teilnahm. Mit einer Hundeschlittenstaffel wurde damals lebenswichtiger Impfstoff nach Nome an die Westküste gebracht, wo gerade eine Diphterie-Epidemie wütete. Als Erinnerung an die heroische und am Ende erfolgreiche Aktion findet seit den Siebzigerjahren das inzwischen ebenso legendäre Iditarod-Hundeschlittenrennen von Anchorage nach Nome statt. Das hat 1975 ausgerechnet ein junger Mann gewonnen, der in Ruby geboren wurde, Emmitt Peters.

Am meisten hat mich auf meinen Yukon-Reisen aber Jake aus Galena beeindruckt, den sie alle nur *The Mad Russian*, den verrückten Russen, nennen. Eine Erkenntnis, die er bei unserem ersten Zusammentreffen formulierte, geht mir seitdem nicht mehr aus dem Kopf. »Die Art und Weise, wie wir jeden Tag auf unseren Horizont blicken, beeinflusst unsere Psyche«, sagte Jake.

»Und je weiter der Blick schweifen kann, desto größer sind das Herz, die Seele und der Geist der Menschen.«

Jake haust noch immer mittellos direkt am Ufer des Yukon, dessen Eisaufbruch und nachfolgende Flut ihm vor ein paar Jahren auch noch das letzte Hab und Gut geraubt haben. »Der Fluss ist trotzdem gütig. Er gibt großzügig«, ist Jake überzeugt und bezieht das vor allem auf die Nahrung, die er schenkt. »Der Yukon verteilt quasi seine Ressourcen an dich. Und wenn du so beschenkt wirst, wirkt sich das auf deinen Charakter aus und darauf, wie du mit anderen umgehst.«

In seiner Heimat Russland ist Jake nicht mehr gewesen, seit er das Land in den Achtzigerjahren als Teenager mit seinem Vater verlassen hat. »Es ist mir fremd geworden, extrem fremd. Ich kann nicht begreifen, wie sehr die Menschen dort die Tyrannei lieben.« Er habe sich für den Yukon entschieden, weil er genau das Gegenteil vom »Zarentum« Putins sei. »Der Yukon ist so mächtig, er verändert sich ständig, steigt an, nimmt wieder ab. Gleichzeitig ist er solide, man kann ihm nichts anhaben. Der Fluss macht sein Ding, und mir gibt es große Sicherheit, ihn dabei zu beobachten und erinnert zu werden, was für eine unaufhaltsame Kreatur er ist. Na ja, und in jedem Fall ist er besser als Putin.«

Ich nutze die Pause in Galena für bitter nötige Reparaturarbeiten am Kanu. Kurz vor meiner Ankunft hier bin ich in einem Seitenarm wieder über eine Untiefe gerutscht und hatte sofort Wasser im Boot.

Außerdem wirken beim Paddeln und Tragen konstante Kräfte auf die Strukturen des Kanus. Als Folge reißen seit Beginn der Reise die Nähte an unterschiedlichen Stellen auf. In den Wäldern um Galena sammle ich frisches Harz von den Bäumen, das ich später um altes Bärenfett ergänzt großzügig auf die Nähte schmiere.

Das Bärenfett gab mir eine Dorfbewohnerin bei der ersten Reise in Fort Yukon, seitdem führe ich es in einem Plastikbeutel im Reparaturset, das sonst aus ein paar aufgerollten Kieferwurzeln, kleinen Flicken Ersatzrinde und einer umfunktionierten Fleischdose aus Blech für Harz besteht.

> So ein Kanu aus Birkenrinde mag anfälliger als ein Boot aus Plastik oder Alu sein, aber reparieren kann man es eigentlich entlang der gesamten Strecke mit dem, was die Natur so hergibt.

Am Nachmittag verabschiede ich mich wehmütig von Jake und steche mit dem frisch versiegelten Boot zurück ins Yukonwasser. Die Hitze des Tages steht heute förmlich über dem Fluss, keine kühlende Brise wie sonst. Meine Versuche, dass ich wie beim Radeln durch meine Geschwindkeit wenigstens ein bisschen Fahrtwind produzieren kann, gebe ich bald wieder auf. Der Yukon und ich sind einfach zu lahm geworden. Träge erreiche ich Stunden später eine Sandinsel mitten im Fluss und beschieße, hier zu kampieren.

Smoke on the water

Von nutzlosem und nützlichem Getier. Und einer Parade zum amerikanischen Unabhängigkeitstag.

Es dauert nur Minuten, bis nach dem Blitzeinschlag eine dunkle Rauchsäule in den Himmel steigt. In der weiten Landschaft fällt es mir schwer, die Entfernung zu schätzen, aber mit einem Blick auf die Karte wird die Nähe zu Nulato offensichtlich. Zum Glück liegt der kleine Ort auf der anderen Uferseite, trotzdem muss er ein paar Tage später evakuiert werden, wie ich flussabwärts erfahre. Die gesundheitliche Belastung durch die anhaltende, dichte Rauchentwicklung ist vor allem für Kinder und alte Menschen zu gefährlich, ein wiederkehrendes Problem im alaskanischen Sommer, vor allem wenn er so heiß und trocken ausfällt wie in diesem Jahr.

Weniger bedrohlich, dafür umso nerviger sind natürlich die unzähligen Moskitos und, fast noch schlimmer, die *black flies*, die in Holy Cross auf mich zu warten scheinen. Die kleinen Kriebelmücken beißen zwar nicht so selbstverständlich wie die Moskitos stechen, hüllen den Paddler aber gerne in eine dichte Wolke aus Hundertschaften von Artgenossen, die mit ihrem hochfrequenten Surren und der penetranten Distanzlosigkeit das Hirn zermürben. Sie kriechen in Mund, Nase, Ohren und Augen, verfolgen einen bei Windstille selbst auf dem Fluss und beißen dann hin und wieder eben doch zu.

Ja, in diesem Moment stelle ich die Schöpfung infrage, wünsche mir kurzzeitig den Sturm zurück und greife zur Moskitonetzhaube. Mistviecher, nutzlose.

Spätestens mit der Siedlung Russian Mission erreiche ich den Lower Yukon und das Gebiet der Yup'ik-Eskimos. Und ursprünglich das der

Russen, die ihre Kolonie Alaska im 19. Jahrhundert erst besiedelten, dann aber doch 1867 für 7,2 Millionen Dollar an die USA verkauften. Der Zar brauchte Geld für seine Kriege, und die Wälder und Gewässer waren auf der Suche nach wertvollen Pelzen offenbar ohnehin leer gejagt. Russian Mission wurde um 1836 als russischer Handelsposten gegründet. Russisch-orthodoxe Missionare gaben ihm dann seinen Namen, der bis heute geblieben ist. Die alte Dorfkirche auf einem Hügel am Ortsrand erinnert an die Geschichte. Doch das Wahrzeichen von einst verfällt im rauen Klima des Nordens.

Ein paar Kilometer stromabwärts finde ich eine sandige Landzunge zum Kampieren und will morgen früh starten, um rechtzeitig zum 4. Juli in Marshall zu sein. Die Kultur der Yup'ik mag für den Alltag hier draußen größere Relevanz haben, aber den amerikanischen Unabhängigkeitstag feiert man selbstverständlich auch im Busch von Alaska.

Gegen Mittag beginnt die Parade durch den Ort. Während in den Städten des Südens zeitgleich aufwendig dekorierte Flotten durch die Hauptstraßen ziehen, angeführt von der örtlichen Feuerwehr, den Highschool-Cheerleaders oder den Oldtimern der Kriegsveteranen, knattert hier ein einsames Quad in Schrittgeschwindigkeit über die Schotterpisten von Marshall. Der Fahrer steuert nicht nur routiniert, gleichzeitig hält er auch den Fahnenmast mit der obligatorischen Flagge in die Höhe und sichert das Kleinkind auf dem Gepäckträger vor sich. Dem bunten Gefolge schließen sich immer mehr Dorfbewohner zu Fuß an, viele tragen *stars & stripes*, als Kopftuch, Mütze oder Gesichtsmaske. »Happy 4th!«, schallt es von überall, kleine amerikanische Fähnchen werden herumgereicht, Süßigkeiten an die Kinder verteilt. Nach der Parade treffen sich alle vor dem Gebäude der Stammesverwaltung zum ebenfalls obligatorischen Barbecue. Hot Dogs mit Nudel- und Kartoffelsalat inklusive Limodose für fünf Dollar, unwiderstehlich.

Der Wind hat inzwischen wieder Sturmstärke erreicht. Es ist kühl und nieselt. Die Prognose für die nächsten Tage sei nicht vielversprechender, erfahre ich und will trotzdem weiter, nach Pilot Station.

»Viele sagen, Pilot sei einer der schönsten Orte am Yukon. Wir leben in einem netten kleinen Tal, jetzt im Juli ist alles grün, im Herbst dann rot, gelb, orange, es ist so schön. Ich kann mir nicht vorstellen, woanders zu leben.« Hat sie auch nie, Vivian Peters ist in Pilot Station aufgewachsen und will bis zum Ende hier bleiben. Rund 600 Menschen leben hier, das Delta ist nicht mehr weit. Die Schönheit, von der Vivian schwärmt, bezieht sich ganz sicher nicht auf die Häuser oder öffentlichen Gebäude, denn die sind im besten Fall funktionell, oft schäbig, aber immerhin vielfach bunt angemalt. Und sie schmiegen sich sanft zwischen zwei Hügelketten, die schroff in den Yukon abbrechen. »Ich liebe den Fluss, die Seitenarme, die Tundra. Das Land schenkt uns Blaubeeren, Lachs, Elchfleisch, alle Arten von Fisch. Und Muscheln kriegen wir auch, auf der anderen Flussseite.«

Vivian und ihr Mann Terry haben mich am Morgen aufgelesen. Mitten in einem heftigen Regenschauer steuern sie ihr Boot aufs Ufer zu, wo ich die letzte Nacht verbracht habe, und bieten mir ihr Haus als Zuflucht an. Bei Kaffee wärme ich mich im Wohnzimmer auf. Anschließend begleite ich die beiden hinters Haus, wo sie den Fang des Tages verarbeiten: Königslachse.

»Ich schneide hier am Hals, über den Bauch, so, dass ich diese Teile dann noch halbtrocknen kann und sie sich über den Winter halten.« Vivian beugt sich über einen groben Holztisch, den Terry gezimmert hat, genauso wie das *smokehouse* zum Räuchern, dessen Dach er nach vorne hin verlängert hat, damit seine Frau im Trockenen arbeiten kann. Das Zerlegen und Schneiden der Lachse ist ihre Aufgabe. »Ich habe meiner Mutter dabei zugeschaut und so gelernt. Als ich zehn Jahre alt war, habe ich es zum ersten Mal probiert.« Vivian arbeitet konzentriert, sie setzt die Schnitte mit ihrem für die Region typischen Eskimomesser mit einer halbrunden Klinge. »Mein Messer heißt Ulu, es ist aus Eisen, aus dem Blatt einer Kreissäge.« Im Yukon River leben viele Fischarten, aber für Vivian und die Menschen am Fluss dreht sich alles um den Lachs. »Die meisten essen den ganzen Sommer lang Lachs. Davon kann man nie genug bekommen. Du kannst ihn ja auf verschiedene Arten zubereiten, du kannst ihn kochen, frittieren, backen, grillen. Viele Familien sitzen draußen ums Feuer, grillen ihn und reden miteinander. Das gehört einfach dazu. Wir leben von ihm, ich kann mir nicht vorstellen, die ganze Zeit nur Fleisch zu essen. Sogar meine Kinder mögen irgendwann kein Fleisch mehr. Sie wollen Fisch, sie wollen Lachs.«

Und am liebsten den Chinook, den Königslachs, keiner ist größer, gesünder, aber auch seltener. Jahrelang ging die Zahl der Kings so stark zurück, dass sie niemand mehr fischen durfte, weder kommerziell noch für den Eigenbedarf. Fangzeiten und -quoten werden in Alaska vom Department of Fish and Game festgelegt. Die Behörde überwacht die Wanderung der Lachse und entscheidet in Abhängigkeit von der Zahl der Fische im Fluss, wann der beste Zeitpunkt zum Fischen ist. Lachse ziehen in der Regel pulsartig in Schwärmen flussaufwärts. Der Königslachs ist eine von drei Arten, die im Yukon leben, oder besser: unterwegs sind. Nach dem Schlüpfen in den Laichgebieten geht es Richtung Meer, wo die Fische bis zu ihrer Geschlechtsreife leben. Nach ein paar Jahren schwimmen sie dann zurück zum Geburtsort, manchmal mehr als 3000 Kilometer stromaufwärts. Dort laichen die Lachse ab und sterben. Warum gerade die Zahl der Königslachse so dramatisch gesunken ist, weiß niemand so genau.

»Ich glaube, es gibt keine einfache Antwort«, meint Biologe Kyle Schumann von der Fischereibehörde. »Es ist wahrscheinlich eine Kombination vieler verschiedener Ursachen. Nicht nur im Süßwasser, auch im Meer. Denn obwohl wir genügend Chinooks durch Alaska nach Kanada in die Laichgebiete bekommen, scheinen die sich dann nicht genügend zu reproduzieren. Das deutet auf ein Problem im marinen Umfeld hin.«

Kyle leitet die Sonarstation der Fischereibehörde in Pilot Station. Jedes Jahr im Sommer ziehen er und sein Team für Monate in ein Zeltcamp und kontrollieren den Weg der Lachse im Yukon River. »Unser Sonar-Computer läuft gerade. Er ist unten bei der Boje mit dem Echolot verbunden.« Die Schallmessgeräte liefern rund um die Uhr Daten, wie viele Fische sich gerade im Yukon tummeln. Zusätzlich werden Testnetze im Fluss platziert und täglich kontrolliert. Erst dann lässt sich hochrechnen, welche Fische in welcher Zahl wann flussaufwärts ziehen. Kyle wirft für mich einen Blick auf die bisher gesammelten Daten.

»Also, bis zum 6. Juli kamen hier knapp 1,25 Millionen Summer-Chums, Ketalachse, vorbei. Das ist ein bisschen wenig für Yukon-Verhältnisse. Ich glaube, die Vorhersage lag ursprünglich zwischen 1,6 und 2,2 Millionen oder so. Da werden wir also am Schluss eher am unteren Ende liegen. Es reicht aber immer noch, damit die Manager kommerzielles Fischen und Fischen für den Eigenbedarf erlauben.«

Die Behörde und ihre Mitarbeiter werden nicht überall geschätzt, denn die Strafen für das Nichtbeachten der Beschränkungen sind drastisch und reichen von Geldzahlungen über Konfiszieren von Ausrüstung inklusive des Bootes bis hin zu Gefängnisstrafen. Aber wohin unkontrollierte Jagd und Fischerei führen können, hat die Geschichte wiederholt gezeigt, gerade in Alaska, wo Pelzjäger schon früh die Seeotterpopulation bis zur Ausrottung dezimiert hatten.

Bis zum Meer

Der Yukon ergießt sich in drei Armen in den Ozean. Ich erreiche das Beringmeer zum Sonnenuntergang. Vor mir nur noch Wasser.

Die vier Windräder kündigen Emmonak schon aus der Ferne an, viele Stunden, bevor ich die Stadt tatsächlich erreiche. »Stadt« – das erste Mal seit Wochen passt der Begriff wieder, obwohl in Emmonak gerade mal 800 Menschen leben. Aber der Ort ist das Zentrum der Fischerei im Yukon-Delta. Überall werkeln Menschen geschäftig an ihren Booten, be- und entladen sie oder rasen im Affenzahn mit ihren Skiffs über den Fluss. Zerbeulte Trucks poltern auf holprigen Pisten, und der Lärm der Fischfabrik ebbt erst in den frühen Morgenstunden ein wenig ab. In der Hochsaison der Lachswanderung wird fast rund um die Uhr gearbeitet.

»Der Staat hat eine Studie gemacht, und dabei kam raus, dass es in Emmonak normalerweise nur 41 Vollzeitjobs gibt. Das sorgt für große soziale Probleme, das hier ist die ärmste Region nicht nur in Alaska, sondern in den gesamten USA«, erklärt mir Jack Schultheis, als ich ihm in seinem Containerbüro gegenübersitze. Er ist der *general manager* der Kwikpak Fischfabrik. Lange Zeit war die Königslachsfischerei ein Millionengeschäft, ihr Zusammenbruch hatte dramatische Folgen für die Menschen in den Dörfern. »Früher konnte eine Familie dadurch 40 000 Dollar im Jahr verdienen, heute vielleicht nur noch 10 000 oder 12 000. Das ist ökonomisch ein Riesenproblem.«

Kwikpak wurde im Jahr 2001 von fünf Gemeinden im Yukon-Delta gegründet. Während der Lachssaison im Sommer arbeiten mehr als 300 Menschen hier, plus derzeit rund 440 Fischer, die ihren Fang verkaufen. Damit ist Kwikpak der größte private Arbeitgeber in der Gegend. »Letztes Jahr haben wir den Fischern 3,6 Millionen Dollar gezahlt, glaube ich. Und noch mal zwei Millionen an Gehältern hier. Insgesamt also über fünf Millionen Dollar, das mag nicht nach viel klingen, aber hier draußen ist das viel Geld, bei gerade mal rund 3500 Einwohnern.«

Auch Ron Jennings zählt zu den Fischern, die ihren Fang an Kwikpak verkaufen. Ich treffe ihn am Tag vor meiner Ankunft in Emmonak. Wir unterhalten uns am Tisch in seiner kleinen Hütte am Ufer des Yukon, gegenüber habe ich am Strand mein Zelt aufgeschlagen. Als Ron nach der Nachtschicht auf dem Yukon zurückkehrt, winkt er mich für einen Kaffee zu sich und seiner Familie. »Ich brauche nicht viel, nur die Freiheit, tun zu können, was wir wollen. Im Winter stelle ich

Fallen. Ich versuche für niemanden zu arbeiten, nur für mich selbst.« Ursprünglich kommt Ron aus Spokane, Washington, in den Siebzigerjahren folgte er seinem Vater nach Alaska, erst nach Valdez im Südosten, dann ging er nach Nome zum Goldschürfen, und schließlich traf er seine Frau, deren Familie aus Emmonak stammt.

Letzte Nacht war Ron mit zwei Helfern draußen auf dem Fluss. Seit das Fischen nach Königslachsen verboten ist, bilden Silber- und vor allem die Ketalachse die einzige Einnahmequelle für die Fischer am Unterlauf des Yukon. Mit dem Fang ist Ron zufrieden. »Wir haben 107 Fische gefangen, bei durchschnittlich sechs bis sieben Pfund Gewicht und 60 Cent pro Pfund macht das 300, 400 Dollar. Nicht schlecht für einen Zwölfstundentag. Aber es läuft nicht jeden Tag so gut.« Ron braucht mindestens 100 Fische pro Fahrt, um die Kosten, vor allem für den Sprit, wieder hereinzuholen. Benzin kostet hier am Ende der Welt locker das Dreifache wie im Rest der USA.

»Schau dir doch an, was sie mit uns machen, sie lassen die Leute hängen. Wir können uns ja nicht mal mehr richtig selbst versorgen.« Das habe ich immer wieder gehört bei meinen Reisen auf dem Fluss. Die Menschen verlieren ihre Kultur, deren essenzieller Teil die Selbstversorgung ist. Und je mehr die Möglichkeit dazu eingeschränkt wird, desto perspektiv- und nutzloser fühlen sie sich. Vielleicht ist die Arbeit in der Kwikpak Fischfabrik von Emmonak deshalb so wichtig, nicht nur als Beschäftigungs- und Einnahmequelle, sondern auch, weil sie Hoffnung schenkt.

Ein Gewitterschauer verzögert am Abend meine Weiterfahrt zum Meer. Knapp 20 Kilometer sind es von Emmonak bis ganz raus an die Küste. In der bewährten Gummikleidung gegen den Regen warte ich am Ufer neben dem Kanu und der verpackten Ausrüstung, bis sich das Wetter beruhigt. Erst nach 20 Uhr breche ich zu meiner letzten Etappe auf. Ich versuche den Gedanken an den viel zu nahen Abschied vom Fluss und seinen Bewohnern zumindest für den Moment zu verdrängen.

Denn noch habe ich eine Nacht vor mir, und die möchte ich dieses Mal direkt am Beringmeer verbringen.

Ich peile das Südufer an, kreuze den Fluss ein letztes Mal und umschiffe die Untiefen, die die Mündung ankündigen. Der Yukon ergießt sich in drei Armen in den Ozean, der mittlere, Kwiguk Pass, an dem auch Emmonak liegt, bildet dabei den kleinsten Kanal. Zahlreiche Inseln blockieren die Sicht aufs Meer, nach gut drei Stunden aber öffnet sich der Fluss zunehmend, und im Sonnenuntergang lande ich schließlich an.

Vor mir nur noch Wasser.

Ich wuchte die Ausrüstung übers Steilufer, stelle mein Zelt auf den überraschend unebenen Boden und sichere mit allen Abspannleinen gegen einen möglichen Sturm, der jederzeit aufziehen könnte. Drei Yup'ik besuchen mich nach Mitternacht mit ihrem Boot. Sie sind auf dem Rückweg von der Robbenjagd, leider ohne Erfolg. Wir freuen uns gemeinsam über die Pastellfarben am Abendhimmel, durch den jetzt Hunderte von Moskitos surren. Die Familie zieht weiter, ich flüchte mich in den Schutz des Zeltes, lausche im Schlafsack noch den Wellen, die sanft ans Ufer schwappen.

»Der untere Yukon ist einer der gewaltigsten Plätze, die es gibt«, erinnere ich mich an die verklärten Worte von Ron Jennings, dem weißen Fischer aus Washington. »Du wirst keinen besseren Ort finden. An manchen Stellen kannst du nicht mal das andere Ufer sehen, so wie im Ozean. Aber es ist ein Fluss.«

Ein großer Fluss.

Thailand

DER PFAD DER ERLEUCHTUNG

Tatsächlich gehöre ich nicht zu den Leuten, die sonderlich spirituell veranlagt sind. Yoga und Meditation waren mir immer ein wenig suspekt. Buddhismus für Anfänger in einem Tempel-Retreat in Thailand.

Von Martin Schacht

Fang, Hauptstadt des gleichnamigen Distrikts im äußersten Norden Thailands, eingebettet zwischen Bergen und unweit der burmesischen Grenze: Der Skorpion an der weiß gekalkten Wand ist winzig, vielleicht einen Zentimeter lang, doch wenn ich mich mit dem Finger nähere, reckt er drohend seinen Stachel. Ein klitzekleiner Gernegroß, aber immerhin ein Skorpion. Ob die Geckos, die lautlos über die Wand huschen, sich davon beeindrucken lassen oder ihn einfach verspeisen? Ich selbst werde angehalten, den Giftzwerg einfach an der Wand und dem Rad des Lebens seinen Lauf zu lassen. Schließlich bin ich in einem Kloster. Einem buddhistischen Kloster, wo jedes Leben seine Berechtigung hat.

Der normale Thai ist da weniger zimperlich. Dafür sprechen schon die Regale voller Insektenvernichtungsmittel und Kakerlakenfallen, die in den Supermärkten unmittelbar neben den fertigen Geschenkkörben für Mönche stehen. Darin meist eine orangefarbene Robe, Zahnpasta, Talkumpuder, ein paar Instant-Nudelsuppen und eine bunte Buddhafigur, alles in Plastik verschweißt.

> Damit kann man an Feiertagen ein paar Punkte für das Karmakonto sammeln.

Im Alltag reicht auch eine Essensspende für die Mönche, die bei Sonnenaufgang mit ihrer Almosenbox durch die Straßen ziehen und deren Inhalt das Einzige ist, was sie offiziell essen dürfen. In Bangkok führt das zu Problemen, weil die faulen Hauptstädter ihnen selten etwas eigenhändig zubereiten und stattdessen ungesunde Süßigkeiten spenden. Der Mönch in Bangkok neigt daher zu Übergewicht und Diabetes.

Nicht so im idyllisch anmutenden Fang, einer Stadt, von der ich bis vor Kurzem noch nie etwas gehört habe. Der Minibus setzt mich direkt am Eingang des Klostergeländes ab, ein paar Dutzend magere Novizen im Teenageralter lungern nach Schulschluss vor dem Tempel, einige spielen Boules. Die jüngsten mögen um die zehn Jahre alt sein, die ältesten Anfang 20. Sie gucken scheu zur Seite, wenn ich sie allzu auffällig mustere, ein paar Mutige erwidern mein »*Sawadee Krap*«. Hier soll ich also die nächsten zwei Wochen verbringen, ich weiß noch nicht, wie ich das finde.

Aber dann erscheint auch schon Graham, ganz in Weiß, sehnig, sportlich, Mitte 40. Er hat einen unüberhörbaren schottischen Akzent. Von Graham wusste ich vor ein paar Wochen genauso wenig wie von der Existenz Fangs.

Monk for a week

So nennen manche Veranstalter ihr Programm. Damit will man hier nichts zu tun haben.

Eigentlich kann ich gar nicht genau sagen, was mich dazu bewogen hat, mich in ein Tempel-Retreat zu begeben. Wenn ich gestresst bin und mich entspannen will, reicht mir ein Glas Wein, ein Joint und ein bisschen Herumliegen. Oder eine halbe Xanax.

Wahrscheinlich war es der Umstand, dass die Leute immer darüber reden, und man will ja mitreden können. Ein Retreat ist ein Zufluchtsort – habe ich das nötig? Schließlich geht es mir gut. Oder nicht?

Na gut, manche behaupten, ich sei launisch.

Die meisten Leute, die ich kenne oder von denen ich gehört habe, gehen, wenn sie in einem buddhistisch geprägten Land meditieren, in ein Schweigekloster, wo sie zwei Wochen mit niemandem reden dürfen außer mit Mönchen über Buddhismus. Dazu müssen sie den ganzen Tag singen oder Lektionen vom Band anhören. Der beliebteste Ort für dieses Hardcore-Programm scheint in Thailand der Wat Suan

Mokkh zu sein, ein Tempel in der Nähe von Surat Thani, gleich gegenüber der beliebten Ferieninsel Koh Samui.

Aufgrund des Klimas und der Popularität dieses Tempels habe ich einen Aufenthalt schon zweimal verschoben und fand immer neue Ausreden. Im Sommer sei der Süden Thailands unerträglich heiß und schwül, im Winter wird vermutlich jeder versuchen, dort einen Platz zu bekommen. Im Internet gab es zahlreiche eher touristisch wirkende Angebote nach dem Motto »Monk for a week«.

Schließlich hatte ich einen Tempel entdeckt, dessen Webseite mit einem mythologischen Motiv mich spontan ansprach. Der Wat Sriboonruang bot ein zweiwöchiges Retreat an, dessen erste Woche mit einer Art Einführung in den Buddhismus verbunden ist und einem Laien wie mir sicher eher entspricht. Die Lage in den Bergen verhieß eine angenehme Temperatur, und die Mail eines gewissen Graham wirkte ebenfalls sympathisch.

Fang gilt laut eines veralteten Reiseführers als verrufenes Nest, in dem »allerlei Schmuggler, Drogenhändler und übles Gesindel an der Grenze« ihr Unwesen treiben.

Meine Mitmeditierer Brian und CJ habe ich schon am Busbahnhof in Chiang Mai kennengelernt. Sie waren nicht schwer zu identifizieren, da sie die einzigen Weißen im Minibus nach Fang waren. Nur eine Person namens Tynke, die Graham in seiner Mail erwähnt hatte, fehlt noch. Für mich klingt das nach einer großen blonden skandinavischen Ernährungsberaterin. Oder auch Osteopathin. Aber dürfen Frauen überhaupt in ein Männerkloster?

Brian ist ein schlaksiger, etwas verhuschter Amerikaner mit ungewöhnlich lauter Stimme, der ein bisschen hysterisch wirkt und in New York als Gästebetreuer einer News-Show arbeitet. Vielleicht ist es sehr laut im Backstage. CJ hat den schwankenden Gang eines Seemanns, leichtes Übergewicht und eine Schulterbehaarung, die wie Epauletten aus seinem Unterhemd quillt. Er macht irgendwas mit IT, da kann ich mir nie was drunter vorstellen und frage deshalb auch nicht weiter nach. Sein starker Nordost-Londoner Akzent passt dazu, dass er auf die Band Madness steht, aber ich kann ihn mir auch auf Technopartys der frühen Neunzigerjahre vorstellen. Wahrscheinlich sah er damals aus wie einer der Jungs von East 17, falls sich jemand an diese Boyband erinnert, also etwas prollig, aber gutartig.

Beide wirken, als könne man wunderbar zwei Wochen mit ihnen aushalten.

Tynke hat versehentlich den falschen Bus genommen, erzählt Graham, den großen Überlandbus. Die sind immer langsamer als die in Thailand allgegenwärtigen Minivans.

Das Tempelgelände ist überraschend weitläufig und aufgeräumt für eine Kleinstadt im Nirgendwo, und der *Bihan*, die Gebetshalle, ein fast prächtiger Bau mit Glasmosaik, Blattgold, geschnitzten Teaktüren und zwei Naga-Schlangen, die die Treppe zum Eingang flankieren. Zusätzlich gibt es eine noch größere Gebetshalle für Feiertage, eine Schule und die Mönchsunterkünfte sowie einen großen *Stupa*. Alles in allem deutlich mehr, als ich erwartet hatte. Der Abt, so erzählt Graham, sei jung und engagiert und habe in Chiang Mai einen Lehrstuhl für Dharma, die Lehre Buddhas vom Weg zur Erleuchtung, und Politik. Wir würden ihn später kennenlernen.

Nach dem Rundgang bringt Graham uns zu unseren Unterkünften im ersten Stock eines Seitengebäudes. Neben einer kleinen Bibliothek mit zumeist englischsprachigen Büchern über den Buddhismus liegen die Zimmer. Einzelzimmer sogar! Es gibt für jeden ein Bett und einen Plastikstuhl, ein eigenes Bad und sogar WLAN. Jedes Hotel auf dem Land ist schlechter ausgestattet. Ich stoße hierallerdings auch auf eine persönliche Herausforderung: Mönchen und ihren Gästen sind weiche Betten verboten, und bei der dünnen Strohmatte denke ich jetzt schon an meine Hüftknochen. Ich kann nämlich partout nicht auf dem Rücken schlafen.

Inzwischen ist Tynke eingetroffen: Mitte 20, eins achtzig, lange Beine, lange blonde Haare, blauäugig, Stupsnase. Wäre ich Novize, würde ich heute Nacht kein Auge zukriegen. Allerdings ist sie nicht Skandinavierin und Ernährungsberaterin, sondern Holländerin und Visagistin.

»Ein Autor, ein Producer, eine Visagistin und ein IT-Manager«, witzele ich, »wir könnten sofort eine Filmfirma aufmachen.«

Tatsächlich ist es wie bei einer Produktion. Wie bei Dreharbeiten kommen Menschen aus allen Ecken der Welt zusammen und leben für die Dauer des Produktionszeitraums in einer Blase, in der das Davor oder Danach keine Rolle spielt. »Dreh-Freundschaft« nennt man so was. Man versichert sich dauernd, wie toll es ist, dass man einander kennengelernt hat. Ob man sich dann jemals wiedersieht, ist fraglich.

Was ihn denn hierher verschlagen habe, möchte ich von Graham wissen, doch der gibt sich bedeckt. Er verrät nur, dass er mehrere Jahre als Mönch ordiniert war, jetzt in Fang verheiratet ist und sich um das Programm für Ausländer kümmert. Ich beschließe, ihn bei nächster Gelegenheit zu googeln, was ich noch in der gleichen Nacht schlaflos in meinem steinharten Bett mache. Wie das Internet mir verrät, musste er seinen Job als Manager einer Fitnesskette aufgrund eines schwer behandelbaren und schmerzhaften Nervenleidens namens Fibromyalgie aufgeben, das ich bislang für eine Erfindung meiner Mutter hielt. Nur Meditation habe ihm letztlich geholfen. Auf mich wirkt Graham mit seinen wasserblauen Augen und seiner ruhigen Art dermaßen tiefenentspannt, dass ich meine Ansichten über Meditation vielleicht doch überdenken muss.

Der Gesang von Mensch und Tier

Die Nacht ist kurz und endet um fünf mit einem Glockenschlag und dem darauf einsetzenden Gebell der Hunde.

Je näher man dem Äquator kommt, desto mehr gleichen sich die Zeiten von Tag und Nacht an, und um sechs Uhr abends ist es dunkel. Fledermäuse flattern durch die gelben Lichtkegel der Laternen im Hof, und pünktlich erklingt der Ruf des Schreivogels. Dieser ist unglaublich laut, und sein heiseres Krächzen endet in einem ungesunden Röcheln, so als würde jemand dem Tier den Hals umdrehen. Er ist in ganz Südostasien zu Hause, doch ich habe ihn noch nie zu Gesicht bekommen, obwohl ich schon unter Bäumen stand, aus denen das infernalische Geräusch kam, und ich überall im Geäst nach ihm suchte. Niemand, den ich frage, kann mir sagen, wie der Schreivogel aussieht oder wie er wirklich heißt. Ich stelle ihn mir als kleine schmutzigbraune Eule vor, die sich beim Lockruf zu doppelter Größe aufplustert.

Pünktlich zum Einsatz des Schreivogels haben wir unseren ersten Besuch im *Bihan*. Die Novizen strömen zusammen und lassen sich, elegant die Robe unter die Füße schiebend, mit durchgedrückten Zehen auf den Hacken nieder, die Hände gefaltet, Rücken kerzengerade, eine Position, die unfassbar unbequem ist, wie wir bald merken werden.

Noch hocken wir im Schneidersitz mit hängenden Schultern im Hintergrund und versuchen dem *Pali*-Text und seiner Übersetzung im Textbuch zu folgen. Ohne bei einer Positionsänderung mit den Füßen auf die Buddha-Statue zu deuten. Das ist nämlich streng verboten.

Namo tassa bhaghavata arahato samma sambuddhassa!
Ehre sei Ihm, dem Erhabenen, Heiligen, vollkommen Erwachten!

Pali ist die Zeremonialsprache des Buddhismus, ähnlich wie Latein bei den Christen, und man streitet sich, ob sie jemals wirklich gesprochen wurde. Das Glaubensbekenntnis wird vom Abt oder einem hohen Mönch in einem Singsang rezitiert und anschließend von den Novizen und der Gemeinde wiederholt. Auch wir sollen am nächsten Tag mitbeten, was mir heute wie eine schier unlösbare Aufgabe erscheint. Immerhin dürfen wir nach dem Chanting im Gegensatz zu den Mönchen noch zum Essen ausgehen. Hat man nämlich erst einmal die Zeremonie als Klostergast oder zur Ordinierung hinter sich, gibt es Essen nur noch bis zwölf Uhr mittags. Alkohol ist natürlich auch untersagt, und so gönnen sich alle bis auf CJ ein letztes Bier. Er hatte früher, also bis vor nicht allzu langer Zeit, ein Alkoholproblem, verrät er, und ich frage mich, ob alle Leute, die ins Kloster gehen, irgendwie versehrt sind. Graham verneint das, aber ich glaube ihm nicht so recht. Dabei fällt mir auf, dass Brian schon zweimal das Wort Kokain gesagt hat. Ich erwähne das Schlüsselwort noch mehrfach, um ihm eine Drogenbeichte zu entlocken, aber er springt leider nicht darauf an.

Wir dürfen unser Frühstück mit dem Abt einnehmen, der erst dem Buddha-Standbild seine Referenz erweist und uns anschließend kurz begrüßt. Der Morgen ist überraschend kalt, und die Sonnenstrahlen fangen sich in seiner orangefarbenen Robe. Im Gegenlicht mit den scherenschnittartigen Schatten der Palmen vor der Tür sieht das fast kitschig aus. Ein paar malerisch zerlumpte Einheimische kommen vorbei, um dem Abt ihre Probleme vorzutragen, während ein Novize das Essen aufträgt.

Ist es verwerflich, das alles wie ein Foto zu betrachten? Schließlich geht es im Buddhismus ja ums Mitfühlen, und das sollen wir hier lernen.

Als Graham uns ein Zeichen gibt, stimmen wir in das Morgengebet ein, noch murmelnd und unbeholfen, ein paar Tage später wird uns die Zeremonie in Fleisch und Blut übergangen sein, ebenso wie das Knien und die drei Niederwerfungen vor dem Buddha-Bildnis oder die Show der dicken einäugigen Katze, die sich immer wieder hereinschmuggelt und auf dem Altar von den Opfergaben nascht.

Dann gibt der Abt ein Zeichen, dass wir uns bedienen dürfen. Das Essen, das den Mönchen gespendet wird, soll nicht der Völlerei dienen, sondern ihren Körper in gesunder Balance halten, doch es fällt mir schwer, den Teller nur ein Mal zu füllen. Die Gerichte sind ein selten guter Querschnitt durch die Küche Nord-Thailands: Okra, scharfes rotes Schweinefleisch, Klebereis, gebratenes Huhn, verschiedene Currys, Wasserkresse und wunderbar süße Papayas. Die Reste bringen wir nachher den Hunden, danach wäscht jeder sein Geschirr ab. Ein Löffel und eine Schüssel für jeden.

Anschließend erklärt Graham uns die Grundlagen der Aussprache von *Pali*, die wir für die Aufnahmezeremonie benötigen. Allerdings hat auch das Murmeln vollkommen falsch daher gesagter religiöser Formeln etwas Entspannendes, vielleicht funktionieren sie sogar besser so. Es hat etwas von Magie, denn kein normaler Mensch versteht diese Sprache. Mit der Zeit kann ich mir einzelne Sätze merken und konstruiere Eselsbrücken, die im Gemurmel als echt durchgehen.

Aus *veramani* wird »Wear Armani« und so weiter: »Wear Armani Marihuana Madonna!« – das klingt schon fast wie echtes Pali.

Die vollkommene Leere

Langsam stellt sich Routine ein, ich kann mir gut vorstellen, dass man in einem Kloster einfach hängen bleibt, und plötzlich ist ein Jahr vergangen.

Am nächsten Tag fahren wir mit dem Pick-up in die Berge zu einer Schule für Flüchtlingskinder, deren Eltern in der Nähe der Grenze auf den Feldern arbeiten. Kleine sonnenverbrannte Leute in schwarzer Tracht, die Frauen mit bunten Frottee-Turbanen. Es sind *Palaung* aus dem Grenzgebiet zu Burma, die immer noch in Thailand leben. Trotz der politischen Veränderungen in ihrem Heimatland existieren hier immer noch Lager mit Hunderttausenden von Flüchtlingen, die aus den Bergvölkern der Region stammen. Eine Stiftung, die dem Kloster nahesteht, finanziert drei Lehrer, die die Kinder unterrichten, während die Eltern arbeiten. Die Kinder sind still und aufmerksam und wiederholen die Buchstaben, die der Lehrer mit einem Stock an der Tafel zeigt. Sie tragen T-Shirts mit lustigen Comic-Tieren, doch alles, was sie tun, tun sie mit großem Ernst: Essen, beten, sogar schlafen. Als die Kleinen sich zum Mittagschlaf hinlegen, fahren wir nach Fang zurück.

Die Berge sind voller saftig grüner Orangenbäume in voller Blüte. Ein zarter Duft liegt in der Luft. Ich schließe die Augen und atme tief durch. Es ist wunderschön.

Auf dem Rückweg zeigt Graham uns ein paar andere Tempel der Gegend, von denen es überraschend viele gibt. Einer verfügt über die größte Mönchsstatue Nord-Thailands, ein riesiger Bronze-Greis, der in Wahrheit aus Plastik ist, wie ich bei einem Klopftest feststelle, ein zweites Kloster sieht eher aus wie ein Casino, ein drittes hat im Zentrum der Gebetshalle eine Art Pyramide aus Reliquien. Zwei Novizen klettern dazwischen herum und stauben die Glasbehälter mit den heiligen Objekten ab. Die *Kutis*, kleine Wohn- und Gebetszellen, in die man sich zum Schlafen und zwecks Kontemplation zurückzieht, sind aus Beton gegossen und haben die Form von Lotusknospen.

Was ich am Buddhismus mag, ist dass er auch funktioniert, wenn man nicht dran glaubt. Jeder ist selbst für sein Schicksal verantwortlich. Zumindest behauptet Graham das, der uns am Abend in unserer kleinen Bibliothek bei einem klebrig-süßen thailändischen 3-in-1-Coffeemix an den edlen achtfaltigen Pfad der buddhistischen Lebensweise heranführt. Man muss einfach nur danach leben, der Erfolg stellt sich dann von selbst ein. Die buddhistischen Gebote sind relativ einfach:

1. Keine Lebewesen töten oder verletzen.
2. Nichtgegebenes nicht nehmen.
3. Keine unheilsamen sexuellen Beziehungen pflegen und sich im rechten Umgang mit den Sinnen üben.
4. Nicht lügen oder schlecht reden.
5. Nicht durch berauschende Mittel das eigene Bewusstsein trüben.

Brian und CJ planen das volle Programm mit Robe und Mönchsweihe. Dafür müssen sie die Antworten für die Ordinierung lernen und alle möglichen Vorschriften, was Mönchen erlaubt und verboten ist. Dazu gehört in den alten Formeln auch das Verbot, fermentierten Urin zu verkaufen, worüber wir uns köstlich amüsieren. Was macht man mit fermentiertem Urin? Brian vermutet eine bewusstseinserweiternde Wirkung. Also doch, denke ich: Drogen.

Ohne hier jetzt die ganze buddhistische Denkweise erklären zu können: Letztlich geht es darum, dem als *Dukkha*, als Leiden, empfundenen Kreislauf der Wiedergeburten durch gute Taten und bewusstes Handeln zu entkommen und in den ewigen Glückszustand *Nirwana* einzugehen. Mich persönlich hingegen reizt der Umstand, dass man im Buddhismus als einziger Religion für sich und sein Seelenheil selbst verantwortlich ist. Glück oder Unglück hängen nicht vom Zufall oder dem Wohlwollen allmächtiger Götter ab, sondern liegen ganz und gar in der Hand des Einzelnen. Man kann niemandem die Schuld dafür geben, wenn es nicht klappt in diesem oder im nächsten Leben.

Für die Aufnahme ins Kloster gibt es eine Zeremonie mit Blumen und Räucherstäbchen, die wir dem Abt übergeben, der uns dafür seinen Segen erteilt. Dr. Abhisit ist ganz anders, als man sich buddhistische Mönche schlechthin vorstellt, kein weiser alter Mann, sondern Anfang 40 und von erstaunlicher Energie. Er hat ständig etwas vor, empfängt Gläubige, rezitiert alle Andachten persönlich und hat eine sonore Stimme, der man gern zuhört. Wenn er sich einmal räuspert oder eine Pause macht, wird es still im Saal. Wir nennen Dr. Abhisit

Than Ajahn, Ehrwürdiger Lehrer, und man kann überraschend gut mit ihm plaudern, nicht nur über Religiöses.

Nach den ersten Tagen in der weißen Uniform habe ich mich an den Klosteralltag gewöhnt und versuche, alles *mindful* zu tun. *Mindfulness*, also Bewusstheit oder Achtsamkeit, ist einer der wichtigsten Begriffe im Buddhismus, wir sollen versuchen, alles möglichst bewusst zu erledigen, und tatsächlich kann man jede noch so langweile Tätigkeit achtsam verrichten. Zähneputzen, atmen oder fegen. Aber das ist schon fast Meditation. Besonders CJ fegt jeden Tag den Hof und hilft den Novizen, die Blätter aufzuhäufen, die jetzt in der Trockenzeit von den Teakbäumen fallen.

> Er gibt sich Mühe, möglichst achtsam zu fegen, er will es wirklich wissen. So sehr, dass er schon ganz angestrengt wirkt vor lauter Achtsamkeit.

Ich halte es eher mit Massage. Graham hat mir bestätigt, dass man sich *mindful* massieren lassen kann, wenn man sich dabei auf die Reaktionen des Körpers konzentriert, und ich nutze die Gelegenheit in einem Massagestudio um die Ecke. Eine komplette Thaimassage dauert zwei Stunden, und die Damen kneten jeden Tag die Verspannungen aus meinem Rücken. Tatsächlich ist das Bett das Einzige, was mir wirklich zu schaffen macht. An das frühe Aufstehen und den Abend ohne Essen habe ich mich schnell gewöhnt. Es dauert nicht lange, bis ich anfange, mit der Matratze zu schummeln. Es ist nachts ziemlich kühl, und da wir so viele Decken benutzen dürfen, wie wir möchten, gehe ich dazu über, die Decken heimlich unter mich zu legen. Da wärmen sie schließlich auch. Der Klosterkoller, bei dem manche nachts von Pizza fantasieren, ist mir fremd. Wird der Hunger zu groß, dürfen wir eine kleine Sojamilch trinken. Bei anderen Flüssigkeiten ist das nicht immer eindeutig. Frage: »Darf man Orangensaft trinken, oder zählt das als Essen?« Antwort: »Darfst du trinken, aber ohne Fruchtfleisch.«

Eine Herausforderung ist *Makha Bucha,* der Tag der Erleuchtung. Hunderte Gläubige aus den umliegenden Dörfern sind mit Wasserflaschen und kleinen Plastikdosen gekommen. Das Umgießen von Wasser in die Dosen – ursprünglich wird es verschüttet, aber das würde dem Parkett im Tempel schaden – soll symbolisch von Zorn, Gier und anderen geistigen Verunreinigungen reinwaschen. Bei der anschließenden Prozession der Mönche kommt leichte Panik in mir auf. Wie soll ich Reis in gleichmäßigen Portionen verteilen, wenn ich gar nicht weiß, wie viele Mönche in der Schlange stehen und alle etwas bekommen müssen? Ich behelfe mich damit, den Klebereis zu Kugeln zu rollen, die immer größer werden, je näher das Ende der Schlange kommt. Der letzte Mönch bekommt einen Batzen, der kaum in seine Schale passt.

Bei einem Ausflug in die Stadt haben wir für CJ und Brian Almosenboxen besorgt und Roben, die aus einem etwa sechs Meter langen Baumwollstreifen bestehen. Es ist vollkommen unmöglich, diese mit korrekter Faltung allein anzulegen, und ja, die Mönche tragen nichts drunter. Für Neulinge gibt es allerdings eine Art Unterkleid, damit sie nicht plötzlich nackt dastehen.

Das Rasieren der Ausländer ist für die Novizen ein großer Spaß, und ich bin überrascht, wie schnell es geht. Fünf Minuten, und sie sind kahl. CJ lässt alles stoisch über sich ergehen und sieht nachher besser aus als vorher, ein bisschen wie Bruce Willis. Brian hat panische Angst um seine Augenbrauen. Laut Vertrag sind bei seinem Arbeitgeber, der News-Show in New York, sichtbare Tätowierungen, Piercings und auffällige Frisuren ein Entlassungsgrund.

Die Mönchsweihe nimmt ein hoher Mönch aus dem Nachbarort in einem weißen Glitzertempel vor. Während der Zeremonie drückt er mehrfach Anrufe auf dem Handy weg, stellt das Gerät aber auch nicht aus. Ausländer, die sich zum Mönch auf Zeit weihen lassen, scheinen ihn nicht weiter zu beeindrucken. Zum Abschluss übereicht er den Novizen ihre Roben, mit denen die beiden rückwärts aus dem Tempel stolpern. Beim Anlegen helfen Graham und ein Hilfsmönch. Während Brian ganz authentisch rüberkommt, sieht CJ aus wie auf dem Weg zu einer Faschingsparty.

»Fat«, konstatiert der Hilfsmönch.

Am nächsten Morgen ist mein kleiner Skorpion verschwunden – gefressen, oder in einer Ritze verschwunden. Auch für uns wird es Ernst, wir sind reif für das Retreat, um dort unsere Zuflucht, unser *Dharma* zu finden.

Zu den Dingen, die Mönche nicht dürfen, weil sie nicht würdevoll sind, gehört Radfahren.

Deshalb bringt Graham CJ und Brian mit dem Auto in das Retreat, das etwa zehn Minuten entfernt liegt, Tynke und ich fahren mit dem Rad. Etwa 200 Meter abseits der Straße liegt ein Teich, in dessen Mitte eine Gebetshalle mit Büroräumen für den Abt steht, ringsherum gruppieren sich kleine Betonhütten: die *Kutis*. Alles ist nagelneu, jede Hütte von einem namentlich genannten Spender, unter anderem von einem Herrn aus »Luxamburg«, und wir sind ganz allein. Diesen Luxus haben wir dem Umstand zu verdanken, dass das alte Gästeprogramm gerade ausgelaufen ist und ein neues in dieser Anlage erst im nächsten Monat beginnt. Wir sind quasi die Test-Novizen.

Eine Abkürzung gibt es nicht

Von Prioritäten im Klosterleben, einer Meditation in Zeitlupe und einer Kapitulation kurz vor Schluss.

Ab jetzt müssen wir um vier Uhr aufstehen, um fünf beginnt die Andacht. Wegen eines Tiefs in China ist es nachts ungewöhnlich kühl. Zum Schlafen habe ich alles an, was ich dabeihabe. Ich bin überrascht, dass der Abt, Dr. Abhisit, sich die Mühe gibt, zu uns zu ziehen und die Morgenandacht für uns zu leiten, und auch Graham, der ja eigentlich in der Stadt bei seiner Familie wohnt, ist immer dabei. Manchmal schläft er in einem der *Kutis*. Die Großzügigkeit und Offenheit der Mönche im Wat Sriboonruang beeindruckt mich, vor allem auch, wie wenig zwanghaft der Aufenthalt im Retreat ist. Abgesehen von den Andachten gibt es wenig Struktur und keinen festen Tagesablauf. Gruppenmeditation wird zwar angeboten, aber man muss nicht dran teilnehmen. Schließlich sei es unsere Sache, was wir mit der Zeit anfangen, meint Graham, der uns jederzeit für Fragen zur Verfügung steht. Wir würden uns noch wundern, wie schnell die Woche verfliegt. Es sei ja in unserem Interesse, zu meditieren und nicht auf Facebook herumzudaddeln.

Meditation kenne ich schon aus der abendlichen Gebetsstunde im Tempel, doch hier haben wir eigentlich nichts anderes zu tun. Im Grunde ist Meditation eine Entspannungsübung, die dazu dient, sich von allem frei zu machen, was einen belastet. Es geht gewissermaßen darum, sich geistig zu entleeren und so aufnahmefähig zu werden für eine Weiterentwicklung im Sinne des Buddhismus. Dazu konzentriert man sich auf ein Objekt oder eine Tätigkeit, in diesem Falle auf den Atem. Wir erleben die Bewegungen des Brustkorbs, die Empfindungen in Nase, Rachen, Brust und Bauch. Das ist natürlich wahnsinnig langweilig, weil man gewohnt ist, dass die Gedanken ständig hin und her springen und weil man ohnehin die ganze Zeit atmet. Das Schwierige ist, dabei möglichst gar nichts zu denken. Natürlich kreisen die Gedanken anfangs immer um die großen und kleinen Probleme, und es dauert, bis man runterkommt.

> Ich denke an die Steuererklärung, dass ich meine Mutter anrufen muss, oder ob ich doch einen anderen Beruf hätte ergreifen sollen.

Ich habe Ideen für Drehbücher oder Erfindungen, auf die die Welt wartet und die ich sofort wieder vergesse. Es gibt tausend Sachen, die mich ablenken: Der Ruf des Schreivogels, die scheußlichen kleinen Fliegen, die auf dem Ohr krabbeln, das Schmerzen des Knies beim Lotussitz. Mein Körper sträubt sich und reagiert nach ein paar Minuten jedes Mal mit einem intensiven Juckreiz, der irgendwann nicht mehr auszuhalten ist, und ich muss mich kratzen. Doch man kann Meditation lernen, und mit der Zeit beginne ich den Zustand zu genießen. Graham bringt mir bei, mich und meine Gefühle von außen zu betrachten. Wenn ich so viel Abstand habe, dass ich nur einen Mann im Schneidersitz mit seinem Juckreiz betrachte, haben die Gefühle weniger mit mir zu tun, und ganz ehrlich: Juckreiz ist eine ziemlich belanglose Empfindung. Er wird vorübergehen wie alles im Leben. Und schon hört das negative Gefühl auf. Nach einer Viertelstunde bin ich wunderbar erfrischt.

Neben der Sitzmeditation üben wir uns in Gehmeditation und der Niederwerfungsmeditation. Tynke marschiert um den Teich, Brian vergisst beim Meditieren, dass er eine Metallplatte im Fußgelenk hat und eigentlich unbequem sitzt, und ich kann mich wunderbar auf die Reflexionen des Wassers an der Decke konzentrieren. Abends bin ich so erschöpft, dass ich um neun ins Bett falle.

Tynke und ich bekommen Essen gebracht, Brian und CJ müssen wie alle anderen Mönche morgens Almosen sammeln. Noch im Dunkeln machen sie sich auf den Weg zum Kloster und folgen den Novizen auf ihrem Spendengang. Jede Gruppe Mönche hat eine feste Route, was praktisch ist, besonders, wenn sich womöglich mehrere Klöster an einem Ort befinden. Die Menschen warten vor der Tür, geben ihre Spende in die Almosenschale und bekommen dafür ein Gebet, das Brian ausgedruckt und mit Klebeband auf der Spendenbox befestigt hat. Er klagt über die spitzen Steine auf den Wegen, denn natürlich muss auch er die Runde barfuß absolvieren. Dabei trottet er ein wenig hinter den anderen her, was immer wieder zu Gekicher bei den Passanten führt.

Später erfahren wir, dass diese letzte Position Mönchen vorbehalten ist, die sich selbst befleckt haben.

Für Buddhisten ist Spenden eine essenzielle Aufgabe, und es ist eine Ehre, wenn Mönche ihre Gaben annehmen. Diesen Umstand haben Mönche übrigens immer wieder auch politisch genutzt, indem sie z. B. Spenden von hohen Militärs bewusst nicht angenommen haben.

Die Überraschung kommt am Mittag: Ausgerechnet CJ schmeißt hin und hat sich entschlossen, seine Robe zurückzugeben. Derjenige von uns vieren, der mit dem größten Elan bei der Sache war, der *Pali*-Verse rezitieren kann und so *mindful* gefegt hat. Auf die Frage nach dem Warum zuckt er etwas ratlos mit den Schultern.

»Es überfordert mich«, sagt er, »wie viel die Menschen hier in den Mönchen sehen. Das ist mir bei den morgendlichen Rundgängen klar geworden. Das ist ein Anspruch, dem ich nicht gerecht werden kann.«

Er solle es sich noch einen Tag überlegen, raten wir, doch CJ geht zu Graham, um ihm seine Entscheidung mitzuteilen. Den Rest des Tages zieht er sich in sein *Kuti* zurück. Ich höre, wie er mit seiner Schwester telefoniert. Brian, Tynke und ich sind geschockt, auch wenn wir alle behaupten, seine Entscheidung zu akzeptieren. Waren wir nicht ein Team, das den Pfad des *Dharma* zusammen gehen wollte?

Passend zu CJs Abgang und der Kältewelle aus China setzt Nieselregen ein.

Ich fühle mich, als sei die Luft raus. CJ hat versagt, wir alle haben versagt, und unser Tempelaufenthalt nimmt eine unverhofft tragische Wendung. Ich frage mich, ob das herrlich leichte Gefühl jemals wieder zurückkommt.

Am nächsten Morgen nach der Andacht führt Dr. Abhisit die Laisierungszeremonie durch. CJ gibt seine Robe zurück, trägt wieder Weiß und wird von den zehn Regeln der Novizen auf die fünf Regeln normaler Buddhisten heruntergestuft. Eigentlich könnte er noch die restlichen Tage bleiben, doch er sagt, er habe *»itchy feet«*. Auch in Thailand will er nicht bleiben, noch in der gleichen Nacht fliegt er zurück nach London. Nicht noch mehr Urlaubstage opfern. Es dämmert, als Graham ihn zum Bus bringt.

Etwas gelangweilt ziehe ich am nächsten Tag meine Kreise durch die Gebetshalle. Gehmeditation in Zeitlupe. Einen Fuß vor den anderen, erst die Hacke, dann abrollen, dann auftreten, Zehen fühlen, Gewicht verlagern, anderer Fuß. Immer wieder. Ich schrecke auf, als Ui, der gute Geist des Klosters, mit dem Mittagessen vorfährt.

Über eine Stunde, so lange habe ich noch das nie geschafft! Ich fühle mich großartig, frisch und klar. Wie war das noch?

Folge der *Dharma*, Abkürzungen
zur Erleuchtung gibt es nicht.

Drei Tage später bin ich wieder in Chiang Mai. Menschenmengen irritieren mich, und ich würde am liebsten im Hotelzimmer bleiben. Graham und Dr. Abhisit haben gesagt, ich könne jederzeit wiederkommen, und das werde ich ganz sicher.

CJ ist der Einzige, der meine Fotos aus dem Kloster heruntergeladen hat. Ich hoffe, es geht ihm gut.

Myanmar

NACHTZUG NACH BAGAN

Es war Meile eins auf dem Weg nach Bagan. Zug 64 Up. Wir trafen uns zufällig am Bahnhof von Yangon.

Von Belka Berlin

Die Kalifornier waren zu dritt: Ein Kluger, ein Großer und ein Sensibler, dessen Augen noch nicht alles gesehen hatten, wovon sein Herz längst wusste. Nun saßen wir zusammen in einem Abteil und warteten ungeduldig auf die Abfahrt. Auf das Pfeifen des Schaffners. Auf das rhythmische Schlagen der Räder auf den Gleisen.

Draußen auf dem Bahnsteig wurde es voller. Das Stimmengewirr summte jetzt wie ein Bienenstock, dem sich ein Imker genähert hat. Der burmesische Laufjunge kam und brachte uns das Bier, das wir kurz vor der Abfahrt durch das offene Fenster unseres Waggons in Auftrag gegeben hatten. Vier Flaschen »Myanmar«-Bier, vier Flaschen Wasser und eine Packung getrockneter Früchte – das war unser gesamter Proviant für die nächtliche Durchquerung des Landes. Wir feilschten im Scherz mit dem Jungen, weil das die Augen der kleinen Verkäufer zum Leuchten bringt. Er sprach kein Englisch bis auf die Zahlen und Floskeln, die für das Florieren seines Geschäfts unabdingbar waren. Doch er schlug sich tapfer und faltete währenddessen die Plastiktüte wieder ordentlich zusammen. Der Zug setzte mit einem heftigen Ruck zur Fahrt an. Wahrscheinlich hatten wir das obligatorische Pfeifen verpasst. Der Junge rief: *»Senk you, Sir!«* Und dann sprang er mit einem breiten Lächeln, das seinem satten Trinkgeld galt, in letzter Sekunde aus unserem Abteil und blieb auf dem Bahnsteig zurück.

Wir verließen Yangon – diese Stadt, in der die Pagoden in echtem Gold glänzen und am Straßenrand Pferdekutscher auf Kundschaft warten, in der Mönche in langen Reihen zur Morgenspeisung schreiten und Nonnen Almosen bei den Bewohnern einsammeln. Jede Ecke verbirgt hier eine Geschichte. Jeder Passant scheint ein Botschafter einer längst vergangenen Zeit zu sein. Die Kalifornier sahen in Yangon vor allem die Exotik der Basare und fremdartige Riten, die nichts mit ihrem Leben in San Francisco zu tun hatten. Ich stolperte über die aus den Bürgersteigen ragenden Pflastersteine und atmete Heimat ein – den Smog, das feuchte Grün der von dichten Baumkronen behangenen Alleen, den Hauch des Morbiden. Nichts davon war mir fremd, alles erinnerte an zu Hause. An Alma-Ata. Rob fragte, wo das liege. Ich sagte, in Kasachstan. Rob gab zu, es nicht auf der Karte zeigen zu können. Ich antwortete, die Golden Gate Bridge hätte ich auch gar nicht so beeindruckend gefunden. Wir lachten.

Langsam und unsicher wie ein Tier, das gerade aus der Narkose erwacht, kämpfte die Lokomotive mit den Gleisen unter ihren Gussrädern.

Die Schienen leisteten Widerstand und gaben an der Stelle, wo sie miteinander verschweißt waren, ein lautes Protest-Poltern von sich. Die Burmesische Staatseisenbahn hat ihre besten Jahre lange hinter sich. Die hellgrünen abgewetzten Samtsitze unseres Erste-Klasse-Abteils waren nur noch lose im Fußboden verankert. Es gab kaum eine Lehne, auf die man sich stützen konnte – die meisten gaben unter dem Gewicht des Körpers nach. Irgendwoher tropfte Wasser auf den Boden und bildete Pfützen. Woher, wollte man gar nicht so genau wissen. Fenster gab es nicht mehr – nur Rahmen waren geblieben. Man konnte sie mit einer Blech-Jalousie in der Nacht notdürftig verschließen. Wir taten es nicht, weil der Wagen dann etwas von einem Viehtransporter hatte. Nicht nur einmal waren wir uns sicher, dass der Zug jede Sekunde entgleisen würde, weil sein qualvolles Stöhnen wie ein letztes Lebewohl klang. Aber er kämpfte weiter, Kurve um Kurve, Meile um Meile. Auf keiner meiner bisherigen Zugreisen durch Asien habe ich den zurückgelegten Weg, das Surren und Krächzen der Maschinen, so deutlich im eigenen Körper gespürt. Nirgendwo sonst war man mehr *unterwegs*. Dies war der elendeste Zug, der beste Zug von allen.

Die Häuser rechts und links der Gleise wurden immer seltener, bis irgendwann die große Stadt und alles, was zu ihr gehörte, vollständig in der Ferne verschwand. Vor unseren Fenstern trieben nun Hirten ihre Kuhherden auf die Wiesen zwischen den Tempeln und von dort nach Hause. Mütter badeten Kleinkinder am Ufer des Irrawaddy. Schwestern und Töchter wuschen Spuren schweißtreibender Feldarbeit von ihren Körpern und ihrer Kleidung. Söhne und Väter schürten Feuer, über denen dampfende Töpfe mit Reis hingen. Büffel grasten. Kinder kreischten. Burma lebte am Ende des Tages noch einmal auf. Mit jeder Meile, die der Zug an Fahrt zunahm, wurden wir öfter und heftiger in unseren Sitzen herumgeworfen. Das ohrenbetäubende Quietschen der Bremsen, wenn der Zugführer eine Kurve nahm, verschluckte die Sätze, die wir einander zuwarfen. Wir hielten unsere Köpfe aus dem Fenster, kniffen die Augen zusammen und schluckten heißen Gegenwind – so wie man das macht, wenn man jung und hungrig ist. Wir waren euphorisch. Wir tranken. Und wir alle spürten die elementarste aller Freuden. Die Freude darüber, dass wir am Leben waren – hier an diesem Ort, den zu Hause keiner kannte und der uns zu jenen Abenteurern machte, als die wir uns selbst gerne sahen.

Die Melancholie kam erst später dazu.

Sie kam den weiten Weg vom Horizont – dort, wo die Sonne langsam unterging – und schlich sich leise zu uns ins Abteil. Es dämmerte. Durch die offenen Fenster strömte der Rauch von den Feldern. Für eine Weile sagte niemand etwas. Wir starrten nur in den Sonnenuntergang, der für uns alle etwas anderes bedeutete. Dann begann Julien von seiner Kindheit zu erzählen. Er sagte, er hätte keinen Kontakt mehr zu seinem Bruder. Seine Stimme klang heiser und leise. Er stockte. Ich antwortete, ich hätte meinen Bruder nie kennengelernt. Rob hielt sich an der Bierflasche fest, seine Lippen waren fest aufeinandergepresst. Greg starrte noch immer in den Sonnenuntergang, als würde der letzte Sonnenstrahl ihm eine Antwort geben können, die er sonst nirgends fand. Jeder von uns dachte an zurückgelassene Orte und verlorene Freunde, an Treffen, die man einander versprach und nicht mehr einhielt, an Briefe, die nie geschrieben wurden. Julien sprach weiter. Sein

Gesicht war nur noch schemenhaft zu erkennen – ein dunkler Fleck mit wenigen hellen Linien. Nur manchmal, wenn der Zug an einer Station vorbeifuhr, sah man seine Augen in der Schwärze der Nacht aufblitzen. Ab und zu nickte einer von uns. Ab und zu heulten wir lautlos zusammen. Hier saßen wir – drei US-Amerikaner und ein Kind der Sowjetunion –, vier Menschen, deren Eltern die Sprache des jeweils anderen nie sprechen würden und deren Kulturen sich im ewigen Streit miteinander befanden. Hier saßen wir, teilten miteinander die letzte Flasche Bier und unsere Schrammen. Die Nacht hing jetzt über Burma. Es gab kein elektrisches Licht, das unsere Reise erhellte – nur den Mond, der die Landschaften in ein dumpfes Schwarz-Weiß hüllte. Wir hatten schon lange zu reden aufgehört. Alles, was in der Dunkelheit übrig blieb, war das Schwanken des Zuges und unsere Erinnerungen. Die Gesichter der anderen sahen wir nur noch als Abdruck vor unserem inneren Auge. In meinen Kopfhörern sangen Kings of Leon: *»I walked a mile in your shoes, now I'm a mile away and I've got your shoes.«*

Als der Morgen kam, war der Zauber vorbei.

Mit dem lauten Tuten der Lokomotive, das die Ankunft in Bagan ankündigte, verabschiedete ich mich hastig und ging. Ich flüchtete. Ich musste es tun, denn das war alles, wonach man beim Reisen sucht und worauf man bei Begegnungen wie diesen hofft: dieser kurze Augenblick – das geteilte Leben. Im Bruchteil der Zeit hatten wir mehr voneinander erfahren als von Freunden, die wir zu Hause zurückgelassen hatten. Jeder weitere Abend, jedes weitere Gespräch würde nur noch ein Weniger sein, eine blasse Kopie von diesem Moment. Also schnappte ich die Schuhe von jemand anderem oder lief ganz barfuß hinaus. Wer weiß das schon so genau. Wie immer auf Reisen ließ ich etwas von mir zurück und nahm doch mehr mit, als ich vorher besessen hatte.

Welt

12 EHRLICHE REISEZITATE

Die wenigsten Menschen müssen extra zum Reisen motiviert werden. Trotzdem verfolgen uns inspirierende Reise-Zitate in den sozialen Medien und verbreiten sich wie Strohfeuer. Viele bringen dich nicht weiter, manche vielleicht ans andere Ende der Welt.

Von Florian Blümm

»Zu reisen ist zu leben.«*

»Reisen: Erst bist du sprachlos, dann macht es dich zum Erzähler.«**

Du kennst solche Zitate auf Facebook, Instagram und Blogs. Sie sollen dich aus dem Alltag aufrütteln und inspirieren, was alles möglich ist. Motivation und Inspiration sind nicht verkehrt. Aber hohle Sprüche sind für mich nicht sehr zweckmäßig. Die Wahrheit ist: Reisen macht gar nichts mit dir.

Reisen ist, was du daraus machst – wie alles im Leben.

Reisen ist keine Magie, keine Lösung für alles oder irgendetwas. Wenn du daheim unzufrieden bist, bist du auch auf Reisen grummelig. Du kannst vor allem Möglichen davonlaufen, aber nicht vor dir selbst. Und nur du allein kannst für dein Leben Verantwortung übernehmen – hat Buddha gesagt.

Ja, auf Reisen ist vieles anders. Wenn du dauernd kulturgeschockt bist und ständig neue Lebensformen kennenlernst, sind manche Lernprozesse einfacher für dich als für Daheimgebliebene. Ohne nach Asien zu reisen, hätte ich nicht erfahren, was Buddha gesagt hat.

Ehrlich gesagt wünsche ich alle von uns einmal im Leben nach Indien. Das hilft, die nötige Perspektive auf unsere sogenannten »Probleme« zu gewinnen. Aber wenn du dann zu Hause von deiner magischen Transformation erzählst und das Reisen zum alleinigen Heil glorifizierst, täuschst du dich – oder du bist ein Angeber.

Eine Reise ist nicht der einzige Katalysator für solche Veränderungen. Ein gutes Buch, ein guter Podcast oder ein gutes Gespräch können dich verändern, ohne dass du dafür das Haus zu verlassen brauchst. Fast jedes Erlebnis kann banal oder lebensverändernd sein.

---

* Hans Christian Andersen (1805–1875) in *Das Märchen meines Lebens*

** Ibn Battuta (1304–1377) in *Reisen durch Afrika und Asien*

Aber es gibt auch ehrliche Zitate. Hier sind zwölf wunderbare Zitate über das Reisen, die nicht so dick auftragen und trotzdem stimmen, wie ich finde:

»Der Tourist zerstört, was er sucht, indem er es findet.«
– Hans Magnus Enzensberger (*1929) in *Eine Theorie des Tourismus*

Wir Touristen zerstören die Welt. Das passiert nicht nur durch den Müll, den wir zurücklassen. Wir überrennen Sehenswürdigkeiten und Strände manchmal wie eine Herde Elefanten. Wir versuchen ganze Orte zu Museen zu machen und ihre Bewohner zu Exponaten. Wir treiben die Preise in die Höhe und sorgen dafür, dass der betrügerische Taxifahrer mehr verdient als der studierte Arzt.

»Abenteuer machen nie Spaß, während du sie erlebst.«
– Clive S. Lewis (1898–1963) in *Die Reise auf der Morgenröte*

Reisegeschichten, die im Gedächtnis bleiben, handeln meistens von Missgeschicken oder zumindest von Strapazen. Wenn du leidest, freut sich dein innerer Abenteurer. Wenn du wieder zu Hause bist, erinnerst du dich nicht an das komfortable Hotelbett, sondern an die kalte Nacht in der Wüste. Damit ein Erlebnis erzählenswert ist, muss es zumindest ein wenig Anstrengung und Überwindung kosten.

»Wenn du durch die Hölle gehst, bleib nicht stehen.«
– Douglas Bloch (*1949) in *The Oregonian*

Wer noch nie länger unterwegs war, kommt gerne auf die Idee, Reisen wäre das Gleiche wie Urlaub. Aber gerade bei einer längeren Reise wechseln sich schöne Zeiten immer mit weniger schönen Zeiten ab. Doch zu einem Tal gehört auch ein Berg. Wenn mal wieder alles schiefzugehen scheint, bleib nicht stehen.

»Es gibt nur zwei Gefühle in einem Flugzeug: Langeweile und Schrecken.«

– Orson Welles (1915–1985) in *The Times*

Wenn Reisen verklärt wird, dann wird Fliegen glorifiziert. Flugzeuge sind ein Segen für Reisende, aber der Hype um das Fliegen ist seltsam. Du sitzt viele Stunden lang in einer Sardinenbüchse und bist im Grunde Frachtgut bei Zimmertemperatur. Fliegen, oder besser »geflogen werden«, ist langweilig, und das ist gut so. Andererseits: Wenn dein Flugzeug in Turbulenzen kommt oder du Flugangst hast, kann Fliegen furchtbar werden.

»Manchmal ist der weniger begangene Weg aus gutem Grund weniger begangen.«

– Jerry Seinfeld (*1954) in *Seinfeld*, 2. Staffel, 10. Folge

Am Hostel-Stammtisch gilt ein Aufenthalt in einem entlegenen Fischerdorf, das in keinem Reiseführer steht, als besonders hohe Auszeichnung. Abseits der Touristenpfade gibt es die wirklich authentischen Erfahrungen. Wenn du die Landessprache sprichst oder dich mit Händen und Füssen durchbeißt, kann das schon sein. Aber genauso gut kann es abseits der touristischen Infrastruktur eintönig werden für Reisende – oder auch mal unangenehm.

»Du hältst Reisende für mutig, aber Reisen ist eine der entspanntesten Arten, die Zeit zu verbringen.«

– Paul Theroux (*1941) in *Basar auf Schienen*

Aus der Ferne gesehen wirken unbekannte Länder exotisch und vielleicht furchteinflößend. Wenn du zum ersten Mal deinen Rucksack packst, sind Bedenken ganz normal. Aber selbst erfahrene Reisende verklären gerne eine Fernreise zu einer größeren Herausforderung, als sie eigentlich ist. So können wir uns mehr als Abenteurer fühlen. Paul Theroux gibt zu, was für eine banale Sache das Reisen sein kann.

»Die kürzeste Distanz zwischen zwei Punkten ist oft unerträglich.«

– Charles Bukowski (1920–1994)

Die kürzeste Distanz zwischen zwei Punkten ist eigentlich der direkte Weg. Der Trinker-Poet Bukowski hat sich aber zeitlebens dagegen gesträubt, nach Vorschrift zu leben. Auch beim Reisen ist es oft schöner, spontane Umwege zu gehen, statt stur den Plan im Reiseführer abzuarbeiten. Genau genommen passt die Unerträglichkeit der kürzesten Distanz auch auf die nächste endlos scheinende Busfahrt.

»Wer jeweils eine halbe Stunde in 100 Kathedralen verbringt, hat gar nichts gesehen.«

– Sinclair Lewis (1885–1951) in *Gideon Planish*

Viele Reisende versuchen eine Liste von möglichst vielen »Kathedralen« in möglichst kurze Zeit zu packen. Dabei fehlt dann oft die Muße, sich auf das, was man sieht, einzulassen. Außerdem machen Sehenswürdigkeiten und geplante Erlebnisse nur einen Teil des Reisens aus. Nach einer Weile sehen sowieso alle Kathedralen gleich aus. Langsames Reisen ermöglicht ein tieferes Eintauchen. Ebenso, wenn du mehrmals den gleichen Ort besuchst.

»Wir reisen an weit entfernte Orte, um fasziniert die Menschen zu beobachten, die wir daheim ignorieren.«

– Dagobert D. Runes (1902–1982)

Wie würde ich es finden, wenn ein paar amerikanische Backpacker versuchen, mit meiner Oma in einem kleinen Dorf in Unterfranken ins Gespräch zu kommen, um eine »authentische Erfahrung« zu machen? Ist das lächerlich oder schon gruselig? Es gibt viele Dinge, die würden wir im eigenen Land niemals machen. Aber in anderen Ländern suchen wir solche Erfahrungen geradezu.

»Um herauszufinden, ob du Menschen magst oder nicht, reise mit ihnen.«

– Mark Twain (1835–1910) in *Tom Sawyer im Ausland*

Wir verstellen uns im Alltag gerne und ziehen je nach Situation verschiedene Masken auf. Aber wenn du Tage und Wochen mit deinen Mitreisenden verbringst, geht das nicht mehr. Übrigens lernst du noch einen anderen Menschen auf Reisen viel besser kennen – dich selbst. Das liegt an der höheren Erlebnisdichte als im Alltag, aber auch daran, dass du viel mehr Entscheidungen treffen musst.

»Was mache ich hier?«

– Arthur Rimbaud (1854–1891) in einem Brief aus Äthiopien

Diese Frage wird dir auf einer Reise nicht nur einmal durch den Kopf gehen. Spätestens wenn die anfängliche Euphorie nach ein paar Wochen verflogen ist, wirst du dich gelegentlich nach dem Sinn deiner Reise fragen. Die Frage wird dir außerdem oft gestellt werden: Was machst du hier? Gerade Menschen in Entwicklungsländern haben aus pragmatischen Gründen wenig Verständnis für Reisen aus Vergnügen oder Selbstverwirklichung.

»Wo auch immer du hingehst, dort bist du.«

– Konfuzius (551 v. Chr. – 479 v. Chr.) in *Gespräche des Konfuzius*

Es ist ein wunderbar einfacher Gedanke: Du gehst irgendwohin, und dann bist du dort. Ein Ortswechsel allein bedeutet gar nichts. Dass ein Ort weit entfernt liegt, bedeutet gar nichts. Entweder du machst etwas daraus, oder es bleibt alles beim Alten. Außerdem ist es egal, wo du hingehst, du kannst dir selbst nicht entkommen und solltest deshalb lernen, mit dir klarzukommen.

Die Autoren

OLEANDER AUFFARTH trieb die Sehnsucht nach Erfahrung, Freiheit und Selbstbestimmung immer wieder nach Asien, zuletzt auch zu den Berbern nach Marokko. Im Grenzbereich zwischen Journalismus und Literatur berichtet er radikal persönlich von seiner existenziellen Suche und seinen Grenzüberschreitungen zwischen dunklen Tälern und Höhenflügen. › auf-schmalem-grat.de

FRANZISKA BÄR will eintauchen in völlig fremde Welten und dabei möglichst viel über andere Kulturen, das Leben und sich selbst erfahren, wenn sie ihren Rucksack packt und sich in ein neues Abenteuer stürzt. Dabei will sie immer wieder an ihre Grenzen gehen und ist der festen Überzeugung: Nur, wer die Welt kennt, kann sie auch beurteilen. Derzeit arbeitet die junge Redakteurin bei einem Münchner Umweltschutzverein.

BELKA BERLIN wurde mit fünf Jahren als blinde Passagierin an Bord einer sowjetischen Il-86 geschleust und leidet seitdem an Fernweh. Heute ist sie Mitherausgeberin und Redakteurin des Print-Magazins *The Fernweh Collective*. Sie lebt in Berlin und träumt von einer Hütte auf Sansibar. › thefernweh.co

FLORIAN BLÜMM ist Diplom-Informatiker. 2011 kündigte er seinen Mietvertrag und seinen Job als Programmierer und begann eine einjährige Weltreise. Heute ist er immer noch unterwegs. › flocutus.de

ISABEL GÜR hat in gleichen Maßen Lust auf und Respekt vor Abenteuern. Deshalb hat sie vor eineinhalb Jahren ihren Job als Nachhaltigkeitsberaterin gekündigt und ist losgezogen. Ist durch Patagonien gewandert, hat im Amazonasgebiet in einer Hängematte gelebt, ist bei einer Revolte in Kolumbien knapp mit dem Leben davongekommen. Und hat dann die Ruhe und Gelassenheit Asiens für sich entdeckt. › more-than-travel.com

SUSANNE HELMER ist Journalistin aus Hamburg, die es immer wieder in die Welt hinauszieht. Gern auch für etwas länger: Zuletzt hat sie zehn Monate in Kanada verbracht, von dort aus ist sie auf eine kleine Weltreise gegangen. Inzwischen ist Susanne zwar nach Hamburg zurückgekehrt – sie packt aber nach wie vor bei jeder Gelegenheit die Tasche. Denn am Ende jeder Reise stand bislang immer dasselbe Fazit: Kaum etwas im Leben euphorisiert und bereichert sie so sehr wie das Anderswo-sein. › fluegge-blog.de

ARIANE KOVAC hat ihr Herz irgendwo zwischen Lamas und rostigen Kleinbussen in Peru verloren. Seitdem möchte sie so viel wie möglich über andere Länder und Kulturen erfahren – gerne aus erster Hand. Wenn sie gerade nicht unterwegs sein kann, verbringt sie viel Zeit damit, den Finger über Landkarten wandern zu lassen und ihre eigene Heimat ein bisschen besser zu erkunden, am liebsten zu Fuß. › heldenwetter.de

STEFAN KRIEGER reiste mit seiner Frau Aylin eineinhalb Jahre um die Welt. Jetzt sind sie wieder in heimischen Gefilden und hecken die nächsten Streiche aus. Es wird also weiter gereist, geschrieben, fotografiert und vor allem: auf ihrem Blog über das Reiseleben nachgedacht und berichtet. Von Stefan und Aylin erschien das Buch *101 Dinge, die ein Weltenbummler wissen muss* im Bruckmann Verlag. › todaywetravel.de

PHILIPP LAAGE ist Reiseredakteur bei der Deutschen Presse-Agentur (dpa). Die letzten weißen Flecken dieser Erde reizen ihn besonders, in den Bergen fühlt er sich immer am wohlsten. › philipplaage.de

JESSICA J. LEE ist Britisch-Kanadierin. Die Autorin und Wissenschaftlerin lebt heute in Berlin. Ihr erstes Buch *Mein Jahr im Wasser* erschien im Berlin Verlag sowie bei Virago und Penguin Canada.

ADRIANE LOCHNER wagt gerne den Kopfsprung ins Unbekannte. Nach ihrem Biologiestudium hat sie eine Weiterbildung zur Journalistin gemacht und sich auf die Suche begeben, nach Freiheit, Abenteuern und neuen Geschichten. Selten läuft alles nach Plan, Humor und Selbstironie gehören mit in die Reisetasche. › globestories.com

KARIN LOCHNER bastelte sich mit 13 Jahren ein Faschingskostüm als Rasende Reporterin. Fünf Jahre später veröffentlichte sie ihren ersten Artikel im *Münchner Merkur*. Seither schreibt sie über Reisen, Essen und Brauchtum. 2013 gewann sie den

Walliser Medienpreis. Zusammen mit dem Fotografen Peter von Felbert veröffentlichte sie u. a. den Bild-Text-Band *Heimat Ruhrgebiet. Gesichter einer Region* im Emons Verlag.

DOMINIK MOHR ist seit seiner ersten Rucksackreise quer durch die USA vom Reisefieber befallen. Er folgt seinem Schatten rund um die Welt über die Kontinente von Nord- und Südamerika, durch den Nahen Osten und querfeldein in Afrika. Seine Wege führen ihn dabei häufig an abgelegene Orte – raus aus der Komfortzone. Dabei sind ihm die Berge am liebsten. › followtheshadow.de

GITTI MÜLLER ist Ethnologin, Journalistin und Bloggerin aus Bonn. Für ihre Reportagen erhielt sie zahlreiche Auszeichnungen. Früher viel gereist, ist sie heute ein Rucksack-Oldie mit Leib und Seele und erzählt Geschichten von unterwegs auf ihrem Blog comebackmitbackpack.com. Im Malik Verlag erschien ihr Buch *Comeback mit Backpack. Eine Zeitreise durch Südamerika.* › gitti-mueller.de

ROCHSSARE NEROMAND-SOMA und **MORTEN HÜBBE** zog es aus dem hohen Norden Deutschlands hinein in die Welt. Zwei Jahre reisten sie per Anhalter und couchsurfend zwischen Feuerland und der Karibik. In die andere Richtung geht es nun weiter: Überland nach Indien, natürlich wieder per Anhalter. Schotterpisten und endlose Straßen sind ihr Zuhause, Tankstellen ihre Rettungsanker in kalten Nächten. Das Zelt ersetzt die eigenen vier Wände. Von Sesshaftigkeit keine Spur. Es gibt noch viel zu entdecken. Von Morten und Rochssare erschien bei Malik National Geographic *Per Anhalter durch Südamerika.* › nuestra-america.de

STEPHAN ORTH arbeitete von 2008 bis 2016 als Redakteur bei Spiegel Online, dann kündigte er seinen Job und machte sich als Reporter und Buchautor selbstständig. Seit mehr als zehn Jahren nutzt er Couchsurfing auf fast jeder Reise, in mehr als 30 Ländern hat er bei Einheimischen übernachtet. Mit *Couchsurfing im Iran* war er mehr als 70 Wochen in der Bestsellerliste vertreten. Zuletzt erschien der Nachfolger *Couchsurfing in Russland,* beide im Malik Verlag. › stephan-orth.de

DIRK ROHRBACH ist Reisender, Fotograf, Journalist und Arzt. Er erzählt von seinen Reisen in preisgekrönten Livereportagen, bloggt Weltgeschichten, schreibt Bücher und engagiert sich für die Rettung der Sprachen der amerikanischen Ureinwohner. Seit 25 Jahren bereist er intensiv Nordamerika. Gerade befährt er im

Kanu den Yukon. Dirk pendelt ohne festen Wohnsitz zwischen Amerika und Europa. › dirk-rohrbach.de

DANIEL RÖSSLER – lebt derzeit auf einer kleinen Insel vor Papua-Neuguinea. Seine Reportagen und Essays erscheinen u. a. in *Der Standard, Wiener Zeitung, Südwind* und *Amnesty Magazin*, sein erstes Buch *Das Gegenteil von Gut* wurde 2015 im Seifert Verlag veröffentlicht. Er glaubt an die Wissenschaft des Reisens. › apodemiker.com

MARTIN SCHACHT lebt in Bangkok und Berlin, erkundet oft Südostasien, dreht Reportagen fürs Fernsehen, arbeitet als Reisejournalist und schreibt Bücher, etwa die *Gebrauchsanweisung für Thailand* und die *Gebrauchsanweisung für Myanmar/Burma* im Piper Verlag.

ANNE STEINBACH schreibt für ihr Leben gern, wenn sie nicht gerade reist, und reist leidenschaftlich, wenn sie nicht gerade schreibt. Kürzlich war Anne auf Weltreise und zog in 3,5 Monaten durch 13 Länder – auf der Suche nach Menschen und Orten mit besonderen Geschichten. Denen lauscht sie am liebsten bei einem viel zu starken Kaffee. Zuhause in Berlin hat sie gleich ein Online-Magazin gegründet. › travellersarchive.de; › annewhere.com

MARKUS STEINER beschloss 2011, seiner brennenden Reiselust nachzugeben und kündigte Job und Wohnung. Seitdem ist er als Reporter und Autor in der ganzen Welt unterwegs, schreibt Kurzgeschichten, Reportagen und Gedichte u. a. für *Spiegel Online, National Geographic* und die dpa. Im Malik Verlag erschien sein Buch *Weltherz. Von einem, der auszog, die Freiheit zu suchen*. Markus lebt, wenn er nicht auf Reisen ist, in Lissabon. › markussteiner.com; › weltreisender.in

NORAH STEINER versucht die Welt zu verstehen. Sie findet, das funktioniert in der Ferne wesentlich besser als zu Hause. Deshalb gehört sie nun auch zu denen, die ihren Job an den Nagel gehängt haben, um reisend unseren Planeten zu erforschen. Bis jetzt bereut sie es nicht. Im Gegenteil! › weltumschreibung.de

KATHARINA WULFFIUS ist Lektorin für erzählende Reiseliteratur und Sachbücher. Sie liest, redigiert und sammelt Geschichten aus der ganzen Welt. Wenn sie am Schreibtisch zu sehr das Fernweh plagt, geht sie selbst auf Reisen, am liebsten mit ihrem Mann, ihren zwei Kindern und einem gelben VW-Bus.

MARTIN ZINGGL ist freiberuflicher Reporter, Filmemacher und Ethnologe. Er lebt mal hier und mal dort – und derzeit in Amsterdam. Seit 2007 schreibt und fotografiert er für österreichische und internationale Medien. Mit *Ärzte ohne Grenzen* besuchte er diverse Krisenherde. 2013 erschien sein Erstlingswerk *Warum nicht Mariazell? Als Ethnologe in Tuvalu* im Verlag freytag & berndt, 2016 die *Lesereise Nepal. Im Land der stillen Helden* und aktuell seine *Lesereise Lissabon. In der Wehmut liegt die Kraft* im Picus Verlag.

Bildnachweis

FOTOS IM TEXT

S. 20: Daniel Rössler; S. 44, 191, 300, 323: Johannes Klaus; S. 54, 236: Philipp Laage; S. 68: Peter von Felbert; S. 78: Dominik Mohr; S. 104: Isabel Gür; S. 116: Franziska Bär; S. 126: Adriane Lochner; S. 136: Aylin Krieger; S. 142: Oleander Auffarth; S. 166: Rochssare Neromand-Soma/Morten Hübbe; S. 187, 232: Susanne Helmer; S. 202: Markus Steiner; S. 217: Jessica J. Lee; S. 244: Norah Steiner; S. 257: Ariane Kovac; S. 267: Gitti Müller; S. 284: Dirk Rohrbach; S. 318: Belka Berlin

FOTOS IM BILDTEIL

S. 1 oben und unten: Daniel Rössler; S. 2 oben: Gulliver Theis; S. 2 unten: Stephan Orth; S. 3: Philipp Laage, S. 4/5: Felix Consolati, S. 6 oben: Dana Vogel; S. 6 unten: Dominik Mohr; S. 7 oben und unten: Martin Zinggl; S. 8 oben: Jessica J. Lee; S. 8 unten: Peter von Felbert; S. 9 oben: Adriane Lochner; S. 9 unten: Simon Potthast; S. 10 oben und unten: Stefan Krieger; S. 11: Oleander Auffarth; S. 12 oben und unten: Marianna Hillmer/Johannes Klaus; S. 13 oben und unten: Anne Steinbach; S. 14 oben und unten: Susanne Helmer; S. 15: Morten Hübbe; S. 16 oben und unten: Markus Steiner; S. 17 oben und unten: Philipp Laage; S. 18 oben und unten: Milena Achermann; S. 19 oben und unten: Belka Berlin; S. 20/21: Claudia Axmann; S. 22 oben und unten: Gitti Müller; S. 23 oben und unten: Ariane Kovac; S. 24 oben und unten: Martin Schacht